田中康夫が訊く
食の極み

田中康夫

光文社

アラカルトで組み立てるか

アミューズには小ぶりな牡蠣に柑橘系のジュースを搾って

イタリア料理

皿数の多い中からアラカルトでメニューを組み立てるか。それとも、店の自信作であるムニュ・デギュスタシオンを味わうか。

夏の旬、茄子と穴子を組み合わせた前菜

メインを頼むのは
腹六分目くらいのタイミングで

カッペリーニのオクラ、生ウニ、フルーツトマトの冷製　わさび風味

自慢の自家製パスタを味わうなら二種類オーダーするのもよい

ブロッコリーとアンチョビのコルツェッティ、からすみ添え

ダブルのエスプレッソは頼まない。もっと飲みたいならおかわりを

ムニュ・デギュスタシオンを味わうか

それは、料理を選ぶ歓びの放棄ではなく、歓びを得るための選択だ

スタートは人参のスープ。前菜は、秋刀魚と茄子のテリーヌ、栗とポルチーニ茸のサラダ、縞牡丹海老のフリット　フォアグラ風味

洋梨、ブルーベリーのリゾット、雷鳥添え。季節のグラニータ

野生の鶉と石川芋のポレンタ

赤カマスのピスタッチオソース

蝦夷鹿のソテー、巨峰添え

サラミを詰めたラビオリ

チョコレートクリームとはしばみの実

森の木の子のクレープ包み

フランス料理

フランス料理の美味しい季節。では、なにを食べるか。秋ならジビエと牡蠣。だが、春から初夏にかけての野菜と野草もいい。

白はサンセール、赤はシノン ワインの果実味と酸の豊かさが秋に合う

秋のジビエと牡蠣を味わう

牡蠣がおいしいのはやはりerのつく月

ジビエの鴨は1月頃が食べ頃

鹿は秋口、鴨は年明けからが美味しい

鹿は猟の解禁とともに食べるのが正解

春から初夏の季節感を味わう

朝の散歩で仕入れた山菜を味わう楽しみ

ふぐの空揚げを筍のガレットにのせたもの

オードブルのさよりの酢締め

うさぎの背肉のロースト、ふきのとうのピラフと

フォアグラの付け合わせにプラムのムース

食後のお勧めはハーブティ

メインにうつる前に季節の温野菜

一皿ごとにつけられた野菜がバランスよく料理をもり立てる

秋のジビエと牡蠣を味わう

和　食

土用の鰻に冬の牡蠣。季節を味わう“づくし”もいいけれど、喰い切り料理でカウンター越しの緊張感を楽しむのも粋だ。

白焼きは鰻の良し悪しがはっきり出る
天然ならではの土の味を感じる

わさび醤油もいいが、
レモンと塩をふって食べてみてはどうだろう

ひれ酒のように香ばしい鰻酒

鰻

手を添える、手でつまむのも
美味しく味わう技のひとつ

鱧

鱧がいちばん美味しいと言われるのは祇園祭の頃

牡蠣

牡蠣づくし、どう食べるのが賢いか

生牡蠣にレモンは強すぎる、二杯酢のバランスですっきりした味わい

牡蠣グラタン。濃厚な味わいはメインとしても

締めの牡蠣うどん

酢牡蠣。だいだいの搾り汁をだしで割った二杯酢で

一味違う牡蠣フライ。
詳しくは本文を

牡蠣まんじゅう。キャビアととんぶりを包んで

ピッツァは一人一枚が基本、
まずは食べる分だけ切る

ピッツァ

チーズを使わないマリナーラ

定番マルゲリータ

マルゲリータとマリナーラ
いい店ほどこの定番が旨い

ピンチョス

「チキンのレバーパテ、レーズン」「焼ヤサイ、アボカド、アンチョビ」「サカナのマリネ盛り合わせ」「セラーノハム」（時計回り）

基本はしょっぱい、辛い、酸っぱい

ヴェトナム料理

野菜の多い皿は
まず巻いて食べると心得よ

パインセオ（ヴェトナム風お好み焼き）

カーチェンスゥー（揚げ魚のライスペーパー巻き）

生春巻をニョクマムで
おいしい店はニョクマムが旨い

シングルモルト

ウィスキーはまずはストレートで
直後にチェイサーを飲まないように

味に変化をつけ、
自分好みに仕立てるのが本来の「水割り」

酒

シングルモルト、ビール、日本ワイン、日本酒に焼酎。気軽に楽しむのもいいが、やはり大人の飲み方を身につけておきたい。

英国風パブ

1杯1時間のペースで
だらだら飲む
それがパブの流儀

ギネスはクリーミーな泡が命。
そこに国花シャムロックを（上）
ご存じフィッシュ&チップス（左）
とシェパーズ・パイ（右）

男は1パイント、女はハーフパイント
それが暗黙のルール

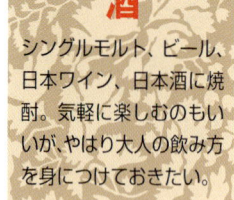

同系統の色で飲みかえる、アルコール度の低いほうから高いほうへ

ベルギービール

上から時計回りに、最もポピュラーなヒューガルデン・ブロンシュ。ランビック(自然発酵)ビールの格上、ハンセンス。ラガータイプのステラ・アルトワ。麦芽とホップの味が際立つセゾンビール。フランボワーズなどフルーツを加えたランビックビール。有機栽培で造るセゾンデュポン・ビオロジーク。ラ・モヌース・スペシャル・ノエルはクリスマスビール。代表格トラスト(修道院)ビール。

喉ごしで飲むならコップ型、
じっくり味わうなら脚付き広口の丸いグラス型を

日本酒

焼き鳥には樽酒が合う

舞　福島・末廣酒造

玄宰　福島・末廣酒造

月の桂　にごり酒　京都・増田徳兵衛商店

ワイン

五一わいん　貴腐郷　長野・林農園

サンクゼール シャルドネ 長野・サンクゼール・ワイナリー

ソラリス 信州シャルドネ樽仕込　長野・マンズワイン

甲州特譲樽発酵　山梨・勝沼醸造

キュヴェヨシコ　山形・タケダワイナリー

焼　酎

請福　泡盛・石垣島30度

八重桜　そば焼酎　蕎麦・宮崎25度

島美人　芋・鹿児島25度

六調子　特吟　米・熊本35度

いいちこ　麦・大分25度

達磨正宗十五年古酒　岐阜・白木恒助商店

達磨正宗五年古酒　岐阜・白木恒助商店

菊姫　山廃純米酒　石川・菊姫

真澄　家伝手作り　長野・宮坂醸造

真澄　辛口生一本　長野・宮坂醸造

世界的傾向は濃縮タイプだが、日本の食生活には少し軽いワインが合う

ルバイヤート　カベルネソーヴィニヨン　山梨・丸藤葡萄酒工業

信州桔梗ヶ原メルロー　長野・メルシャン

ドメーヌ・ソガ　シラー　長野・小布施ワイナリー

第一楽章　栃木・ココファームワイナリー

岩の原ワイン　新潟・岩の原葡萄園

しそ、きゅうり、バジリコ割り……
香りの意外性を楽しむのも面白い

氣　黒糖・奄美大島25度

お茶の種類の違いは
一本の木の栽培方法と摘む時期の違い

いちばん手前が京番茶、隣りが番茶。京都ではこちらを「柳」と呼ぶ

茶葉は惜しまず、泳がせず。40秒後、最後の一滴まで注ぎ切る

三煎目までは十分に旨みがでる

急須の中の茶葉は崩れていないのが上手な入れ方

茶葉をたっぷり、湯は葉が隠れない程度に

高い位置からの湯で茶葉を開かせ
香りが逃げないように低い位置からピッチャーへ

真珠花茶

古樹普洱茶

緑牡丹茶

弁当

美しく詰められた料理の小宇宙、それが弁当だ。食い散らさず、きちんと食べ進めるには、どう手をつけていけばいいのか。

半月弁当。手前の焚き合わせゾーンに刺身を盛った変形

折り詰め弁当。取り肴、焚き合わせ、ご飯の三つが基本

取り肴から始めて酢の物へ
そして焚き合わせへと進む

女性が食べやすいようにと五代目が考案した縦型の折り詰め弁当

京都の老舗・菱岩、通人に好まれる名門

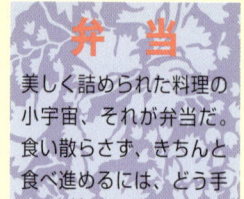

田中康夫が訊く　食の極み

◎目次

［西洋料理］

c o n t e n t s

[酒]

［日本料理］

c o n t e n t s

［アラカルト］

装丁：西 俊章
カバー撮影：伏木 博
レイアウト：ルート24
本文撮影：飯田安国／宇都木章／伏木 博
構成：大本幸子

西洋料理

イタリア料理をアラカルトで注文するコツは何か

田中康夫が訊く

鵜野秀樹さん●麻布十番 エノテカ・キオラ、リストランテ・キオラ 総料理長

☎03・3560・6797 ☎03・5730・0240

——イタリア料理店へ出かけたとき、例えば前菜とパスタだけでも許されるか。パスタとリゾットをシェアしたときにはどちらを先に食べるのが常識か……。実はメニュー選びが難しいのがイタリア料理。組み立てのポイントを訊《き》いた。

◆コースで注文するリストランテなら簡単かもしれないが、皿数が多いぶんイタリア料理のメニューの組み立ては意外に難しい。店側との会話の呼吸によって楽しみ方に大きな差が出る。

田中　お店の名前にエノテカとついていますが、エノテカってそもそもワイン屋、居酒屋ってことですよね？

シェフ　当初ワインを積極的に扱っていこうと思っていたので、こういう名前にしました。

田中　いわばワインが取り揃ったイタリアンということですね。

シェフ　そうですね。今日は暑いですから、まずは食前酒でひと涼みなさってください。

田中　そういたしましょう。お勧めは何かありますか？

ソムリエ　イタリアのスプマンテもいいのですが、やはり手堅くシャンパーニュがお勧めです。

田中　では、伊仏マリアージュでシャンパーニュをいただきましょう。他にカクテルではどういうものがありますか？

ソムリエ　赤ワインを辛口のジンジャーエールで割った「ゼンゼロッソ」がありますが、これは美味《おい》しいです。スプマンテベースのカクテルも好評です。

田中　スプマンテはいかがですか？

ソムリエ　ヴェネトの「オペレ」が素晴らしいです。造りがピエモンテという珍しいものですけれど。

田中　あ、これですね。

ソムリエ　これは昭和天皇がイタリアにいらっしゃったときに召し上がったという造り手なんです。

田中　なるほど。仮にビールを頼んでもルールに反しませんか？

ソムリエ　結構です。やはり、初めはビールとおっしゃる方も多いので。

田中　では、質問を。何を今さらという基本知識ですが、トラットリアとリストランテの違いを教えてください。日本ではそのあたりがどうも曖昧《あいまい》で、読者も実は密《ひそ》かに困惑していると思います。

シェフ　イタリアでは、トラットリアは家庭的な雰囲気の定食屋という感じです。ふらっと一人で入って食べられる、家族連れで行けるといった店です。ちょっと土くさい郷土料理を揃えてあったりしますね。

田中　リストランテはどうですか？

シェフ　家庭では食べられないような料理をおいて、上等なワインを並べています。サービスもしっかりしています。

田中　すると、この点でも鵜野さんの料理店はマリアージュですね。郷土料理もあれば、得難いワインもあって、ホスピタリティもきめ細かくて、なのに、リラックスできるのですから。ところで、こちらは手前がカウンター、奥は椅子席ですね。

シェフ　はい、お連れさまの顔ぶれや集まりの内容で使い分けていただければと思っております。ところで、今日は、どのようなものをお召し上がりになりたいですか？

田中　メニューを拝見しましょう。アンティパストも豊富ですね。シェフのお勧めは何ですか？

シェフ　ワシントン産の生牡蠣はいかがでしょう。この時期日本の牡蠣はもう匂いが強いのですが、こちらはすっきりとしてコクもあります。柑橘系《かんきつけい》のジュースを搾《しぼ》ってアミューズ代わりもよろしいかと考えています。

田中　ワシントン州ですね（笑）、この場合のワシントンは。そりゃ、ワシントンD．C．では牡蠣は採れないでしょうから。

シェフ　ははは（笑）。はい、シアトルの近く。西海岸です。

田中　では、それを。

シェフ　牡蠣を小ぶりにしますから、もう1品アンティパストをいかがでしょう。初夏らしく魚を中心にして……。茄子と穴子とドライトマトを重ねて焼くガレットがお勧めです。

田中　お菓子感覚のガレットですね。

シェフ　はい、円盤のように形作って焼いたものです。

田中　茄子と穴子は夏らしくていいですね。メインはどうしましょう？

シェフ　あいなめを赤ワインに合うしっかりした味に仕立てるか、岩手の短角牛のフィレ肉をさっぱりした感じでいってみようかと。

田中　牛肉にいたしましょう。でも、さっぱりした感じって、どういう具合ですか？

シェフ　ブイヨンでポトフのようにしてみようかと思っています。

田中　まだパスタを決めていませんでした。「カッペリーニのオクラ、生ウニ、フルーツトマトの冷製　わさびの風味」が美味しそうな匂いを発してますね（笑）。わさびも伊豆半島だけでなく長野産も秀逸ですから、ぜひ、使ってみてください。それと、これ、どうでしょう。「ブロッコリーとアンチョビのコルツェッティ　からすみ添え」。

シェフ　結構バラエティがつきました。よろしいと思います。

◆美味しいものを得るいちばんの早道は躊《ちゅう》躇《ちょ》せずに質問すること。といって、女性が一緒の席で質問攻めでは連れの気持ちも離れるかも。完璧な知識がなくともメニューを決められる方法は？

田中　例えば、今日は前菜をメイン代わりにしてパスタと2品ですませたい、もしくは前菜とメインだけといった組合わせをお願いしても構わないものでしょうか？

シェフ　格式張ったリストランテではありませんから、そのときの腹具合と相談で結構です。

田中　連れの女性に「あのパスタもこのパスタも食べたいのぉ」と言われたときには、どうしましょう？　心持ちポーションを控えめにしていただいて、2品頼んでも構いませんか？

シェフ　どうぞどうぞ。お好きなものを召し上がっていただいたほうが楽しいです。イタリアでは、ちょっといい店なら、自慢の自家製パスタを召し上がっていただきたくて、むしろ2種類勧めるくらいです。

田中　どうも日本の男性は、妙に格好をつけたがる恥ずかしがり屋さんで、言い出せないようですね。

シェフ　どんどんおっしゃってくだされぱよいのですが。逆に、ご注文をいただくときにも、初めてお見えになった方からおまかせでと言われると、お好みはないのかな、本当にいいのかなと思いますね。

田中　簡単でもいいから、自分の好みや希望を言われたほうが、助かりますね。

シェフ　はい。簡単で十分です。もしメニューに興味のあるものを見つけたら、これはどん

◇自慢の自家製パスタを味わうなら　2種類オーダーするのもよい

なものかと質問していただけると、お好みの想像もつきますし。

田中　と言われても、内気な人は、お店の方に笑われるのではないかと怖い。

シェフ　いえ、お客様のなかには大切なデートの方もいらっしゃるでしょうし。お客様に恥ずかしい思いをさせてはならないのが鉄則ですから、そこらへんは心得ております。

田中　ともかく、うかがってみる、と。

シェフ　というよりも、店の人間はお客様がお尋ねくださるのを待つのではなくて、声をかけてくださるようにもっていくのがサービスなんです。それくらい気をつけているつもりなので、どんな簡単なことでも、「これ、何ですか?」で結構ですからお尋ねください。

田中　ところが、メニューに不慣れな初めてのお店でも、これは何ですかなどと聞かずに、連れの女性の前でスマートに切り抜けたい、と男性は思いがちです。

シェフ　初めての方が質問をしないでメニューを決めていくということですか?　それは難しい。もし田中さんがその立場だったらどうなさいますか?

田中　そうですね。取っ掛かりは、知っているものから攻めていくとよいですね。

シェフ　……?

田中　ほら、さまざまな種類の麺がメニューに登場してますよね。こういう質問はどうでしょう。この料理、タリアテーレではなくて、リガトーニに替えて調理しても不自然ではないですか、といった具合に質問する。あるいは、1品くらいは他の料理店でも食べた代物があるでしょうから、この松の実を使ったパスタ、魅力的ですね、と感想を述べる。極論すれば、何でもいいから、喋《しゃべ》るんです（笑）。そうすれば、しめたもの。心に余裕をもって、このソースはどういう感じ?　味は?　と聞いて

カッペリーニのオクラ、生ウニ、フルーツトマトの冷製　わさびの風味

いけます。

シェフ　なるほど。そうですね。

田中　連れの女性だって、まあ、私のために料理を真剣に選ぼうとしてくれているのね、と納得してくれる。実は、知識がなくて決めかねていたのだとしてもね（笑）。ま、それはともかく、パスタを決めて一段落したところで、あ、アンティパストがまだだったねととって返す。パスタの材料と見合わせて、そのメニュー構成のバランス上、適当なものはどれだろうかと相談する。

シェフ　パスタが決まっていれば、これなどどうでしょうと、お勧めできます。

田中　残りはメインだから、まずお勧めを聞いて、全体のバランスはどうでしょうねと声をかければ、ＯＫ（笑）。

シェフ　ええ、ええ。たいへん勉強になりました（笑）。

田中　さて、大問題をクリアしたので、次の質問です。ここまで決めてかからなくても、このパスタ2品を食べたいからあとはお任せしますでもいいですよね。

シェフ　そういうケースは多いです。

田中　それから……。

シェフ　あまり難しいのは勘弁してください（笑）。

田中　とりあえず前菜とパスタだけ決めて、その腹具合でメインを決めたい。これはいいですか？

シェフ　まったくＯＫです。

田中　追加のタイミングですが。

シェフ　食べ終わってからで結構です。それでは時間が空《あ》いていやだという場合は途中でも。

メインを頼むのは腹六分目くらいのタイミングで

田中　気軽なイタリアンに来る人は、間の時間が空くのはいやでしょうから途中で追加のほうがいいのかな。でも、前菜を食べ終わった段階だと、まだ腹五分目くらいなので、つい多く頼みすぎちゃいますね。追加は腹六分目くらいのタイミングがいいのでしょうが。でも、そう思いながらも貫徹できなくて。

シェフ　ご体験ですね（笑）。実に説得力があります。私もこれから、そうお答えしましょう（笑）。

田中　勘弁してくださいよ（笑）。これからの季節、覚えておくとよい話題のパスタはありますか？

シェフ　野菜だけをからめた温かいパスタなんて知っておくといいでしょう。今、世界的に野菜は注目されていますから。こういうパスタを頼まれると情報通だなあと思いますね。

田中　インサラータ（サラダ）をメインと一緒に食べるのはおかしいですか？

シェフ　イタリアだとメニューのメインと同じページにコントルノ（付け合わせ）という野菜の品目がありまして、それをメインと一緒に食べるということはありますね。

田中　それはいわゆるサラダではなくて、茹《ゆ》でたホウレン草とか焼いたじゃがいもとか、そういうものですね。

シェフ　そうです。冷たいグリーンの葉っぱのサラダを最後に食べるのは、あれはアメリカの影響ではないかと思います。付け合わせがあれば、必ずしもサラダとしての野菜を摂《と》らなくてもいいと思います。

ブロッコリーとアンチョビのコルツェッティ
からすみ添え

◆夏に美味しいものは何か。これを知っておけば、季節はずれの珍品に惑わされることもない。

田中　夏にこれは美味しい、使いたいというものは何ですか？

シェフ　やはり、トマトです。いちばん美味しい時期に使ってやりたいですから。きゅうりもそうですね。でも、サラダではなくて、何かひと工夫して。それから、今年は天然の鮎を使ってみたいと思っています。

田中　夏らしいパスタは何でしょう。

シェフ　赤ウニやオクラ、紫蘇系統が合いますね。

田中　紫蘇系統というとバジルとか？

シェフ　バジル、青紫蘇、赤紫蘇、どれも、夏の香りがすっきりします。いわしは秋が旬といいますが、夏には脂がのってきますから、あつあつに焼いたのに紫蘇をからめたのもお勧めです。茄子は油との相性がいいので、オリーブオイルとにんにくと、イタリアのパンチェッタ（ベーコン）でもいいし、ハムでもいい。これを炒め合わせて、手打ちのパスタにからめると、これも夏らしい味になりますね。

田中　メインはどうですか？

シェフ　あわびがいいですね。できれば国産といいたいところですが高価なので、ニュージーランドのものを使っています。岩牡蠣も好んで使います。

田中　どちらのものですか？

シェフ　私は富山から入れています。ひんやりしたのを召し上がると、みなさん、ああ、これこれとおっしゃいます。岩牡蠣はもう夏の定番ですね。

うのひでき：イタリアでの修業後、三軒茶屋「グッチーナ」「パーチョ」などを経て'01年からシェフ。深夜まで食べられる洗練された料理と自由度の高いメニューが人気

◆スマートにシェアするにはどうするか？　キオラでは前もって申告していただいたほうがありがたいという。

シェフ　うちは1皿のポーションも大きいですし、テーブルも小さいので、初めにおっしゃっていただくほうがありがたいですね。そうすれば、きちんとキッチンで2人分に盛り分けて2枚のお皿でお出しします。

田中　店に任せてほしいということですか？

シェフ　はい。例えばメニュー上では牡蠣が1人分3個であっても、2皿にするなら2個ずつにいたします。それに、下手《へた》に取り分けて、料理がぐじゃぐじゃになるのもどうかと思いますし。

田中　そうでしょうね。丁寧《ていねい》に作っていらっしゃるのだから。

シェフ　ご夫婦や恋人同士なら、お皿を交換してもいいでしょうけれど。

田中　パスタとリゾットをシェアする。どちらを先に食べればいいでしょう。

シェフ　リゾットをお先にお願いします。

田中　ええっ、それは、なぜ？

シェフ　パスタもリゾットもスープの分類で、よりスープに近いのはリゾットですから先に召し上がっていただきたいのです。リストランテでも、たいがいリゾットのほうが先に出てきますね。

田中　なるほど。

シェフ　でもリゾットはスープといっても、ものによって、例えば肉のリゾットとかフォアグラをのせたリゾットとか、その類《たぐ》いはメインとして召し上がってもいいと思います。

田中　どんなリゾットであるかでメインに代わることもあるわけですね。そうした法則は他にもありますか？

シェフ　パスタでも、ちょっと前に「ピアットウニコ」といって、ローマ風のテールの赤ワイン煮とリガトーニを盛り合わせたものなんかが流行《はや》りましたでしょ。あれはメインとしても食べられますと教わったことがありました。

田中　パスタであっても重量感による、と。では、続いてですね、2種類のパスタをシェアしたいとき、どちらを先にするかの判断は、調理法を見るべきですか、ソースを見るべきですか。

シェフ　まずは調理法です。魚系で冷たいものがあればそちらをお先に。ソースなら味の薄いものから濃いものへ。あるとき、イタリアで、パスタを1皿食べ終えて、もう1皿ほしいのでお任せしたいと言ったら、バターとチーズだけのパスタが出ました。本当に小さなポーションで、あれは気が利《き》いていましたね。

◆食後の時間が充実すると、満足度は2倍、3倍に膨らむものだ。そこでちょっと洒落《しゃれ》た一品、最新情報など披露できれば、仕上げとしては上々だが。

田中　グラッパとドルチェはどちらが先でしょう。

シェフ　ドルチェが先でしょうね。

田中　チーズはどうですか？　フランスほど聞きませんが。

シェフ　イタリアでもチーズは出ます。最近は日本にもイタリアのいいチーズが入るようになってきました。

田中　イタリアンでハーブティーは大丈夫ですか？

シェフ　もちろんです。

田中　では、ミントでハーブティーを入れてくださいと言ってもいいですか？
シェフ　お受けします。
田中　ダブルのエスプレッソは許されますか？
シェフ　イタリアでは聞いたことがないですねえ、実は。もっと飲みたいなら、お代わりしたほうが美味しいですよ。
田中　カプチーノは食後に飲むものではないのですか？
シェフ　カフェで飲むものと言いますが。でも、そんなにこだわらなくてもいいんじゃないかとも思いますけど。
田中　レギュラーコーヒーはどうですか？
シェフ　最近はカフェインレスのご注文が増えています。グラッパを飲みたいけれどあまり飲めないという人は、コーヒーコレットといって、コーヒーにグラッパやリキュールを入れて飲んだり、飲んだ後にリキュールを加えて仕上げるという方法もありますね。そうそう、仕上げにカプチーノは恥ずかしいかなあというときには、チナール（アーティチョークのリキュール）のミルク割りをお勧めしたいです。
田中　チナールにそんな飲み方があったとは！
シェフ　チナールをスチームで温めておいて、スチームで温めたミルクで割るんです。今日はちょっと飲みすぎちゃったというときなどお腹《なか》も温まって、落ち着いていいですよ。
田中　ミルクティーはどうですか？
シェフ　うーん。ご希望であれば受けますけれど、聞きませんし、ご注文もないですね。
田中　そろそろ終わりの時間ですね。ぜひとも、これをうかがっておきたかった。ワイン

◇ ダブルのエスプレッソは頼まない。もっと飲みたいならお代わりを

を決めるときにいろいろ質問があると思いますが、これだけはダメという禁句はありますか？

シェフ　何でもいいからいちばん安いの、あるいは、いちばん高いの頂戴《ちょうだい》、と言われるのは嫌ですね（笑）。

田中　おお、そんなお客様が未《いま》だに存在していたとは。少なくとも、こんな味わいのものをと言うべきですね。仮に懐ろ具合が心配なら、具体的にリストの中のどれか1本を指さしながら、このワインはどんな味わいですかとまずは尋ね、続いて、もっとボディのあるものはどれでしょう、同じような価格帯で、といった感じで話を持っていくべきですね。

シェフ　ええ、僕らは安くても高くてもお客様が注文した料理に合うワインはどれだろうと、真剣に考えちゃいますから。それと、白ワインが体に合わないと、一切飲まない方も意外といらっしゃいますね。

田中　赤ワインが体に合わないのは分かるけれど、白が合わないというのは不思議ですね。

シェフ　白ワインには白ワインの楽しみがありますから、そのあたりをもっと分かってほしいですね。

田中　多分、赤ワインが王道、白ワインは初心者などと勘違いしてるワイン野郎でしょう（笑）。今日は、イタリア料理の組み立てを上手に楽しむ法を教えていただきました。今後イタリアン・レストランを訪れる際には、今日のお話を参考にさせていただきましょう。ありがとうございました。

（2002年7月号）

カウンターでのお任せコース
イタリア料理の新しい楽しみ

田中康夫が訊く

萩原雅彦さん●東麻布 レストラン・カメレオン オーナーシェフ
☎03・5545・3680

――イタリア料理がもっとも親しみのある西洋料理だということは間違いない。でも、前菜、パスタ、メインと続くのが常識だと考えていると、もはや大間違いだ。今、東京でもっとも進化したイタリア料理店で、その楽しみ方を訊いてみた。

◆和食のカウンターは気楽な席の代名詞といってもいいだろうが、リストランテの料理を食べさせるカウンターでも、同じように振る舞ってもよいものだろうか。許されること、許されないことは。

田中　このようにカウンターをメインとして設定された理由はあるのですか。

シェフ　場所が細長かったということもあって……。

田中　そうでしたか（笑）。

シェフ　もともと、堅苦しいのは好きじゃないものですから。

田中　といっても、リストランテでカウンターをメインにしていらっしゃるのは珍しい。イタリアにも、こういう形式はあるのでしょうか？

シェフ　あまり……見かけないですね。

田中　スペインもそうでしょうが、バールはカウンターが社交場、リストランテはテーブル中心でかくあるべしと、昔からの文法で動いているのですね。

シェフ　ローマやミラノのような大都会は別ですが、イタリア人はふだんは家庭で食事をとりますからね。リストランテに行くのは、せいぜい半年に1度か2度でしょう。

田中　その代わり、訪れると食後も何時間も話し込む。もちろん、こちらでお出しになるような、家庭では味わえない凝った料理を楽しんだ後にね。

シェフ　そういう意味ではここが日本だからこそ、われわれの料理もカウンターで召し上がっていただけるのかもしれないと思いますよ。

田中　日本では、カウンターを好む方が多いですね。そのほうが、同伴者との会話の間合いが取りやすいと感じるのかな。東京でも、トラットリアやバールではカウンターで食する形式も一般的ですが、こうしたカテゴリーの料理をカウンターで、というのは見かけないですね。テーブル席が主体だけれど、満席時のためにカウンターも用意してあるという店はあるでしょうが。

シェフ　そういう傾向はありますね。

田中　なぜカウンターをメインにしたのか、そもそもの理由を伺えますか。

シェフ　以前、知り合いの和食店を見学させてもらったのがきっかけです。一歩入りますと、薄暗い中に樹齢500年の木を切ったカウンターがあって、日本料理を感じさせない異空間だなと思ったんです。あ、こういう感じをイタリアンでやれないかと思ったのが始まりですね。

田中　で、ご自分の店で実現なさったと。

シェフ　それに、和食の場合、板前は手元を見られるでしょう？　でも、洋食は手元を見せませんよね。

田中　厨房で作って運びますから。

シェフ　私は手元を見せてもきれいにできると思ったので、カウンターをやってみたかったってこともありますね。

田中　なるほど。同じカウンターでもお友達が集《つど》う緊張感なきカウンターとは、成立過程が違うのですね。とすると、萩原シェフとはお友達、なあんて連れの女性に自慢したりすると肩透かしを食う（笑）。

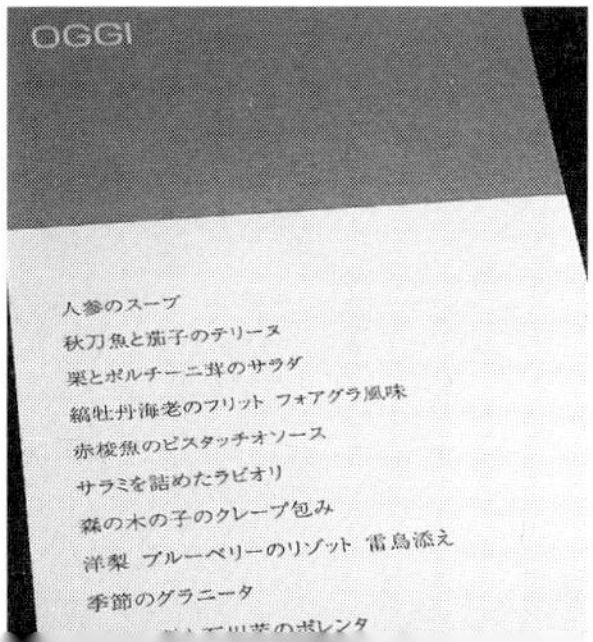

2002年10月のメニュー

シェフ　ははは（笑）。

田中　いや、この店を語るうえで重要な点ですね。カウンターでリラックスといっても、往々にしてあるタイプの「特別のお仲間」のリラックスではないですもの。

シェフ　うーん。そういう意味では、同じカウンターでも意味合いが少々違いますから。

田中　そこらへんがこちらは微妙なんですね。醬油味のミニッツステーキではなくて、イタリア料理を食べる席なのですから。

シェフ　でも、手元を見てもらって楽しんでいただければとは思うんですよ。だからといって、わざわざ何をやっているかなんて説明はしませんけれど。

田中　そこなんです。そこをきっかけにべらべらしゃべって、自分は常連だと女性に自慢する手合いがいますでしょ。でも、シェフは言葉少なで反応がない。すると、男は見栄を更《さら》に張り、高額ワインを頼んで鬱憤《うっぷん》を晴らす。で、この店は儲《もう》かる……。

シェフ　そこまでの深い企みはありません（笑）。

田中　お仲間を作っちゃうと、その人たちだけの空間になりがちで、レストランとしての進化が止まっちゃいますからね。レストランは生ものだから難しい。

シェフ　よく観察なさっていますね。そのとおりです。

田中　いやあ、ホントは今の僕の意見も蘊蓄《うんちく》なのね、と心の中では呆《あき》れられていたりして（笑）。さて、こちらのカウンターの上席はどのあたりですか。

シェフ　うちでは中央です。今、田中さんにお座りいただいているあたりです。

田中　これまた、恐縮です（笑）。

◆カウンターの内側からは客の一挙手一投足が手に取るように見え、食べ手の実力が露見する。慣れているふりは要注意だ。とりあえずの心得を伝授していただく。

田中　料理のことをお伺いしましょう。萩原さんが、今凝っていらっしゃるものはありますか？

シェフ　ふりかけですね。9月のメニューではストラッチッティというパスタに使いました。これは自分なりの調合で、オレンジピール、コリアンダーシード、白胡麻、黒糖、塩を混ぜたものです。

田中　どんなふうに使うのですか？

シェフ　このまま肉や魚の上にぱらぱらと。フランス料理のミシェル・ブラスというシェフがやっているのを見て、あ、面白いなって。

田中　これから流行りそうですか。

シェフ　海藻とハーブを取り合わせるとかね。

田中　なぜそんな発想が生まれるのでしょうね。不思議だなぁ。そうそう、こちらの料理は料理長お任せで、ムニュ・デギュスタシオン形式です。今日は何品で構成されているのですか。

シェフ　12品です。

田中　人によってこの食材は苦手というものもあると思うんです。そうしたときは他の料理に替えてくださいとお願いしてもいいのですか。

シェフ　もちろんです、そういうリクエストはご遠慮なく。美味しく召し上がっていただかなければ、お越しいただいた意味がありません。私どもも、初めに苦手がおありですかとお伺いいたします。

'02年10月のコースの前菜。手前から秋刀魚と茄子のテリーヌ、下に敷かれた生栗のスライスが甘さのポイントの栗とポルチーニ茸のサラダ、縞牡丹海老のフリット　フォアグラ風味は極細の生麺を巻いてパリパリの食感に揚げてある。柚子ソースと

田中　ということは差し替えの食材や料理の構想も常に用意してあると？

シェフ　用意してあります。

田中　大変なことですね。次に、パンについて質問。私は、ついついパンを出されただけ全部食べてしまうのですが、皆さんどうなんでしょう。

シェフ　大方は残さず召し上がります。でもこれから冬に向かって料理が重くなっていきますから、全部食べてしまうときついかもしれませんね。

田中　気をつけます。次に飲み物について。こちらのようにデギュスタシオンで料理がバラエティに富んでいるときには、ワインはどう選べばよろしいのでしょう。

シェフ　そうですねえ。皆さん、ソムリエと相談して、基本的には自分の好みのものを注文なさっているようですよ。それぞれの料理に合わせてワインを合わせるとなると、グラスワインで取っ替え引っ替えするしかないですから。田中さんも、いつもお好きなものを注文なさってらっしゃいますでしょう。

田中　ええ、私自身はそうですが、他に何か良い方策でもあるかと。

シェフ　いえいえ、ありません。だって、料理に合わせてワインを選ぶということは、料理にもワインにも熟知していなければできないことでしょう？　それは、ちょっと、無理ではないでしょうか。

田中　でも、ソムリエに相談するにしても、連れの手前何か言わなくちゃいけないって肩を張ってる男性も多いのです（笑）。そのような方は、どのように振る舞えばよいでしょうね。

シェフ　夏なら、初めに軽めの白をグラスで1、2杯。続けてグラスでお好みの赤を召し上がるのがよろしいのではないでしょうか。寒くなれば初めからボトルで重めの赤をソムリエと相談してくだされば。
田中　心得ました。こちらでは、着席するとまず水が出ます。あれはいいですね。日本では水を出さないことが妙に格が高いなんて思っている節があるでしょう。ヨーロッパのレストランでは三つ星クラスでも最初に出ますね。
シェフ　ひと息入れてくださいというつもりです。水は水ですから。すぐにお持ちするようにしています。
田中　お酒は、食前酒から始める人が多いですか？
シェフ　そうですね、すぐに白ワインの方もいらっしゃいますが、スプマンテが多いでしょうか。スプマンテのときには、女性には季節の果汁を搾ったものをお勧めしています。これからの季節なら洋梨とかいちごですね。
田中　そうお願いすれば作っていただけるのですね。
シェフ　もちろんです。
田中　食後酒は皆さん召し上がりますか？
シェフ　やはりグラッパは多いですね。
田中　実は疑問に感じてまして、グラッパを飲んでいる人は本当に欲しくて飲んでいるのかなあ、と。イタリア料理だから最後はグラッパを飲まなくちゃと思い込んでいるんじゃないかしら。
シェフ　半々だと思いますよ。無理することはないですね。
田中　さて、締めくくりはエスプレッソとなりますが。こちらは、なぜ和三盆を？
シェフ　粉末にしてあるので溶けやすいかと思いまして。
田中　長話をしているとエスプレッソのお代わりをくださいますが、あれは、もう、そろ

はぎわらまさひこ：ミラノ「マルケージ」、アメーリア「アンジェロ・パラクッキ」で修業。帰国後、青山「エル・トゥーラ」料理長を経て'01年「レストラン・カメレオン」を開店。独創的料理と斬新なメニュー構成が人気

そろ腰を上げてくださいという合図だと記している物の本もありますね。

シェフ　それは考えすぎです。カップが空《から》ではおさみしいでしょうということですから、どうかごゆっくり。

田中　煙草はどうですか?

シェフ　カウンターは禁煙。テーブル席はOKです。葉巻はご遠慮いただいています。

田中　確か21時を境にメニューが替わりますね。

シェフ　いえ、替わるといいましても、18時から21時までがデギュスタシオンのコースのみ、それ以降はアラカルトということで。

田中　最近、私は上京後に打合わせを終えた遅い時刻に伺いながらもコースでとるのですが、アラカルトの場合はコースの中から選ぶのですか?

シェフ　そうですね、とくにアラカルトメニューはありませんから、ショートコースのような形でお出しします。

◆ムニュ・デギュスタシオンは歓びの放棄なのか、はたまた歓びを得るための選択なのか。このような複雑なコースはどのような過程を経て構成されるのか。ふだん聞けないシェフの内輪話を聞いてみた。

田中　それにしても、萩原さんのお任せコースは大変に好評ですね。美味しいものを少しずつ。そこが人気なのか、なかなか予約が取れませんよ。

シェフ　おかげさまで。

田中　でも、なぜ、デギュスタシオンを?

シェフ　完成度の高いものを出したいと思ったからですね。いろいろの料理をこなすよりも、今の季節には「これ」というものを絞り込んで、最良の形でお出ししたいと考えまして。

田中　なるほど。それは大切なことですね。お任せコースには2通りあって、メニューから料理を自分で選ぶ権利を放棄すると考えるのか、店が考えた最高のメニューを食べると考えるのか。

シェフ　そうですね。

田中　フランスやイタリアの二つ星や三つ星レストランに行くと、われわれは常連客ではない。私はそういうときにはアラカルトをとるよりも、ムニュ・デギュスタシオンを選ぶことにしているんです。

シェフ　そのほうが堅実ですね。

田中　お店が自信を持って勧めるコースなわけですから、実力がよく分かる。それは決して料理を選ぶ歓びを放棄しているのではなく、確実に歓びを得るためなんです。

シェフ　食べ慣れていらっしゃる方はそういう判断ができますね。

田中　無論、それもレストランにもよると思いますよ。所謂《いわゆる》、日本やアメリカからの観光客相手のレストランの場合は異なるでしょうし。そこは見定めなくちゃいけませんが、評価の高い店のデギュスタシオンは、一度は味わうべきかと。

シェフ　ただ、うちの事情を正直に申し上げますと、アラカルトを出すには料理を作る人間の数が少ないんです。それなら、毎日同じ材料で同じ料理を作って、完成度の高いものを出したほうがよいかと。

田中　そういう要因もありましたか。でも、この完成度は日本ではなかなか得がたいですよ。だって、日本のムニュ・デギュスタシオンの大方は、メニュー選びの歓び放棄

完成度の高いムニュ・デギュスタシオンこそ歓びを得るための選択だ

を喜び獲得だと勘違いされている方々のために用意されていますから。

シェフ　うちは席数もこれだけですから、この席数分を集中すればよいわけで、大型店とは事情が違いますから。

田中　メニューは月替わりでしたね。

シェフ　第1週の月曜日に切り替えます。

田中　とすると、より完成度が高い切り替え直前が狙い目ですか（笑）。

シェフ　ははは（笑）、1カ月間ずっと作り続けてきたものですからね。こちらとしては初めにきっちりと決め込んでいるつもりなんですが、だんだん変わってくるのが面白いところですね。

田中　どういうふうに？

シェフ　ここのスパイスをちょっとこう変えたほうがとか、切り方を少しだけ変えてみようかとか。ですから、始まりのときと終了間際の2度お越しいただけると、変化が楽しめますね。

田中　かしこまりました。進化の過程が味わえるということですね。オープンして、そろそろ2年ですね。

シェフ　1年7カ月です。ですから19回メニューを替えた計算なんですが、まだ同じ料理が重なったことはないんですよ。

田中　そりゃ凄《すご》い。メニューを構成するには、季節感とか、材料とか、味の強弱とかあるでしょうが、どのように決めていくのですか？　カメレオン交響曲はいかにして組み立てられるか、興味がありますねえ。

シェフ　この季節にはどんな材料があるかをまず調べて書き出します。で、11月のメニュー

前菜、パスタ、魚、肉の順序をあえて無視した進化形を楽しむ

なら、秋の終わりだなあとイメージして、当たり前ですけれど、どうすれば美味しいかなと考える。

田中　そうそう、こちらでは野菜はどうなさっていますか。イタリアからの野菜もありますか？

シェフ　いえ、大半は、築地の仲卸さんと日本の生産地と直《じか》の取引です。長野県の野菜も多いですよ。

田中　いやあ、ありがとうございます。どういう野菜ですか？

シェフ　たとえばビエトラ（＝ふだん草）は、長野の畑から送ってもらっています。農薬を使っていないので安心なんです。

田中　鶏や豚、牛はどうですか？　長野にはいいものがあるんですよ。

シェフ　そうなんですか。使ったことがありません。

田中　PRをしなくちゃいけませんね。近く、長野の食材を料理人の方々に見ていただく会を開くつもりなんです。そのときにはぜひ、お越しください。さてさて、幾品もの料理を組み立てていくための方程式でもあるのですか？

シェフ　まったくないです。なんとなく。でも、最初の品をこうしたいと思いつくと、あとは、次はこれ、次はこれと、どんどん決まっていくものなんです。いつの間にかできちゃいます。

田中　12品ものコースがいつの間にか……。こうたくさんの料理が並ぶと、前菜、パスタ、魚、肉の順はお考えにならないのですね。

シェフ　うちではほとんど無視です。このごろは、白ワイン、続けて赤ワインとお飲みになるお客様も増えていらっしゃるので、酒の肴《さかな》としても召し上がれるものも差し込んでおかなければならない。そこらへんが考えどころです。

田中　決まるまでに何日くらいかかりますか？

シェフ　2日間くらいでしょうか。

田中　えっ、たったの2日間？　方程式はないとおっしゃるにもかかわらず。

シェフ　大勢のスタッフと研究室で検討するとなれば話は別でしょうが、うちは私ひとりで決めますから早いんです。自分の感覚を頼りに、そこに、季節のものを逃さず取り入れていくというか。

田中　素人《しろうと》にはうかがい知れぬ別の思考回路がおありになるのでしょうね。先月の料理は、まだ暑さが残っていたからか、繊細でしたね。

シェフ　これ、面白いのですが、先月は繊細だったとおっしゃる方と、豪快だったとおっしゃる方と、半々に分かれているんです。

田中　えっ、あれが豪快？

シェフ　自分では繊細と思っていたのですが、そうおっしゃるんです。ですから、本当に人の味覚ってさまざまだなと思いますね。

田中　今回は、シェフの率直なお話を伺って、カウンターの使い方と人気の秘密の一端を見た気分でした。どうもありがとうございました。

（2002年12月号）

ピッツェリアでは何を食べるか
南イタリアの正統を知っておく

田中康夫が訊く

渡辺陽一さん●広尾 パルテノペ 総料理長 ☎03・5798・3355

――もちもちかカリカリか。生地は薄いほどいいのか？　近ごろ急激に増えているナポリスタイルのピッツァ。思えば知らないことばかり。とんだ非常識をしてないか。

◆まずは基礎知識を教わる。カットされてないピッツァには、どうナイフを入れるとスマートか？　飲み物は何が適切か？　真のナポリピッツァは、と聞かれてスラリと答えられるか？

田中　モッツァレラ、トマトソース、バジリコ。最初は定番の「マルゲリータ」ですね。やはり、ピッツァの中のピッツァといえばマルゲリータなのですか？

総料理長　そうですね、これと「マリナーラ」の2つがクラシックなナポリピッツァです。

田中　マリナーラというのは、どういうスタイルですか？

総料理長　単純にのばした生地にトマトソースを塗って、にんにくのスライスとオレガノ、あと、オイルをかけて焼いたものです。チーズものらない簡素なものです。オリーブオイルでなくサラダオイルをかけるのが本来なのですが。

田中　オリーブオイルでなくてサラダオイル？

総料理長　ピッツァは安くて手軽に食べられることが絶対条件だったんです。ですからナポリでは高価なオリーブオイルは使われなかったんです。

田中　今でもそうなんですか？

総料理長　はい。トマトソースも、缶詰のトマトをつぶして塩で味を調えるだけです。ピッツァのトマトソースが上等なのは普通ではないんですよ。さ、熱いうちにどうぞ。

田中　さっそく質問です。初めからカットしてある場合は問題ないのですが、焼きっぱなしで出てきたときには、どう切ればよいのでしょう。

直火の窯の床に直接生地をほうり込んで焼く

総料理長　ご自分のナイフとフォークで、真ん中から放射状に三角に切り分けてください。はい、丸いケーキを切るときのように。
田中　こうですか？　で、何等分にしましょう。
総料理長　ご自分が召し上がる分だけをどうぞ。
田中　はい。これを？　手でつまんでいいですか？
総料理長　結構ですよ。縁の両端を親指と人差し指で支えて、はい、そうそう。三角の先端のほうを口に入れる。そのときに縁をたわめてやると食べやすい。
田中　縁が残りました。
総料理長　どうぞそのまま召し上がってください。
田中　食べたくなければ？
総料理長　残しても結構です。無礼なことではありません。でも、ソースがない縁もそれなりに美味しいですよ。
田中　手を使わないでナイフとフォークだけで食べるときにはどうしますか？
総料理長　細めの三角に切って、くるくると端から巻き込みます。フォークにさしてひと口で。または、逆に縁から少しずつでも結構ですよ。
田中　こういうことでしょうか。
総料理長　はい、そうですね。
田中　手でつまむより、こうしてナイフとフォークで食べたほうがいいのかしら？
総料理長　焼きたては手を使えない熱さですから、まずナイフとフォークで。冷めたら手でつまんで、ということでいかがでしょう。ただ、おめかしして行ったときには手でつまむよりもナイフとフォークを使ったほうがよろしいと思います。そのほうが手も汚れませんし。

田中　連れの女性に取ってあげるときには、どうすればよいでしょう。

総料理長　まず、適度な大きさに切り取ってください。

田中　はい。切りました。

総料理長　寝かせたナイフを下にぐっと滑り込ませて、腹にのせたままで、上をフォークで押さえながら、お相手の皿まで運んでください。

田中　なるほど。これはエスコートのテクニックとしてチェックですね。

総料理長　でも、向こうのピッツェリアでは女性でも1人1枚が当然なので、日本のように取り分けるということはありません。これはあくまでも日本流です。

田中　とりかえっこもしないんですか？

総料理長　しません。自分のは自分ひとりで食べるのが普通で、男性は1枚以上食べますが、相手の女性に分けるということはしません。そういうことはいやがりますね。

田中　1枚のレギュラーサイズはどれくらいですか？

総料理長　基本は直径34㎝です。（皿を持って来て）このサイズです。

田中　日本ではもっと小さいでしょう？

総料理長　日本人は、1人1枚食べるとなるとこれでは少々大きいので、うちでは30㎝で焼いています。

田中　イタリアではミニマムサイズはどれくらいですか？

総料理長　ハーフサイズになります。次が焼けました。どうぞ。

田中　これは何というピッツアですか？

総料理長　店では「生ハムとルッコラ」といっています。トマトのかわりにモッツァレラをのせて焼いて、仕上がりに生ハムとフレッシュのルッコラをのせたものです。

田中　口当たりが違っていいですね。

総料理長　2、3人でかこむ場合は、まず、マルゲリータかマリナーラ、次にタイプを変えて、この生ハムなどのトマトソースのないものを召し上がるとよろしいと思います。

田中　他にはどんなピッツァを知っておくとよいでしょう。

総料理長　今、ナポリには真のナポリピッツァ協会なる団体がありまして、本来のナポリピッツァを育てる運動をしているんです。

田中　ナポリの伝統を冒す違反ピッツァに目を光らせているってことですか。

総料理長　彼らは真のナポリピッツァとして、ベースの2種と、今召し上がられた「生ハムとルッコラ」、カプリチョーザという気まぐれになんでものせる「ミックス」、「シーフード」「野菜だけ」「4種類のチーズ」、などというものもファンタジーピッツァとして認めています。

田中　なるほど。すると、こういうものを注文すれば、店の人は、こいつはただものではないと一目置くわけですね。

総料理長　ははは（笑）。知ってるな、とは思いますね。

田中　そういうことをうかがった後にこの質問は適切ではないと知りつつですが……。

総料理長　は？　なんでしょう。

田中　タバスコはかけないんでしょうね。

総料理長　イタリア人は食には保守的ですから、タバスコをかける人はまずいないです。

田中　何かかけるとすると？

総料理長　唐辛子を刻んでオリーブオイルに漬けたものをかけます。

◇ピッツァは1人1枚が基本、まず食べる分だけ切る

田中　それは何というものですか？
総料理長　オーリオサント（聖なるオイル）といいます。
田中　ところで、飲み物は何が合いますか？
総料理長　何といってもビール、あとは微発泡の白ワイン。熟成した赤ワインは、よほどしっかりとしたトッピングでもないかぎり合いません。例えば、4種類のチーズとか。お酒が飲めない人はコカ・コーラかガス入りのミネラルウォーターをお勧めします。
田中　食前酒にリモンチェッロはどうですか？
総料理長　強いので食後のほうがよろしいでしょう。
田中　ソーダで割れば？
総料理長　あ、そうすれば、食前酒にもOKです。
田中　あれはやはりナポリのものですか？
総料理長　そうです。ソレント、アマルフィなどのナポリ地方一帯がレモンの産地ですから。
田中　うまいナポリピッツァの条件はどういうものでしょう。
総料理長　まわりがよく膨れていて、よく焼けていることです。見た目が白っぽい薄っぺらいピッツァはだめです。
田中　縁が高いほうがいいんですか？
総料理長　やたらに高くなくてもいいんですが、ぷっくり美味しそうに膨らんでいるといいですね。ナポリピッツァは手でのばしますから、どうしても縁が残るんです。逆にいえば、縁があるということは手でのばしましたということですから。
田中　今いただいたのも、縁がぷっくりしていましたね。
総料理長　材料的には、いいモッツァレラチーズを使っていること。薪を燃やす直火の窯《かま》の床

わたなべよういち：「アントニオ」を経てナポリへ渡り6年間修業。イタリア各地の店で4年間働き、'00年8月広尾に「パルテノペ」を開く。恵比寿に2号店も

に、直接生地をほうり込んで焼くこと。

田中　よいピッツァと悪いピッツァは、食べるとどこで違いが分かりますか？

総料理長　まずよい材料、よい窯で焼けば独特のよい香りがします。それと、悪いピッツァは少し冷めるとすぐに生地が硬くなります。よいピッツァはカリカリにならず、いつまでも中がしっとりしています。

◆ピッツェリアでは、いったいどういうコースを組むべきか。フルコースは許されるのか。パスタも食べてよいのか。迷うことばかりだ。こういうときに、本場ナポリのピッツェリア注文方式とピッツェリア・リストランテ方式を心得ておけば、時に応じた注文ができる。

田中　先にピッツァをいただいてしまいましたが、注文は、どのようにお願いすればよいのですか？

総料理長　メニューをどうぞ。まず前菜、ピッツァ、パスタを揃えています。

田中　フルコースでもいいということですか？

総料理長　メニューにあるものであればもちろん結構です。

田中　そうですか。安心しました。もっと簡単にすませなくちゃいけないかと思っていたんです。こちらのお店では、前菜にはどんなものがありますか？

総料理長　海藻の入ったフリッターとか、ソーセージのようなもの、生ハム、季節の野菜、オムレツとか。簡単につまめるものばかりです。

田中　ピッツァと前菜を頼むと、どちらが先に出てくるのでしょう。

総料理長　どちらかといえば冷たいものが先に出るでしょうから、前菜が先ですね。

田中　でもフリットの場合は？　揚げていると、出てくるのがピッツァと同じくらいになることも。

総料理長　フリットだけは特別で、ピッツァの前に食べても、ピッツァを食べながらつまんでもいいことになっています。

田中　では、フリットを食べている最中にピッツァが出てきても、あわてなくていいわけですね。

総料理長　そうです。では、後はパスタとセコンドにいきますか。実は、ここは日本なのでこういうメニューを作っていますが、本来のナポリのピッツェリアの食事には、パスタや数多くの前菜はないんですよ。

田中　え、では、本来のピッツェリアでは、どんな料理があるんですか？

総料理長　ピッツァだけ、もしくはピッツァと軽い前菜と揚げ物くらいです。ピッツェリアはたとえてみれば、日本のラーメン屋のようなものですから、いろいろな料理を作らないのが一般的です。

田中　揚げ物というと、どんなものですか？

総料理長　芋のコロッケ、米のコロッケとか、野菜のフライとか、ピッツァ生地だけの素揚げ、そういった類いです。

田中　ピッツァと揚げ物ですか。油ばかりで体に悪くないのかな（笑）。

総料理長　ははは（笑）。バランス悪いですね。でも毎日それればかり食べるわけじゃないですから。

田中　スパゲッティもなしですか？

総料理長　基本的にありません。

田中　サラダとか食べないのかしら。

総料理長　ない場合が多いですね。ですからピッツェリアでは、パスタもセコンドも食べられないのが本当なんです。

田中　それにしても、ずいぶんメニューが少ないんですね。

総料理長　というのは、イタリア全土で見ますと、ピッツァは通常、夜食べるものなんです。

田中　夜食べるもの！

総料理長　ピッツェリアは深夜営業の店舗なんです。

田中　若者向けということですか。

総料理長　そうともいえますね。

田中　それは最近の傾向ですか？

総料理長　いえ、昔からそうです。注文して4～5分で出てくるファストフードの感覚で、若

ノリのフリッター「ゼッポリーネ」

「前菜の盛り合わせ」

「自家製ソーセージのソテー」

◇ ピッツァとともに前菜をつまむのがパルテノペのスタイル

者達のデートに、またアフターシアターに立ち寄るような使われ方もしますから。

田中　なるほど。そういう理由があって、料理の品目も少ないんですね。しかし、元祖のナポリだけは昼も食べられる。よく分かりました。では、逆に、高級店においては、ピッツァは食べられないのですか？

総料理長　基本的にリストランテではピッツァは出しません。が、ナポリではよくあることですが……。

田中　ん？　ここにもナポリだけの例外が。

総料理長　ナポリだけではないことですが、リストランテ・ピッツェリアという形態の店がありまして。本来、ピッツェリアとリストランテは違うものですから一緒になるものではないのですが、やはりナポリはピッツァの故郷ということで、こういう店が多いんです。

田中　ははは（笑）。ずいぶん強引ですね。寿司も懐石も、といったところですか。

総料理長　ま、そういうことです（笑）。そういう店では最初にウエイターが、今日はピッツァになさいますか、お食事になさいますかと聞きに来ます。じゃ、今日はピッツァとビールにしようかと言えば、それはそれで大丈夫なんです。料理が食べたければそう言えばリストランテの食事ができます。

田中　自分はピッツァを、連れの女性は料理を食べたいというときには、そういう店を選べばよいわけですね。でも、僕はピッツァも料理も両方食べたいなあ。そういうときはどう答えればいいのですか？

総料理長　素直に両方欲しいとおっしゃってください。すると、では、最初に軽くピッツァをお持ちしましょうかということになって。

田中　とすると、フルコースの中ではピッツァは、前菜に入るわけですね。
総料理長　店にもよりますが、厳密にいえば、コースの中の位置としては前菜とパスタの間くらいです。前菜を食べて、ぼつぼつピッツァが出て、パスタという順でしょう。
田中　念のためお聞きしますが、ピッツェリア・リストランテ、それとも、リストランテ・ピッツェリア。どちらが正しいのですか?
総料理長　一般にはリストランテ・ピッツェリアですが、どちらでも大丈夫です。
田中　ライスカレーとカレーライスのようなものですね。
総料理長　ははは（笑）。
田中　トラットリアとピッツェリアは違いますか?
総料理長　トラットリアは、セコンド、デザートまでカジュアルに、食べられる店を指しますから、ピッツァのみを扱うピッツェリアとはまったく違います。

◆ピッツァの今と昔。こんな話題を仕込んで嫌みなく披露すると気が利いている。

田中　ピッツァはいつごろできたものなのですか?
総料理長　資料にあたると、6000年前エジプトにあったようです。今、中東に窯にはりつけて焼くピタがありますでしょ。あの系統じゃないかと。
田中　それがナポリに伝わったのは?
総料理長　1600年ごろらしいんです。でも、コロンブスが持ち帰ったトマトはまだナポリに着いていなかったので、初期はトマトのない、ただチーズなどをふって焼いただけのものだったらしいんです。
田中　そんなものがなぜ名物になっていったのでしょうね。

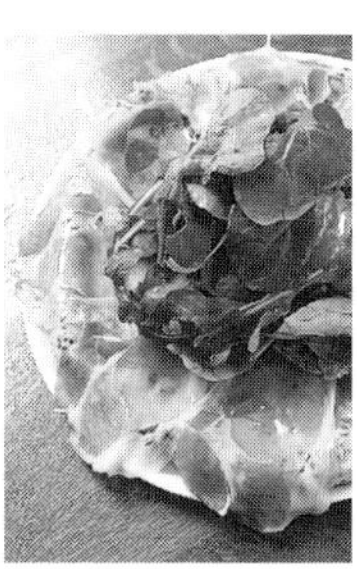

◇ 定番の次は トマトを使わない1品がお勧め

総料理長　ナポリはもともと貧しい土地なので、そういう手軽にお腹がいっぱいになるものが喜ばれたらしいんです。ですから、簡素であることが本来の形であるということなんです。

田中　ピッツァという言葉の意味はどうなんですか？

総料理長　今召し上がっているピッツァそのものと、「焼いたもの」という意味もあります。焼き菓子のなかにはピッツァと呼ばれるものもあります。

田中　なるほど。溯《さかのぼ》ればピッツァにはそんな背景があったのですか。では現在、世界中に広まったことで、イタリアに逆輸入されたピッツァはありますか？

総料理長　基本的にはありません。イタリア全土にその地方独特のトッピングなどは見かけられますが、逆輸入するほどイタリア人が感激するピッツァとなるとどうでしょうか。

田中　ピッツァのチーズは本来はモッツァレラですよね。この他にも、モッツァレラ以外のチーズを使うことはありますか？

総料理長　モッツァレラは本来、水牛のチーズですが、最近は水牛不足で大量な供給が難しくなっているので、牛乳を使って作るモッツァレラがほとんどです。目先を変えて軽く燻煙《くんえん》をかけたものを使うこともあります。

田中　さしものピッツァも世に連れというところなんでしょうか。本日は、実に興味深いお話をいろいろありがとうございました。いつの日かナポリをまた訪れる折には、このご教授を胸に、ピッツァを存分に食べ歩きたいと思います。

（２００１年７月号）

高原レストランで
春のフランス料理の季節感を知る

田中康夫が訊く

田村良雄さん●軽井沢 エルミタージュ・ドゥ・タムラ オーナーシェフ
☎0267・44・1611

――フランス料理の美味しい季節とくれば迷わず秋、と答えがち。でも野菜が注目されている今、春から初夏は実は裏の旬といっていい。高原のリゾートが気持ちのいい季節。食べるべきものを知ってから訪れたい。

◆一流のリゾートレストランには、オーセンティックなもてなしとともに、うっかりすると見逃しがちな心遣いがそこここに込められている。例えば、食前酒のシャンパーニュに入った小さな実が、朝の散歩で摘んできたベリーだったり。こうした心遣いを感じ取るセンスこそが、食べ手の実力の見せどころとはいえないだろうか。

シェフ　ワインをいかがいたしましょう。わが家のリストをどうぞ。

田中　魅力的なワインが揃っていますね。ところで、今日はどのようなお料理をいただけますか。

シェフ　春先の山菜や野菜などをたっぷりと使いまして、前菜を含めて10品とデザートをご用意いたしました。

田中　それは楽しみです。ではワインは……。今日のお料理に合わせてガイドをいただけますか?

シェフ　そうですね。まず白は、'97年のムルソー・クロ・ド・ペリエールなど、料理に合うかと思います。造り手はアルベール・グリヴォーです。

田中　いいですね。

シェフ　赤は、'67年のシャトー・ベイシュヴェルがございます。これはお勧めです。

田中　そういたしましょう。ところで長野県産のワインは置いてらっしゃらないのですか?

シェフ　こちらに来て2年目、この5月でやっと3年目を迎えるものですから、今のところ

田中　まだそこまで調べがついておりません。せっかく軽井沢在住となりましたから、県産のワインもと思っているのですが。

シェフ　最近は、五一わいんに加えてオブセワイナリー、サンクゼールも高い評価を得ています。とりわけ、曽我さんという若い2代目が造り手となってから目覚ましい変貌を遂げたオブセのカルヴァドスは垂涎《すいぜん》ものです。ぜひ、加えてください。

田中　住民票もこちらに移しましたことですから、今度ぜひうかがってみましょう。食前にシャンパーニュをご用意いたしました。どうぞ。

シェフ　ありがとうございます。おや、小さな実が沈んでいますが？

田中　「もみじいちご」と申しまして、昨年の初夏に摘んだものをリカーに漬けておきました。

シェフ　なんとも軽井沢らしい趣向ですね。都会から来た食べ手には嬉しい歓迎です。

田中　このあたりは15分か20分ひとまわりすると、いろんな野生の草や実が籠《かご》にどっさり採れるんですよ。僕も毎朝の散歩が楽しみです。

シェフ　そうそう、長野県は自然の郷ですから。都会人をうんと羨《うらや》ましがらせてさしあげましょう。

朝の散歩で仕入れた山菜が味わえる

◆朝の散歩で仕入れた山菜が皿に盛られる。土地の産物などについてある程度の知識を仕入れておくと、食事時間の話題にもなり、さらに充実することだろう。さて、春の軽井沢ではどのようなものが。

田中　さてさて、季節は春ですが、今どきはどういう食材をお使いになるのですか？

シェフ　今はふきのとうが盛りです。今日も、付け合わせのピラフに混ぜました。うさぎのローストといっしょにお出ししたのがそうです。

田中　山菜の宝庫ですからね。

シェフ　こちらに来て初めて知ったのですが、たらの芽よりも少し大きめの「はりぎり」という山菜がございまして、これは油で炒めたりすると、とても美味しいです。

田中　高原の賄《まかな》いも豊かですね（笑）。ほかには何か時季ものは？

シェフ　芽甘草《めかんぞう》、つくしやふきのとう。そうそう、ゆき笹をご存じですか？

田中　ゆき笹？

シェフ　行者にんにくのようなものです。

田中　はい、行者にんにくは長野の隠れた名産です。茸《きのこ》と並んで山菜も、長野県産ブランドを確立しないといけませんね。さて、こうした自然の素材もシェフの手にかかると、洗練されたフランス料理として皿の上に登場するというわけですね。

シェフ　まだ研究中ですが、せっかく地元で手に入るのですから、あれこれ考えて使っています。

田中　例えばどんなものにお使いになりますか？

シェフ　和食では山菜を天ぷらにすると美味しいですね。しかしフレンチで和風の天ぷらをお出しするわけにもいきませんから、ベニエ（＝フランス風の天ぷら）にしたり、パートフィロで巻いたり、刻んでピラフに合わせたり。

田中　すると、朝の散歩は食材の仕入れ時間ですね（笑）。

シェフ　はい。こんな楽しい仕入れは東京では経験できませんでした。暖かくなってきますとクレソンやせりも川べりにうわーっと自生します。シーズンには買う必要がないくらいです。

1皿ごとにつけられた野菜がバランスよく料理をもり立てる

田中　両親も近くに住んでいますが、クレソンを摘むのを楽しみとしていますね。
シェフ　秋でしたら「さるなし」が採れるんですけど、ご存じですか？
田中　いえ。
シェフ　小さいキウイのような実で、果実酒などにすると美味しいんです。

◆せっかく時間をかけてリゾートへ行くなら、都会と同じものを食べさせるレストランに行ったのでは芸がない。十分な下調べは肝心だ。土地の野菜をたっぷりと食べさせてくれるレストランならなおのことだろう。

田中　野菜なども地元のものをお使いですか？
シェフ　越してきた当時は東京から送ってもらいましたが、だんだん知り合いも増えましてね、地元の農家から分けてもらうものも増えてきました。
田中　どういうルートで知り合っていったのですか？
シェフ　まず初めは、うちの建築をやってくれた人の紹介でしたね。車で40分行った望月町の知人のところで買うこともあります。思いがけず近所のスーパーマーケットにもいいものがあって、よく行きます。知らない野菜もあって、東京のスーパーマーケットのイメージとはまったく違いますね。
田中　軽井沢が位置する東信地域も野菜には恵まれていますから、ぜひたくさん使ってください。
シェフ　もちろんです。そのためにここに来たようなものですから。僕は、1皿ごとに野菜をつけることにしているんです。野菜をたっぷりと。これからは野菜の時代ですから。なんといっても健康的です。

お任せコースのオードブルに出たたんぽぽの葉を添えたさよりの酢締め

田中　たんぽぽが最初のオードブルに添えられていましたね。若い葉だったので、柔らかくて結構でした。野菜をたくさん食べたい人にはたまりませんね。

シェフ　ありがとうございます。

田中　メニューに載せるときに、長野のどこの地区の産かということを明記なさるとよいと思います。

シェフ　知事さんのリクエストですから、慎重に検討します（笑）。

田中　お願いいたします（笑）。

シェフ　そうそう、6月の中旬くらいから志賀高原で採れる「根曲がり筍《だけ》」は美味しいですよ。筍《たけのこ》の一種なんですが、先っぽの柔らかな部分は生で食べられます。シーズンには地元に鯖《さば》の水煮缶がなくなるくらいだと言われているんですよ。

田中　鯖？　缶詰のですか？　それはまたどういう関連でしょう。

シェフ　土地の人は、根曲がり筍をいったん水煮にして味噌汁仕立てにするんですが、そのとき水煮缶の鯖をいっしょに入れるらしいんです。それで、その季節には店から鯖缶の姿が消えるくらいだと。これはうちでも使いたいと案を練っています。

田中　で、こちらでも鯖缶をお供にされるんですか？

シェフ　いやあ、うちはフレンチですから。どうしましょうねえ。これも慎重に検討中です。

田中　このフォアグラの付け合わせは何ですか？　とても素敵です。もちろんフォアグラも美味しいのですが。

シェフ　それはプラムです。白ワインと水で煮て、漉《こ》して、ポルト酒で香りをつけています。これは長野県のものなんですよ。各地のプラムを試しましたが長野産はとてもいいので気に入っています。キャベツにしてもズッキーニにしてもとても品質がいいで

たむらよしお：東京・西片「ル・リス・ダン・ラ・ヴァレ」、西麻布「ラフェドール」で腕を振るった後の'00年、軽井沢へ移転し、開店。連日盛況の人気店となる

すよ。旬のとうもろこしなんかは生でかじれますね。
田中　生でですか？
シェフ　ちょうど牛乳みたいです。ですからコーンスープなんてミキサーにかけてジュースにするだけで十分です。
田中　飲んでみたいですねえ。
シェフ　でしょう？　初夏にお越しくだされば召し上がっていただけます。
田中　デザート類はいかがですか？
シェフ　4月はトマトのコンポート、6月、7月に入ると桃のスープが始まります。
田中　そうそう、パンもとても美味しいのですが。
シェフ　こちらに来て、やはり粉も地元のものにしようと思いまして、粉屋さんに相談しましたら、いいものが焼けました。
田中　パンは何種類くらい焼きますか？
シェフ　バゲット生地と、オリーブオイルベースでオリーブの実を混ぜたもの、チーズ用にくるみとレーズン入りの3種類です。パン屋さんにお任せしてもいいんでしょうけれど、自分のものは自分で作りたいんです。

◆野菜同様、都会と違って川魚には土地の特徴が顕著だ。鮎、いわな、鯉《こい》、虹鱒《にじます》……。

田中　川魚はどうですか？
シェフ　7月解禁の鮎はとりに行きます。
田中　とりにとおっしゃるのは、釣りにということですか？
シェフ　ここから30分くらいのところに投網をする人がいまして、夜11時頃から月の光を背に網を打つんです。そのときにご一緒させてもらいます。なかなか幻想的な光景ですよ。

田中　それをお店でお使いになる。

シェフ　はい、グリエのような野性味を生かす方法で使っています。実際に鮎という魚の特徴や使い方を知ったのはこちらに来てからですね。解禁から1週間は骨まで食べられますが、だんだん日がたつと骨が硬くなって食べられなくなる。前日が嵐のときもだめなんです。水が濁るから内臓まで汚れてしまうんですね。

田中　そういうことは土地にいないと分からないことですね。いわなはどうですか？

シェフ　よく使います。米藁《こめわら》でちょっとだけ燻製《くんせい》にしてサラダ仕立てにします。いわなにはなんといっても米藁の香りが合うんです。

田中　佐久地方は鯉で知られますが、メニューに載ることもありますか？

シェフ　いえ、鯉は使いませんね。

田中　この地域には、かなり煮込んだ鯉濃《こいこく》（鯉を筒切りにして、濃い味噌汁で煮込んだ料理）がありますでしょ。あれをフランス風かイタリア風の味つけでできないかなあと思うんですけどね。オッソブーコのようにできないかなあと。

シェフ　鯉のオッソブーコ風ですか。うーむ、これも研究課題にします。

田中　虹鱒はどうですか？

シェフ　うーん、これも使いませんねえ。養殖のイメージが強いものですから。

田中　そうですか。今、明科町《あかしな》にある水産試験場で、虹鱒の改良品種が育っているんです。「ニジニジブラ」といいまして、なんだか下着みたいな名前なんですけど（笑）。

シェフ　ははは（笑）。

田中　可愛らしいネーミングでしょ。虹鱒って、燻製かポシェってイメージでしょ？　それを違う感じでできないでしょうか。

シェフ　川魚は海とは違う匂いがありますでしょ。あれをお客様が嫌うんですよね。ちょっと香りをつけるといいんでしょうけれど。

田中　土地柄、アルザスやサヴォワ的な料理をお考えにはならないのですか？

シェフ　いいですねえ。しかし、お客様が予想以上に骨をいやがりますから。そうすると、もう、そういう料理ができないんです。

田中　骨がついていたほうが美味しいのに。残念です。

シェフ　手で持って骨をしゃぶればいい。しかし実際には、お客様はなかなかそうはやりにくいんですね。

田中　では、こちらで骨付きで食べる提案をなさったら。

シェフ　ほんと、そう思うくらいです。

あふれる緑の中でのテーブルが高原レストランの真骨頂

◆あふれる緑の中でのテーブルが高原のレストランの真骨頂。別荘で育てたハーブを料理やお茶に使うリクエストも可能。

田中　お客様はどういう方が多いのですか？

シェフ　遠くからお越しになる方が多いですね。夏場は別荘にお住まいの方も増えますが。

田中　昼と夜とどちらが多いですか？

シェフ　うちは昼も夜も、８０００円と１万２０００円のお任せコースのみですから。

田中　子供連れもＯＫですか？

シェフ　こういう土地ですから家族連れでお越しいただきたいと思って初年はそうしたので

すが、なかなかうまくいきません。2年目からは中学生以上としました。

田中　そうですか。日本はまだまだそういう点では難しいのですね。

シェフ　そうですね。

田中　服装はどうでしょう。

シェフ　スーツでないほうがいいでしょうね。ラフに楽しんでください。

田中　別荘で育てたハーブを持ってきて、これをお茶に使ってくださいなんてリクエストは叶《かな》えられますか？

シェフ　もちろんです。そういうお客様も、結構いらっしゃいますよ。われわれも、そうしたリクエストなら大歓迎です。冬には猪《いのしし》や鴨《かも》を持ってこられる方もいるくらいですよ。

田中　興に乗れば、お庭でラフな料理をお作りになることもありますか？

シェフ　立食で貸し切りになさったりする場合は、庭で山菜を火にくべてお出ししてみたり、川魚を串刺しにしてあぶってみたり、それはその時どきですが、お喜びいただいています。

田中　春から夏、緑の中での食事はいいでしょうね。

シェフ　5月に入っていっせいに緑が芽吹きますと、テーブルの上が俄然《がぜん》軽井沢らしくなります。私はテラスの食事に憧れてここに越してきたので、こんなに嬉しいことはありません。高原リゾートのレストランの醍醐味《だいごみ》ではないでしょうか。

田中　まだ春も浅い軽井沢ですが、すでに柔らかな食感のたんぽぽやふきのとうなど、季節を感じさせるものが随分とたくさん登場しました。リゾート地ならではのレストランの楽しみを教えていただき、またひとつ食事の楽しみが増えた感じです。どうも、ありがとうございました。

（２００２年6月号）

フランス料理が美味しくなる秋、何を注文し、どう食べるのが正解か

田中康夫が訊く

田中彰伯さん●南青山 レ・クリスタリーヌ オーナーシェフ ☎03・5467・3322

――食欲の秋。でも、たいていの料理は一年中メニューに載っている。そんな今、あえて食べる価値はどこにあるのか、味はどれだけ違うのか。分かったつもりでいて、本当の美味しさを逃してはいないだろうか。

◆秋の入口は茸が告げてくれる。ジロール、モリーユ、シャンピニヨン、そしてトリュフ。とりわけ茸好きの人が多いフランスには毒茸を見分ける「茸のマイスター」がいるという。

田中　ヨーロッパで休暇を取ったのですが、夏は料理がもうひとつですね。

シェフ　それは残念でしたね。

田中　夏場、1カ月近く休みを取るレストランが多いのは、ヴァカンスというよりも、本当は食材が芳しくないからじゃないのか。暑さで野菜も肉も魚も元気がないわけでしょ？　こうした必然性もあって休むんじゃないかな？

シェフ　そうですね。暑いと魚も動物も野菜も疲れていますからね。秋の涼しい風が吹いてくると、茸をはじめとして美味しい食材が出てくる。

田中　秋の訪れは茸からですか。

シェフ　夏の終わりの雨上がりにむんむんとした森の中を歩いていると、茸を見つけることがあるんです。あ、もう秋なのかなと。

田中　どんな茸が出ますか？

シェフ　ジロール、モリーユ、野生のシャンピニヨン。フランス人は本当に茸が好きなんです。車で80キロくらいで飛ばしているのに突然ギュワーッと止まって、「この3本戻った木の元に茸があった」と言うので、戻ると本当にあるんですよ。

田中　あはは（笑）。食い気という意欲はすべてに勝ると。

シェフ　単に面白おかしく話しているわけじゃないんです。実はフランスでは、青十字マークが付いた街の薬局に採れた茸を持って行きますと、これは毒、これは食べられると選別してくれるんです。

田中　茸のマイスター！

シェフ　そうです。仮に持ち込んだ籠の中に毒茸が入っていると、感染しているからと他の茸も全部、捨てるようにと命ずるんです。市民も従うんですね。

田中　長野県も自生茸がたくさん採れるんですよ。松茸も全国で2番目の採取量ですから。その意味でも、毒茸を見分けられる人の能力を、もっと評価するべきですね。長野県でも、こうしたマイスター認定制度を考えないと。

シェフ　命にかかわりますからね。フランスは毎年毒茸で何人か死ぬ国ですから。

田中　ありゃりゃ、そりゃ大変だ。

シェフ　フランスは大いなる田舎ですから、あれだけ山があって茸がどっさりありますでしょ。日本ならどこかで怪我して倒れていてもだれかが見つけて病院にかつぎ込んでくれますが、フランスの山の中ではそうはいかない。マイスター制度は、国民の命を守るための、文化と伝統なんだと思いますね。

田中　こうした能力や技能を国家が評価する。大変な歴史です。ところで、秋はトリュフも出始めますね。

シェフ　トリュフにはいろいろな種類があって、夏トリュフ、秋トリュフ、冬トリュフとあるんです。

田中　白トリュフはイタリアですか？

シェフ　そうですね。以前はフランスでは、田中さんもよく召し上がるあの冬のトリュフしか使わなかったのですが、最近は秋トリュフも使うようです。

田中　トリュフは、あるクラスのレストランでしか使わないというような食材ですか？ビストロでは使わない？

シェフ　いえ、調理法が違うだけのことでビストロでも使います。カマンベールチーズでスライストリュフをサンドして熟成させたり、煎《い》りたまごやオムレツに入れたり、パスタ、じゃが芋のスープに入れたりします。

田中　地元では日常に食べてしまう？

シェフ　僕がプロヴァンスにいたとき、これが最高の食べ方だと地元のおじいちゃんに教わったのは、トリュフにバターを塗るんですね。で、その上に岩塩をのせてかじる。口の中でバターがべとべとになってトリュフがぼそぼそになって、もう、頭じゅうの毛穴からトリュフの香りが噴き出るような具合のところでポートワインの赤をぐっと飲む。

田中　ははー。聞いているだけで圧倒されます。食べてみたいですね。

シェフ　はい、どうぞどうぞ。今度、ご用意しておきます。

◆秋と聞けばなにはさておいても、ジビエと牡蠣が気にかかる。牡蠣は定番としても、ジビエにも食べ頃があるというのだ。

シェフ　お待たせしました。牡蠣、鹿、鴨の3皿をご用意しました。

田中　ありがとうございます。いやぁ、美味しそうです。

シェフ　月の名にｅｒがつけば美味しくなる牡蠣のフレッシュ、エゾ鹿の煮込みにジロール

月の名に er がつけば美味しくなるのが牡蠣

とモリーユ茸を取り合わせたもの、バルバリー産の鴨のローストをトリュフとマデラ酒のソースで召し上がっていただく3皿です。

田中　鹿も鴨も、秋といえば……、という定番ですね。

シェフ　はい。ではありますが……。

田中　が？

シェフ　実は鹿と鴨では食べ頃が違いまして。鹿は秋口、鴨は年明けからが本当は美味しいんです。

田中　えっ、そうなんですか？　それはまた、なぜ？

シェフ　鹿は夏の間ゆっくり休んで餌《えさ》を食べてますでしょ。ところが、いざ解禁になると鉄砲を持って追っかけられる。逃げ回っているとノイローゼになって、睡眠もとれなくなって痩《や》せてしまうんです。ですから、鹿に関しては解禁直後が美味しいといわれています。

田中　ほうー。精神的に追い詰められると、肉も劣化してしまう。納得しました。

シェフ　しかし、鴨は我慢して1月末まで待ったほうが美味しい。

田中　鴨は追っかけられないの？

シェフ　こちらは遠くから飛んで来たばかりで秋の入口には痩せてるんです。少し休ませて太らせてあげないと。

田中　なるほどね。それぞれに事情があるわけだ。鹿や鴨の料理はビストロでも出るんですか？

シェフ　ビストロは田舎料理を出すところですから、もちろん出します。旨いかまずいかは料理長の腕ですから。

ジビエの食べ頃、鹿は秋口、鴨は年明けからが美味しい

田中　有名な店はありますか？

シェフ　例えば、パリの1930年代からある「ビストロ・アラール」のような店では鹿のもも肉の塩漬けにレンズ豆を添えたような、しょっぱくてたまらないようなものが出てきます。でも、それはそれで美味しいんですよ、伝統の味わいでして。

田中　その塩なのですが。日本では塩分の摂りすぎは健康に悪いといわれていますが、フランス料理は塩が命ですよね。議論にはなっていないのですか？

シェフ　塩分とカロリーの摂りすぎについてはマスコミ的によくいわれています。しかし、フランス人には、やはり、昔から伝えられてきたものは、意地になっても守ろうとする気風がありますから。健康になれるんだとキュイジーヌ・ジャポネーズの寿司なんぞも最近は食べますが、でも、普段は頑《かたく》なにきっちり塩をしてますよね。ま、でないとあのデザートまで届かないんじゃないかとも思いますが。

田中　家庭料理でも塩は多いわけ？

シェフ　多いですね。

田中　そうそう、栗はどうなんですか？　お菓子のマロングラッセは有名ですが。

シェフ　栗はですね、皮をむくのがめんどうなんです。お菓子のマロンはペーストの缶詰を使いますから、皮をむくわけじゃないんですね。

田中　じゃ、栗はあまり食べないの？

シェフ　普通は食べません。栗を食べるくらいならじゃが芋を食べてようよ、同じ澱粉《でんぷん》じゃないかという発想なんです。

田中　でも、栗の入ったうさぎの煮込みや、詰め物に栗が入っていることがありますよ。

シェフ　それは大変に贅沢な料理です。だって、めんどうなのに栗の皮をむいているんです

ジビエの鴨は餌をいっぱい食べた1月末頃が本当の食べ頃

から。

田中　へえ、そんなものですか。では、フランス料理で栗を見たら、手をかけた上等なものなんだと思えばいいわけですね。

シェフ　そうです。フランス人が日本の栗ご飯なんて見たら、その手間を考えただけで驚くと思いますよ（笑）。

◆引き続き、秋だからこそのとびっきりの美味を伝授していただく。ところが美味には、単純に自然界の巡りで秋に美味しくなるものと、夏にとれたものを秋に食べるために人間の知恵で加工したものの2種類があるという。

田中　秋に美味しいもの、他にはどんなものがありますか？

シェフ　洋梨、鹿、鴨、海老、蟹、小鯖《こさば》、虹鱒。

田中　どれもいいですねえ。名前を聞いているだけで口の中に唾液が（笑）。

シェフ　そして、アンチョビ、サフラン、干だらといった加工品です。

田中　加工品？　では、まず順にお話をうかがいましょうか。秋の魚は？

シェフ　湾に小鯖が寄ってきますね。こはだとしんこの関係みたいなものなんですけど、この小振りの鯖は、味にまるみがあって青臭くなくて、素晴らしいんです。塩焼きにしてパンに挟んで食べたりします。出始めの伊勢海老。これも美味しいですよ。

田中　牡蠣の他の貝はどうですか？

シェフ　帆立貝です。蟹もよくなります。フランス人は、貝は生食が好きですよね。ムール貝も生で食べますね。

田中　ええ、ええ。

シェフ　フランスでは肉も、レアとかミディアムレアとか、火を入れることを重視するのではなく、いかに生で美味しく食べられるかを考えてきた歴史なんですね。
田中　なるほど、どれだけ生に近い状態で焼けるかということですね。
シェフ　貝もその流れなので、生食が多いんです。
田中　ところで、加工品とさきほどおっしゃいましたが。
シェフ　秋に美味しくなるように、夏に出たものに手を加えて仕立てたもののことです。
田中　ほほう。例えば？
シェフ　アンチョビです。夏にとれたひしこいわしを30日から40日間、塩に漬けてからオリーブオイルでマリネして冷蔵庫に入れておくんです。すると、9月の下旬から10月の下旬に出来たての、香りの素晴らしい美味しいのが食べられる。
田中　ふーむ。
シェフ　それを、一年中あるトマトに付け合わせる、一年中ある卵に混ぜ込む。それが人間の贅沢さのあらわれというか。
田中　なるほどねぇ。
シェフ　干だらやサフランもそうですね。干だらは、脂肪が少ない夏の鱈を秋口まで乾燥させて作るんです。で、じゃが芋が美味しい頃にチーズとワインと合わせてブランダードにする。
田中　ブランダードって家庭料理でしたよね？　レストランでは出さないもの？
シェフ　もともとは家庭料理ですが、今では家庭料理はクラシックな料理とみなす若手の料理長が多いので、小さく丸めたりしてメニューに載せていますね。時代の流れだと思います。

たなかあきのり：24歳で渡仏し各地で修業。南仏「レ・サントン」ではシェフを務め、ミシュラン一つ星に格上げさせる。帰国後の'93年「レ・クリスタリーヌ」をオープン

田中　あの高価なサフランも秋？

シェフ　サフランの花は夏に咲くんです。雌しべを摘んで乾燥させるんですね。で、出来たての香りのよいのを使ってサフランライスを炊いたり、ブイヤベースを作ったりするのが秋の料理の始まりです。

田中　サフランライスは秋一番の御馳走ってわけですか。

シェフ　レストランの最高のおもてなしですね。

田中　そうか、ではブイヤベースが秋の料理っていうのはサフランにもかかわりがあるんですか。魚が美味しくなる時期だからかと思っていました。

シェフ　基本的には魚が美味しくなるからですけれど、サフランの乾燥が仕上がることも要因なんですよ。

田中　なるほど。そういう関連があるんですか。興味深いですね。さて、最近の料理での流行はありますか？

シェフ　流行としてはさっきお話しした秋トリュフ。最近多く使うようになりましたね。あとは虹鱒です。虹鱒の燻製は近ごろよく見かけます。

田中　虹鱒は長野県産が全国第1位ですよ（笑）。この他、レタスもアスパラガスもプラムもそうですが。話を戻せば、虹鱒の燻製はありますかと質問すれば？

シェフ　秋の料理をよくご存じの方だなと思いますね。

田中　県の水産試験場では虹鱒の研究をしています。ニジニジブラという新しい交配種も登場しています。下着じゃありませんよ（笑）。さて、一年中メニューにはあるんだけれど秋になったら食べたいというお勧めはありますか？

シェフ　ありますよ。豚の血のソーセージのブーダン・ノワールはぜひ秋になってから召し上がってください。一年中ありますが、付け合わせがりんごになると飛び切りの味わいですから。こういうものを秋に注文されると、一体どんなお客様だろうと厨房から覗きに行きたくなりますね。

◆これから話題になりそうなワイン、秋の料理に合うパン、秋に飲むハーブティーは？　こうした脇をきっちりとかためてこそ、レストランの側から一目おかれることを知っておこう。

田中　これから話題になるのではないかというワインはありますか？

シェフ　赤ならシノン、白はサンセールでしょうか。

田中　このノルマンディのものは？

シェフ　ポモー・ド・ノルマンディといういりんごの食後酒です。カルヴァドスを造った滓《かす》とりんごジュースを合わせて発酵させたもので、アルマニャックは強すぎるわという女性や、甘すぎるのは敬遠という方にお勧めしています。

田中　なるほど。カルヴァドスよりソフトですね。

シェフ　こちらはミュスカです。

田中　これも甘口の食後酒として知られていますね。

シェフ　食中の方もいらっしゃいますし、食後酒にお使いの方もいらっしゃいます。どちらでもよろしゅうございます。

田中　パンもいろいろありますが、秋の料理に合うパンはあるのですか？

シェフ　これが今日のお料理に合うパンです。牡蠣やジビエには、パン・ド・カンパーニュのようなちょっと酸味のあるパンが合います。フランスパンは四季を通して何にで

◇白はサンセール、赤はシノン　ワインの果実味と酸の豊かさが秋に合う

も合います。とくに秋の食事には、くるみパンや乾燥いちじくやドライハーブを焼き込んだパンなどもよろしいですね。

田中　おや？　これは？　食パンのトーストですか？　フレンチレストランでは珍しい。

シェフ　ここは日本ですから、うちでは食パンをおいているんです。これがまた女性に凄く受けてまして。

田中　それはいい試みですね。でも、フランスにはこういう食パンはないんでしょ？

シェフ　そうなんです。ところが、フランス人は食パンが大好きなんです。フランス人のお客様は競って食パンをお選びになるんですよ。ムッシュ・ロジェ・ベルジェも日本に来ると食パンを買って帰るんです。フランスではこの食パンが作れないらしいんです。

田中　フランス人にも作れないパンがある？

注目すべきなのはロワール川流域のワイン。白ならサンセール（左）、赤はシノン（右）が代表的

食後酒で楽しむなら、ミュスカ（右）は南仏の甘口ワイン、ポモー・ド・ノルマンディ（左）は軽めのリキュール

シェフ　あの白い柔らかいのはできないみたいですね。発酵の方法も違うし、窯の火力も違うし。太らないパンといって、喜んで召し上がっていますよ。

田中　愉快、愉快。

シェフ　食パンは日本の伝統文化です。

田中　ははは（笑）、それはいい。いいところに目をつけましたね。

シェフ　ふふふ（笑）。もっと探せば、フランス料理にフィットする日本の文化があるはずなんですよね。

田中　秋の料理の後のハーブティーは、どういうものがいいですか？

シェフ　やはりフレッシュハーブティーは素晴らしいですよ。秋には夏の太陽をたっぷり吸ったハーブが濃厚な香りを出します。それが、秋の料理の濃厚さによく合うんです。

田中　うーん。いい香りです。口の中が洗われますね。これはどういうハーブの取り合わせなんですか？

シェフ　セルフイユ、ミント、ローズマリー、イタリアンパセリ、エストラゴンのミックスです。よく合うと思います。

田中　秋一番の食事に、いいお話をお聞きしました。秋には何が美味しいのでしょうねという質問が、訊けば訊くほど予想もしないお答えへと発展して、食の世界の深さに改めて感心しております。今日はありがとうございました。

（２００１年10月号）

ナイフ、フォーク、ナプキン……、気になるフランス料理のマナー

田中康夫が訊く

田中彰伯さん●南青山 レ・クリスタリーヌ オーナーシェフ ☎03・5467・3322

――例えばパリの三つ星で食事中、ほかの客の食べ方や振る舞いに「あれっ」と思うことがある。当たり前と考えていたマナーやルールは、もしかすると恥ずかしい行為なのかもしれない……。ナイフはこう持てとか、スプーンの運びがどうとか、何を今さらと笑い飛ばせるだろうか。

◆女性は奥の席へ、と思い込んではいないだろうか。状況に応じてチェンジする気遣いが必要なこともある。また、ナプキンには、どのタイミングで手を伸ばすのが正しいか、どう掛けるか、どう使うか。

田中　最近はレストランでのサービスも進化してきましたが、それでも判断困難な事態に陥ることがあります。例えば女性連れなのに、私の椅子を先に店の人が引いてしまった場合、どう対処すればいいでしょう。

シェフ　それは……、たしかに困りますね。そういうときには、さりげなく田中さんが女性の椅子を引いてさしあげればいいのではないでしょうか。

田中　店の人に恥をかかせても悪いですものね。自らがそっと座らせてあげましょうと。さて、ベンチシートの場合、やはり女性が奥ですか？

シェフ　パリの「マキシム」にもベンチシートがありますが、女性が奥です。でも、場合にもよりますから……。

田中　とおっしゃいますと？

シェフ　手前のほうが景色がよく見えるような場合には、女性に譲るべきでしょうね。

田中　これからの季節、花が咲いているのが見えるのはこちら側だけとか。

シェフ　席に案内されたときに、眺めのよいのはどちらの席でしょうね、とサービスの方に

たなかあきのり：24歳で渡仏し各地で修業。南仏「レ・サントン」ではシェフを務め、ミシュラン一つ星に格上げさせる。帰国後の'93年「レ・クリスタリーヌ」をオープン。

訊くのも手ですね。

田中　それならば、女性が手前の席を勧められても気分は害さない。

シェフ　昔と違って、女性も席順をよくご存じですから。

田中　あら、この人、こんなことも知らないのねと思われるのも……。

シェフ　気を遣いますね。でも、その気遣いを楽しんでこそ、レストランを訪れる楽しみにもなります。

田中　はい、心得ました。では、第2問です。席に着きました。ナプキンをいつ膝に掛けましょう。私は食前酒をきっかけとしますが、注意して見ていると結構バラバラなんですね。定説はないのですか？

シェフ　とくにありません。でも、食前酒あたりが順当だと思います。着席とともに膝に掛けると、いかにも卑しい感じがしますでしょう。

田中　掛け方はどうなんでしょう。折り目なしに全面的に広げますか？　さまざまな流儀があるようですが。

シェフ　一般的には、ひとつ上側に折り返して、輪を体の前に持ってきます。

田中　こういうことですね？

シェフ　そうです。お腹に輪をくっつけてください。

田中　承知しました。口を拭くときは折返し部分を使えばよいのですね？　そのとき、拭いた汚れが見えないように裏側を使ったほうがいいのかしら。

シェフ　いえ、ナプキンはお客様のお召し物を汚さないためのものですから、汚れは上に向いていて結構です。

田中　了解しました。さらに悩みがございまして。

シェフ　なんでしょう。

田中　ナプキンが私の意思に反して、膝からすべり落ちてしまいます。なぜか私の場合は頻繁に生じまして。

シェフ　ははは（笑）。そういうときは、サービススタッフに声をかけると新しいものを持ってきます。

田中　でも、しょっちゅうでは恥ずかしいでしょ。すべり止めに腿《もも》の下に敷き込んではいけませんかしら。こういう具合に……。

シェフ　ううーん。それでは窮屈でしょう。今は男女ともに膝に掛けますが、本来は、男性は首から下げるのが正式なんです。

田中　えっ、あの、映画に出てくるようにですか？　こうしてシャツの衿元《えりもと》に差し込むんでしょ？

シェフ　そうそう、そうです。

田中　赤ん坊の涎掛《よだれか》けみたいですよ。

シェフ　いえいえ、フランスでは、正式なディナーでは男性はそのスタイルです。ナプキンによっては、端にボタン通しの穴が開いていたりしますよ。ええ、なかなかよくお似合いです。

田中　そうかしら。

シェフ　胸元を覆うのは、主にはネクタイを汚さないためです。皆さんご自分では案外気づかないのですが、ソースでネクタイを汚していらっしゃる。

田中　私も経験があります。なるほど、こうすっぽり包んでしまうと安心ですね。料理に集中できそうです。

◆とくにビジネスランチや大切な会合の席では、カトラリー使いで失敗をしたくない。本当に正しい持ち方ができているか、途中でナイフとフォークを左右持ち替えてもよいものだろうか。

田中　ときおり、エレガントに召し上がっている方を目にしますね。あれは、やはり、ナイフ、フォーク使いに秀でていらっしゃるからでしょうか。われわれは、なかなかあそこまで……。

シェフ　ポイントは姿勢です。背筋をすっと伸ばして脇を締める。これが基本形です。やってみましょうか。

田中　あ、なるほど。凜々《りり》しいですね。

シェフ　背を丸くすると卑屈に見えますからご注意を。次のポイントは、ナイフ、フォークを正しく握る。

田中　正しい握り方をご伝授くださいませ。

シェフ　えっ、よくご存じのくせに、いやだなあ（笑）。

田中　まあ、そうおっしゃらず。私も習慣で使っているだけですから、この際、お教えいただきたいんです。

シェフ　ナイフ、フォークとも、親指、中指、薬指、小指で軽く握り込みます。

田中　残った人さし指はどこへ行きましょう。

シェフ　ナイフとフォークの付け根に軽くのせてください。

田中　こうですね。そして？

シェフ　切る、刺す、運ぶときには、この人さし指で方向を決めて、手首のスナップで上下

◇ 背筋をすっと伸ばして脇を締めるのが基本姿勢

運動をいたします。

田中　なるほど。すると脇も開かずスマートに見える。人さし指はディレクターの役目ですね。

シェフ　よくある例ですが、ナイフ、フォークを5本の指でぎゅっと握り込んで使おうとすると、腕ごと動いてしまうので格闘しているように見えます。

田中　これは基本の基本ですね。

シェフ　そうですね。やはりレストランでは、同席する方のためにも美しい所作を気遣うべきだと思います。

田中　心がけます。和食の世界では箸先を一寸（約3㎝）以上汚してはいけない意の「箸先一寸」という言葉もあります。レストランの食事にもそういう教えがありますか？　ナイフ、フォークを汚さないといったような。

シェフ　とくにはいいません。

田中　でも、裏ではそういう掟があったりして。

シェフ　ま、私自身は、そういうときはパンでぬぐったり、ナプキンでこっそり拭いたりしますけれど。

田中　ということは、やはり汚れたら拭いたほうがいいということ？

シェフ　ご馳走を食べるのは、「美食」ということですから、そこらへんは考慮したほうがいいかと。大っぴらに拭くのはどうかと思われますから、人目を避けてこっそりと素早く。

田中　彼女のグラスについた口紅も拭いてあげるべきだと唱える方もいますが（笑）。

シェフ　グラスの口紅は考えようによっては美しいものではございませんか？　ずらっと並

ナイフとフォーク、持ち替えるなら目立たず静かに

んだグラスについたルージュの跡はエロチックで絵になりますでしょう。いかにもレストランの光景です。

田中　フムフム。それに、話に興じて時間を過ごすうちには、口紅なんてどうでもよくなってしまって……。

シェフ　そうそう。そんなことはどうでも。

田中　意見が合いますねぇ（笑）。さて、左利きの場合ですが。

シェフ　は？

田中　左利きの人がナイフとフォークを左右持ち替えて使っても、マナーに触れないでしょうか。

シェフ　もちろんです。持ち替えなければスムーズに召し上がれませんもの。

田中　左右持ち替えるにあたってのマナーはありますか？

シェフ　音をたてないように。イギリスではカトラリーの音をたてるのはご法度です。担当のサービススタッフは持ち替えられたことを見逃しません。次のセットは左右逆にするはずです。

田中　おお、それでこそプロです。持ち替えるで思い出したのですが、肉をあらかじめ切り分けておいて、フォークを右手に持ち替えて口に運んでもいいですか？

シェフ　それは、フランス、イギリス、アメリカでスタイルが違います。クラシックなスタイルでは嫌がりますが、アメリカは1回で食べる分だけを切って、持ち替える人は持ち替えて食べます。最近のフランスの若者たちの多くはあらかじめ切ってしまうようです。ただ、そのときも持ち替える仕草が目立たないほうがいいですね。

田中　目立たず静かにがキーですね。

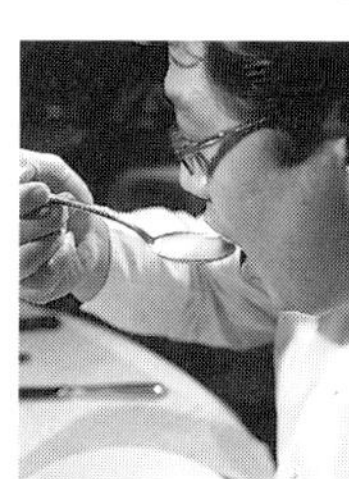
スプーンは口に直角に当て送る感覚で

魚料理用はもちろん、ナイフも口にしてかまわない

骨から外しにくい鳥類以外手を使わないのがスマート

◆キャビアや骨付き肉などをきれいに食べるには？　スープをすくうのは手前から向こう側からか？　ライスが出たらフォークはどちらの手で持つ？　パンを裏返して皿に置くと……？

田中　缶入りキャビアが出てくると、いつも困ります。たまねぎや卵のみじん切りなどがついてきますね。適当にお茶を濁しているのですが、正式にはどうすればよいのでしょう。

シェフ　トーストの先にスプーンでキャビアをどっさりのせて、薬味をのせて召し上がってください。

田中　こうですか？

シェフ　キャビアをもっとたくさん。そうですね。まずは薬味を1種類ずつのせて味わって、食べ進んだら全部混ぜてください。薬味なしで生クリームだけ落とすのも格別ですよ。私は生クリームだけが好みです。

田中　サワークリームじゃないんですね。なるほど、予想外の味です。読者のみなさんも、キャビアバーなどでこの賞味法を披露すると感心されるかも。

シェフ　われわれも、おや、このお客様は……と注目するでしょうね。食べ方は、間違っていても正しくても、それなりに目立ちますから（笑）。

田中　骨付き肉も問題児です。仔羊や鶏などを食べるとき、手で持ってよいと聞きますが、そうなんですか？

シェフ　たしかに扱いにくいでしょうが、できるだけナイフとフォークで召し上がってください。

田中　最後の最後まで骨から外れない肉は、手に持って齧《かじ》ってもよいのでしょうか。

シェフ　そういうときも、できるだけ手は使わないほうがスマートです。上手な方は、ナイフをゆっくり動かして少量を切り外して、ほんの一口ずつをお口に運んでいらっしゃいます。

田中　手は使わないほうがいいということですね。

シェフ　鳩やベカス（シギ）のような、とりわけ骨ばなれの悪いものは別ですが、羊や鶏くらいなら手は使わず、外れない肉は残したほうが。

田中　でもフィンガーボウルが出るのは、手を使ってもよいという暗黙の合図ではないのですか？

シェフ　あれは、ひょっとするとお使いになるかもしれないとご用意しているもので、積極的に使ってくださいという意図ではありません。

田中　あくまでもカトラリーのみ。

シェフ　手を使ってはいけないとは申しませんが、決して美しいものではありませんでしょう。

田中　いいことを教わりました。たしかにそうです。魚料理にはソース用のスプーンがつきますね。あれをナイフ代わりにしてはいけませんか？

シェフ　いえ、大丈夫です。

田中　そのスプーンを口に持っていってはいけませんか？

シェフ　結構です。フランス人などは魚用のナイフでソースをすくって口へ運んでいますね。

田中　ははあ、お好み焼きの〝テコ〟感覚なんでしょうね。ナイフをペンホルダーのように持つのは、どのようなときですか？

「食事中」を示す置き方。皿の中に収めてしまわない

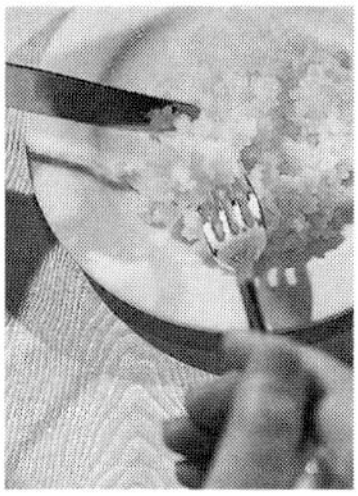
ライス類をフォークの背にのせない。左右持ち替える

パンをひとつまみフォークで刺してとるのが賢い

シェフ　決まりはありません。そう持ったほうが食べやすければＯＫです。
田中　たとえば田中シェフなら？
シェフ　軟らかなものを取り分けるときですね。白身の魚とか、ポテトやラタトゥイユのような付け合わせとか。
田中　考えなくても勝手に手が持ち替えてしまうことってありますね。
シェフ　そうですね。体が食べやすい持ち方を知っているのでしょう。
田中　話の順が逆になってしまいましたが、スープはどちら側からすくうのが本式なんですか？　手前から向こう、いや、逆だとか……。
シェフ　手前から向こうへ、ですね。
田中　理由はあるのですか？
シェフ　正面に座った相手に、スプーンの汚れた背を見せては失礼です。
田中　なるほど！　クリアになりました。スープについてもう一点。口はスプーンのどの位置につけて飲めばよいのでしょう。
シェフ　スプーンの先端を直角に口の中に入れて飲みます。スープは食べるものといいますでしょ？　ですから、食べるスタイルをとるんです。
田中　口の中へはどれくらい入れればいいですか？
シェフ　一応は２㎝くらいですね。でも、口の大きさとスプーンのサイズで按配してください（笑）。
田中　ははは（笑）。スプーンが大きくて口を切りました、では話にならない。
シェフ　決してスプーンを頬張ってはいけません（笑）。
田中　ライスが出ることもあります。どうすればきれいに食べられますか？

皿がピカピカになるまでぬぐうのは下品

パンの裏が見える状態で皿の上にのせるのはタブーだ

シェフ　ナイフとフォークを使うのは当然です。まずはナイフを左手に持って米を軽く平らにならします。次に右手のフォークですくってください。

田中　えっ、逆持ちですか。

シェフ　ライスの場合だけです。

田中　初めて知りました。ところで、クスクスも食べにくい。

シェフ　米と同じように。米もクスクスも少しずつ食べればこぼれません。

田中　どんなに美味しい料理でも、食べ残すことがあります。残した料理を皿にどうレイアウトして戻すか、女性はこのことを大いに気にかけますが。

シェフ　あまりに乱雑でなければよろしいです。

田中　常識の範囲ですか。そうそう、ソースのことをお訊きしなくちゃ。ある種、義務のように我々は最後にソースをパンでぬぐいますが、これはソースをぬぐうほど美味しい料理でしたという調理場へのメッセージとなるのですか？

シェフ　さあ、どうでしょうか。

田中　とすると、どれくらいぬぐえばよいのかしら。これくらい？

シェフ　2、3回ってところでしょう。あ、それくらいが適度でしょう。昔、私も、洗ったようにピカピカにぬぐうものだと思い込んでいた時期がありました。でも、あれでは最後の1滴まで食べるぞといった強欲な感じがします。

田中　余裕を見せるべきなのですね。そのときにパンは指でつまむべきですか？　フォークに刺すとも聞きますが。

シェフ　ソースをたっぷり吸わせたいときには、フォークに刺したほうがいいですね。指が汚れません。

パンを裏返して皿の上に置いてはいけない

田中　パンはサービスされればすぐに食べてもいいのでしょうか？

シェフ　すぐに手を出すと、いかにもお腹ペコペコといった印象を与えます。オードブルまで待ちましょう。

田中　でも、温かいパンを目の前にして、苦行ですね（笑）。さりとて、あまりにパンを食べ過ぎると後半戦が辛《つら》い。分かっちゃいるけど、止《や》められない。クレイジーキャッツの心境で（笑）、いまだに毎回、反省ばかりです。ときにバターナイフがついてこないことがあります。そういう場合は、オードブル用か魚用のナイフを使ってもいいですか？

シェフ　結構です。レストラン側もそういう意図でしょう。それよりも、パンを裏返して置いてはいけないってご存じですか？

田中　えっ、つい裏返ったりしますが。

シェフ　フランスではパンが裏返っていると、縁起が悪いとか今日一日いいことがないというんです。家庭では置き方も厳しくしつけられるんですよ。

田中　お茶碗にお箸を立てちゃいけないのと同じですね。洋の東西を問わず、迷信的な流儀が存在するわけですね。

◆食後酒とコーヒーはどちらが先か、去り際のナプキンはどう置くか。支払いのスタイルは？　最後の最後まで気にかかることは多い。

田中　飲み物についてお伺いします。やはり食事中にワインを飲んでいるなら水は飲まないほうがよいのでしょうか。日本では、席に着くとすぐに水を運んでくる店もありますし、フランスでもオーダーを取った最後に、ヴィッテルかエヴィアンかバドアか、と尋ねられます。
シェフ　ええ。でも、本来はフロマージュまで飲まないものです。
田中　現代でもですか？
シェフ　観光客が来ない格の高いレストランほどそうですね。私が修業していた頃、日本人といえば「水、カメラ」と厨房で揶揄されていました（笑）。
田中　ウーム（笑）。ところで、ワイングラスをクルクル回すことについてはいかがお考えですか？
シェフ　皆さんソムリエ気分でいらっしゃいますからね（笑）。でも、'90年のシャトー・マルゴーは回しても、'73年なら回しませんね。
田中　なるほど、何でも回せばいいってものじゃないですものね。
シェフ　どんなワインでも初めはそのままで飲んでごらんになればどうでしょう。で、硬いかな、もっと空気に触れさせたほうがいいかな、と思ったときに回してください。
田中　何のために回すのかを知っておきなさいということですね。今や、水まで回しかねない勢いですもの（笑）。そろそろ食事も終局に至りました。コーヒーと食後酒はどちらが先？
シェフ　どちらが先でも結構です。オードヴィだけでも大丈夫ですよ。
田中　そういえばコーヒーにブランデーを入れる人もいますね。両方一緒なら手っ取り早い（笑）。さて、そろそろ失礼しましょうかというとき、去り際のナプキンはどのように置けば格好がいいでしょう。
シェフ　クシャクシャッと丸めて置くといいでしょう。
田中　でも、女性はそういうわけには……。

去り際のナプキンは椅子ではなくテーブルに置く

シェフ　女性は大まかに畳んでいただけば。ナプキンは椅子に置くと「戻ってきます」の合図なので、スタッフがひたすら待ち続けます。テーブルに置いてくださいますよう。
田中　クラブの女性がグラスにコースターをのせるのと同じですね。
シェフ　はいぃ？
田中　またこの席に戻ってきます、のボーイさんに対する合図らしいです。
シェフ　ははぁ、お詳しい。
田中　いいえ、銀座のクラブ活動は苦手でして、キサナドゥが多いです（笑）。さてさて、支払いはカードでも？
シェフ　はい。もちろん。
田中　私は海外の場合、支払いはカード、チップは現金としているのですが。
シェフ　たいへんお洒落ですね。きっと喜ばれるはずです。
田中　テーブルマナーについては情報が蔓延《まんえん》していて、どの定説に従えばよいのやらと迷うこともしばしばです。本日は基本が分かったうえでのマナーをいろいろお教えいただいてクリアになりました。もう時間ですね。お忙しいなかをありがとうございました。

（2003年4月号）

何を選んでどう食べるか
美味しいパンの基本を知りたい

田中康夫が訊く

竹内哲也さん●タイユバン・ロブション　シェフ・ブーランジェ
☎03・5424・1345

――フランスの人たちは、美味しいパンを供するレストランは、料理も一級と認めるという。確かに料理を引き立て、ワインにも合う。では、美味しいパンはどこが違うのか、その奥の深さをたずねた。

◆フランスパンというとやはり真っ先にバゲット。食べ頃は? バゲットに上下左右があることをご存じだろうか。

田中　バゲットに別名はあるのですか?

シェフ　いえ、バゲットはバゲットと言うだけです。

田中　この長さは決まっているのかしら。どこのお店のものもだいたい同じくらいですよね。

シェフ　はい、60㎝から67㎝と決まっています。

田中　なにか理由があるんですか?

シェフ　フランス人が家族で一日に食べ切る長さなんじゃないでしょうか。みなさん毎朝買いに行きますから。

田中　パン屋さんの仕事は朝早いんですよね。世界で最も朝早い仕事は、新聞配達と豆腐屋とパン屋と言いますもの。竹内さんも出勤は早いんですか?

シェフ　私は5時半出勤で、それから粉を練ります。

田中　フランスでは近年、「粉からこねて焼く店しかブーランジェリーと認めない」と法律で定めました。これは凄い発想です。遠くの工場で大量生産して運び込み、マニュアル化したスタッフが店頭で焼く、アメリカ的効率主義の無味乾燥なチェーンパン店がフランスでも幅を利かせています。食文化の破壊だ、とパン職人組合が抗議

たけうちてつや：'72年生まれ。千葉・市川の実家が営む「シャラント」を経て、'94年オープン時からタイユバン・ロブション勤務。'97年からシェフ。

したところ、その法律ができた。本当に意欲のあるパン職人が営む店が、たった1行の条文によって示される。日本だったら、パンの振興を図りましょうと第三セクターを設けて広告代理店にキャンペーンを張らせる。でも、それは天下り先を増やして、税金の無駄遣いになるだけ。印刷代だけで、自律的な市民を手助けする。僕が目指す、究極の行政の姿だと思います。

シェフ　ところでバゲットは焼きたてが美味しいのですか？　それとも少しおくほうがいいのですか？

田中　焼いて2、3時間後の粗熱がとれたくらいが食べ頃です。焼きたてこそとよくいいますが、実はあまり美味しくありません。

シェフ　こういう皮の硬いパンの中身をほじくって食べてはいけませんか？　皮はいやって人がいるじゃないですか。

田中　うーん。でも、このカリカリが美味しいので。

シェフ　ですよね。じゃ、残さないほうがいい？

田中　お好みですが、レストランのスタッフに聞くと、食べ慣れた方は端っこの皮の多いところをくれとおっしゃることが多いようですよ。ちょっと通だなというか……。

シェフ　ということは、やはり皮は食べるべきということですね（笑）。

田中　ええ、できれば。皮は美味しいと思います。

シェフ　バゲットはどう切れば美味しく食べられますか？

田中　1㎝くらいの厚さで、こう輪切りにしてください。

シェフ　水平ではいけないんですか？

田中　パンの皮は上と下では味わいが違いますから、そこも含めて食べ比べていただけますと。ですから、輪切りにした一片も縦にちぎったほうがいいんです。

田中　微妙な妙ですね。ところでバゲットはどちらが上なんですか？

シェフ　平らなほうが下です。

田中　左右はありますか？

シェフ　立てるときにはクープが立っている側が左です。平らに置くときはクープが奥です。

田中　クープって？

シェフ　表面についた切れ目のところです。焼けた生地が魚のひれのように立っていますね。この部分がクープです。フランス語の couper（切る）からきています。いいパンはこれがキリッと立っています。

田中　ははあ、この切り込みですね。こちらの斜めの切り込みは7本ですが、数は決まっているのですか？

シェフ　ここでは7本ですが、数に決まりはありません。

田中　バゲットよりも、もっと短くて太いのがありますよね。

シェフ　40㎝くらいのですね？　あれはバタールといいます。

田中　バターが入っている？　でも、フランス語でバターはブールですよね。粉が違うのかしら。

シェフ　いいえ、粉は同じで、イーストの量も同じ、ただ短いだけなんです。

田中　それだけの違いなんですか？

シェフ　ですが、この長さに意味があります。長いのはその分皮が多くなりますし、短いと中身が多くなる。

田中　仕上がりがずいぶん違うと。

いいパンはクープ《切れ目》が
キリッと立っている

シェフ　皮がお好みのお客様はバゲットをお求めになりますし、中身のほうがとおっしゃる方はバタールをご指名になります。でもフランスでバタールはあまり聞きませんね。

田中　日本人好みってことですか？

シェフ　そうですね。フランス人にとっては、やはり皮あってのパンですから。

田中　なるほど。それでバタール（雑種）。では、美味しいバゲットの見分け方を教えてください。

シェフ　うーん。パンは食べなければ分かりません（笑）。

田中　外見についてロブション氏が注文をつけることはないのですか？

シェフ　艶《つや》についてはうるさく言われます。くすんだ感じにならないようにとか。ぱりっとした感じとか。

田中　これはいい艶なのですか？

シェフ　これは合格だと思います。

田中　なるほど。そこらへんがポイントなわけですか。

シェフ　あくまで見た目なので味まではどうも。自分で食べて、好みの味を探したほうがいいと思います。

◆最近は味わい深いパンが増えてきた。長時間発酵、天然酵母。こんな言葉が頭に入っているのはパンの旨さに一歩長じているしるしと言えよう。

田中　こちらにも長いパンがありますが、先ほどのバゲットに比べると色が濃いですね。

シェフ　これは長時間発酵と言いまして、時間をかけて作るパンなんです。普通のバゲットは粉を練りはじめて6時間後には焼き上がりますが、長時間発酵のほうは20時間か

けて作ります。

田中　それは種が同じで発酵にかける時間が違うということですか？

シェフ　そうです。練らないで自然に生地を作っていくというものです。

田中　テクニックはよく分かりませんが。味はどう違うのですか？　色が濃いから味も濃そうだなあ。

シェフ　濃いというよりも深みがある味です。かめばかむだけ味が出てくるというタイプです。

田中　この似たような3つは、それぞれに違いがあるのですか？

シェフ　なまこ形ですね。コンプレ、セーグル、パン・オ・ルヴァンです。

田中　まったく分かりません。説明をお願いします。

シェフ　コンプレは小麦の全粒粉が入っているんですけど、パン自体にこくがあるのでソースをぬぐったりするにも美味しいと思います。サンドイッチにも適しています。セーグルはライ麦パンです。ドイツパンの系統でじっくりと食べるジャンル。パン・オ・ルヴァンは天然酵母で発酵させたものです。

田中　天然酵母とはなんですか？

シェフ　自家製酵母になります。

田中　ということは？

シェフ　市販のイーストではなく、自家製なので味に特徴をつけやすいということです。酸味のきかせ具合も自由になります。

田中　酸味のきかせ具合とは？

シェフ　こちらのパンを召し上がってください。酸っぱくないですか？　そのままかめばか

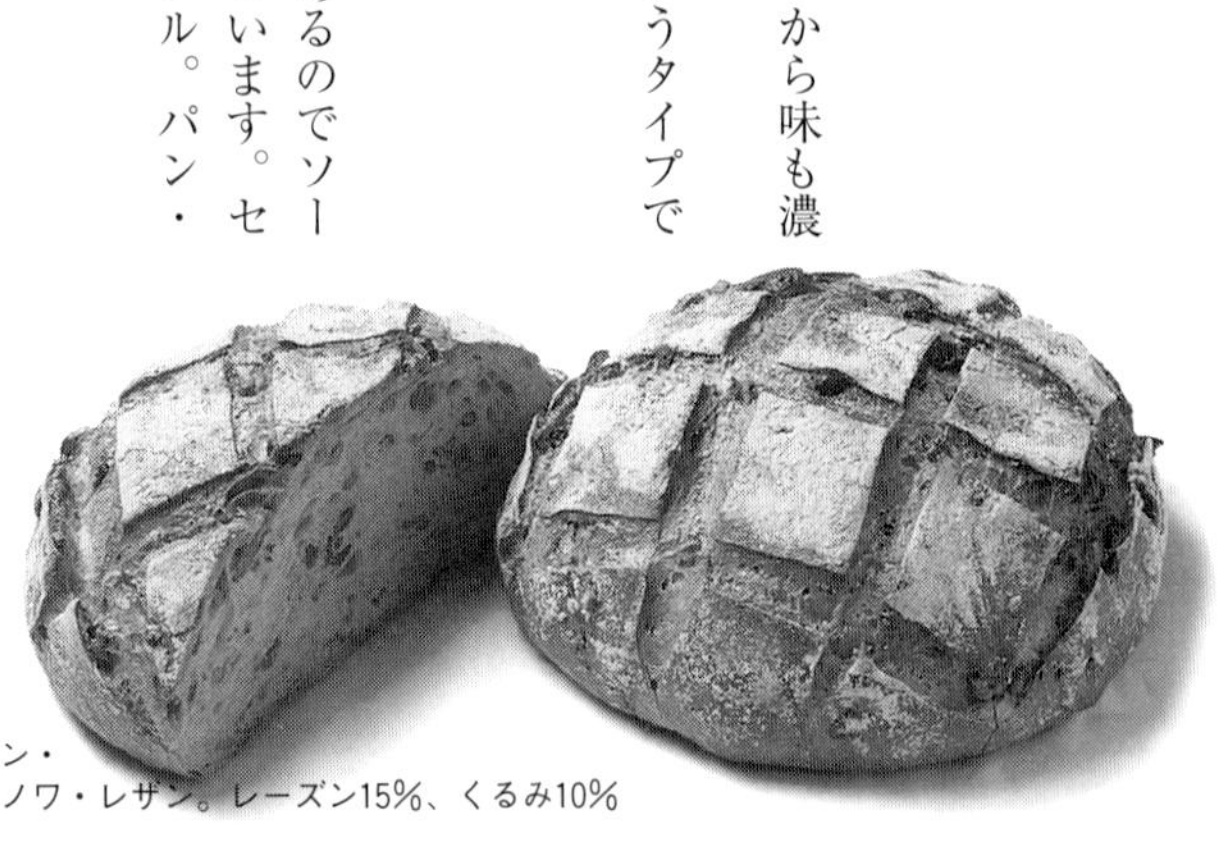

フランスパンの代表格、パン・ド・カンパーニュ。これはノワ・レザン。レーズン15%、くるみ10%

むほど味が出てきます。
田中　ははあ。多少酸っぱいですね。
シェフ　さっきの長時間発酵も天然酵母も、かめばかむほど美味しくなるための手法なんです。
田中　これは、パン・ド・カンパーニュ。なにが入っているのですか？
シェフ　くるみとレーズンです。レストランのほうでは、チーズと一緒に召し上がっていただきます。プレーンなものが普通ですが、今日はこれがありましたので。
田中　なんという名前ですか？
シェフ　パン・ド・カンパーニュ・ノワ・レザンといいます。

◆パンには皮の硬いハード系と柔らかなソフト系という区分けもある。バゲットはハード系、クロワッサンのようなタイプはソフト系。

田中　こちらの菓子パンの類いも、フランスパンの範疇ですか？
シェフ　そうです。これまでお話ししたバゲットは皮の硬いハード系。対してソフト系はヴィエノワズリーのような柔らかい系統。
田中　ヴィエノワズリーって？
シェフ　クロワッサンとかデニッシュ、ブリオッシュのようなものです。
田中　ああ、そういったジャンルですね。バターの多いブリオッシュでもバターやジャムをつけてもいいですか？
シェフ　結構です。合うと思います。
田中　クロワッサンの優雅なちぎり方があれば、ぜひ教えてください（笑）。パンの世界

パンをつまみに ワインを飲むのも洒落ている

には、パンくずのこぼれる量が少ないほうが上手というようないわれ方はあるのでしょうか?

シェフ　それはないと思います。ボロボロこぼれちゃっても大丈夫です。

田中　ですって、スタイリッシュな読者の皆さん、ご安心を（笑）。では次の質問へ。例えば、男女が宿泊の翌朝、食事を一緒にとるわけですね。男は女にいいところを見せたいでしょ?

シェフ　は?　はい。

田中　そういうときに、クロワッサンでもブリオッシュでも、なんでもいいんですけど、親愛の気持ちを込めて彼女に半分ちぎってあげたいのですよ。

シェフ　ああー、でも、そういうときはちぎらないほうがいいんじゃないでしょうか。どうしたってそんな具合に（田中氏がボロボロにちぎったものを示す）なってしまいますから。別々に1つずつ召し上がってください。

田中　一夜明けての距離を意味するわけではないと（笑）。では、クロワッサンにバターを塗るときは?　皮でなくて生地のほうにつければよいかしら。

シェフ　はい。そこがいいと思います。

田中　バターとジャムを両方塗るなら、どちらを先に塗るのがいいんですか?

シェフ　バターですね。

田中　塗り方のこつはありますか?　手際のよさを見せたいじゃないですか。ちぎり分けることもできずに、黙々と食べているのでは男が廃《すた》ると（笑）。

シェフ　うーん。硬いバターが出てきたときが問題だと思います。そのときは薄くスライスしてのせて召し上がると美しいと思います。

タイユバン・ロブションのオリジナル、プチ・バゲット・ロブション（左）とプチ・パン・ロブション。軽い酸味が特徴

田中　さて、食べ終わりました。手をパンパンとはたいて、床の絨毯にくずを落としていいですか？

シェフ　いやあ、それは……（苦笑）。皿の上で落としていただいたほうが。

◆こちらのレストランにおいてパンは重要であるという。その理由は？　ソムリエ若林氏にも参加してもらう。

田中　このレストランではアミューズギュールよりもパンが先に出てきます。あれ、不思議だなと思っていたんです。

ソムリエ　ロブションの指示です。

田中　そのパンはここにありますか？

ソムリエ　この細長いオ・ルヴァンのプチ・バゲット・ロブションです。

田中　あ、これこれ。カリカリに焼いた小さなバゲットなんですね。

ソムリエ　食前酒と一緒に召し上がる方もいらっしゃいます。

田中　精進料理のお凌《しの》ぎとして最初に椀子蕎麦が出るようなものですか。

ソムリエ　というよりも、フランス人にとってパンとワインはなによりのとり合わせですし、実際美味しいものですから。フレンチの食事のプロローグとしてロブションの大事なメッセージなんです。

田中　いただきます。こういうパンを食べるときには、端からかじっちゃいけないんですか？

ソムリエ　やはり、一口分ずつちぎって召し上がってください。

田中　カリカリしますね。

なまこ形３種。左から全粒粉のコンプレ、天然酵母のパン・オ・ルヴァン、ライ麦入りのセーグル

ソムリエ　皮の香ばしさが特徴的なパンですから、料理の間の口休め的なニュアンスだと思います。丸いプチパンもお出ししています。

田中　バタールも食べたいと言ってはいけないのですか？

ソムリエ　デジュネ（昼食）はこの2種類だけですが、ディネ（夕食）には他に7種類のパンを用意しております。

田中　そういうときには、何個くらい取っていいんですか？

ソムリエ　召し上がりたいパンをお取りいただければ……。

田中　美味しいパンって、ついつい食べすぎて、頼んだ料理が辛くなっちゃいがちです。どうすればいいでしょう。

ソムリエ　私どもは、食事の進み具合を見て、お客様にパンを食べさせないこともあるんですよ。

田中　えっ？

ソムリエ　こんなにパンを召し上がっていては料理が残ると思ったら、お側《そば》で話をしてパンに手をのばさせない（笑）。

田中　ははは（笑）。口を止めてくださるわけですね。ウーム、サーヴィス向上が緊急課題の長野県で生まれ育った若林さんに、田崎真也さんに続いて改革のお手伝いいただかなくちゃ。

ソムリエ　恐縮です。実家は今でも安曇野ですよ。いかがですか、プチ・バゲットのお味は。

田中　風味がありますね。

ソムリエ　風味があり味わい深いパンですから、ワインにとてもよく合うんです。

田中　パンをつまみにワインを飲むなんてお洒落ですね。赤白1本ずつご推薦いただけま

シェフ・ソムリエの若林英司氏。
ソムリエ・コンクール上位入賞多数

すか。

ソムリエ　赤はボルドーから、白ワインはクローズ・エルミタージュをお持ちしました。

田中　赤はマルゴーですね。

ソムリエ　はい。ボルドーは海に近いため、ミネラル豊富な土壌にぶどうが植えられています。したがってほんのりと塩味を感じる。バゲットタイプには塩味がありますから、こういう赤が合うかなと。

田中　なるほど。面白い選びですね。

ソムリエ　逆にセーグルのような風味のあるパンは、むしろ赤ワインよりも特徴のある白ワインに合わせたほうが面白いかなあと思いまして、アフターにほろ苦さの残る、クローズ・エルミタージュにしました。

田中　なるほど。そういうワインをお供にすれば、食事の合間にも、終わったときにもパンをつまみに楽しめる。逆を考えればレストランのパンはそういう実力も必要なんですね。

ソムリエ　パンの存在意義をまっとうするためには望まれますね。

田中　よく分かりました。ところで、レストランのパンにバターを塗るのは正しいのかしら？

ソムリエ　最近はバターはいりませんとおっしゃる方も増えていますが、お好みでつけてよろしいと思います。

田中　そうそう、レストランのバターは無塩なんですか、有塩ですか？

ソムリエ　有塩のレストランも多くありますが、タイユバン・ロブションでは無塩をお出ししています。

◇ パンの酸味が口直しになり、ワインも美味しく飲める

◆レストランのパン情報を自宅でも生かしたい。料理に合わせて選ぶとしたら。

田中　季節によって美味しいパンはありますか？

シェフ　とくにないと思います。

田中　冬には煮込みやクリーム系の料理を作りますね。そういうものにはなにが合いますか？

シェフ　バゲットはオールマイティです。酸味があってしっかりしている天然酵母パンもいいですね。冬には食べごたえがあってよいのではないでしょうか。

田中　この料理にはこのパンが合うという組合わせはありますか？

ソムリエ　ロブションの指示によって指定されたパンを料理に添えることもあります。

田中　このパンだからこそ、この料理は旨いと。

シェフ　ロブションはプチ・バゲットの酸味をうるさく言いますね。もっと酸味を増やせとよく言われます。

ソムリエ　酸味があると口直しになるし、美味しくワインも飲める。パン自体の存在感も出るのではないでしょうか。

田中　われわれ日本人は、パンはご飯の代用という意識からなかなか離れられないのですが、パンがこんなにもいろいろな顔をもち、奥深いことを知って食べる楽しみも増えました。どうもありがとうございました。

（2002年1月号）

＊　＊　＊

その後、竹内哲也さんは独立して、札幌で「ブーランジェリー　アンシャンテ」を2002年5月にオープンしました。

何を注文し、どう食べるか
スペイン・バルの正統を知る

田中康夫が訊く

ホセ・バラオナさん●日比谷 ピンチョス・ベポ オーナーシェフ
☎03・3597・0312

――気がついたらスペインが大ブーム。ヨーロッパでは食通だけでなく、ちょっと早い大人たちは皆イベリア半島を目指しているという。「バル」や「ピンチョス」。そういえば僕らのまわりにも増えてきている。

◆最近流行しているピンチョスとはいったいどういうものか。串に刺したものというイメージだが、刺していなくてもピンチョスらしい。何でも好きなものをと言われても、実は知っておくべき順番があるのではないか。バルで恥をかかないための基礎知識から。

オーナー　初めまして。ホセです。今日はよろしくお願いします。

田中　こちらこそ。ホセさん、随分日本語がお上手ですね。何年日本にいらっしゃいますか？

オーナー　10年です。

田中　道理で。これがこちらのお店のメニューですか？　随分たくさんございますね。

オーナー　ピンチョスのメニューは49品ですが、実はもっともっとあります。このメニューシートにのせきれないので残念です。さ、田中さん、とにかく召し上がってください。こちらで品を決めてもいいですか？

田中　はい、お任せいたします。では、参りますまでにピンチョスの基礎知識を授けてください。ピンチョスとは？

オーナー　ピンチョスはスペイン語で串とかピンのことです。簡単に言うと、串に刺した小さな料理のこと。これは手でつまんで食べます。バルという、日本の居酒屋のような店で出すものです。バゲットのパンにのせたスタイルもありますよ。

ほせ　ばらおな：カタルーニャ生れ。来日10年目。レストラン「エル・パティ・ア・バラオナ」を'01年5月、現在のスタイルにして新規オープン。「小笠原伯爵邸」総理長も務める

田中　串に刺していなくてもピンチョスなんですか。
オーナー　そうです。手でつまんで食べればピンチョスです。
田中　スペインの方は、そういうスタイルがお好きなようですね。
オーナー　はい。でも、日本人も串に刺した小さな料理、好きでしょ。
田中　焼き鳥、串揚げ（笑）。
オーナー　そうそう。全部やっぱり小さい。だからこの店を出しました。そうしたら、とても忙しいです。
田中　大成功ですね。あ、参りましたね。これは？
オーナー　「焼き野菜とアボカドとアンチョビ」「チキンのレバーパテとレーズン」「セラーノハム」「サルピコン（魚のマリネの盛り合わせ）」です。
田中　正しいつまみ方はありますか？
オーナー　いえ、それはお好きにどうぞ。
田中　この4品は、オードブルのような揃えですが。
オーナー　よくお分かりですね。初めはこういうものでスタートして、この後、トルティーヤ（オムレツ）や豚の串焼きなどを召し上がっていただきます。
田中　何本かを食べるときには、やはり、オードブル、メイン、デザートという型に沿うのですか？
オーナー　ピンチョスだけですませようとすればそうですね。うちの店では、コースを仕立てています。
田中　どういう順なのか教えていただけますか？
オーナー　初めに、さきほど田中さんが召し上がった「焼き野菜とアボカドとアンチョビ」のような冷たいピンチョを5、6品。

田中　あの、今、ピンチョとおっしゃいましたか？

オーナー　ピンチョは単数のとき。複数の串の場合と総称するときにピンチョスと言います。

田中　では、これはハムのピンチョなんですね。

オーナー　その通りです。

田中　すみません、それで？　冷たいピンチョスの後は……。

オーナー　次にスープ。

田中　スープもあるのですか？

オーナー　簡単なスープならどこのバルにもあります。続いて、イカや帆立のような魚介類、豚の串焼きのような肉類のピンチョスをそれぞれ2、3品。

田中　もう、そろそろ満足でしょう。

オーナー　いえ、仕上げには必ず米料理を食べます。

田中　おや、日本のようです。

オーナー　スペイン人はお米が好きですよ。米のサラダとかリゾットを欠かしません。

田中　パエリアはどうなんですか？

オーナー　これは専門店がありまして、休日に家族揃って食べに行くという料理です。

田中　そうなんですか。じゃあ、バルでパエリアなんて言ったら、あっ、素人だなと笑われてしまいますか。

オーナー　そんな意地悪な人はスペインにはいないから大丈夫（笑）。この後にデザート。でも本国のバルにはデザートはありません。これはうちのオリジナル。

田中　内容は、きちんとした食事に倣《なら》ったコースなんですね。でも、本来のピンチョスや

オーナー　タパスは、2、3本食べてすませるものでしょう？

田中　スペインでは、いろんなバルで数本ずつつまんですませます。でも、日本にはまわりにそういう店がないので、コースを作ったんです。

オーナー　なるほど。こうしてコースで慣れてからスペインに行くとまごつかないと。

田中　その通りです。ピンチョスというものを知ってもらいたい気持ちからですね。

オーナー　このオムレッとつくねのようなピンチョも美味しいですね。このつくねは何ですか？

田中　アラブの影響を受けたシシカバブのようなもので、「ケバブ」と言います。かつてスペインは戦争が多くて、いろいろな国が入ってきましたから、料理にもその色合いが強く残るものがあるんです。

◆ピンチョスの大基本は、しょっぱい、辛い、酸っぱい。酒が進むための肴であることを、まず覚えておこう。次に、ごくポピュラーな品を知っておけば一応の知識はつく。と思っていたらタパスなるものが登場した。

オーナー　いやいや、どれも結構でした。ところで、ピンチョスにはこれが基本というものはあるのですか？

田中　しょっぱい、辛い、酸っぱい。

オーナー　えっ？

田中　早くお酒を飲みたい。

オーナー　ははは（笑）。

田中　その代表格が「ギルダ」です。酢漬け唐辛子、オリーブ、トマトアンチョビです。

◇ピンチョスの基本は しょっぱい、辛い、酸っぱい

田中　すぐ作れますから、ちょっと待って。

ありがとうございます。いただきます。しょっぱい！　辛い！　酸っぱい！　確認しました。この組合わせは確かにお酒を飲みたくなります。

こちらのお店のピンチョスは、そういった意味でもスペイン伝統のものと同じですか？

オーナー　そういうものと、創作の2本立てです。

田中　スペインのどこにでもあるポピュラーなピンチョスというと、どんなものですか？

オーナー　ただ今のギルダ、イベリコハム、タラ料理、豚の串焼き、イカですね。これは、もう、スペイン全土伝統の名物ですから、スペインらしさを味わいたいなら、このあたりから召し上がってください。

田中　このお店のメニューの創作品はどれですか？

オーナー　「ベトナム生春巻」です。手でつまんで食べられるでしょ？　これ、大変人気があります。

田中　何を巻いているのですか？

オーナー　セラーノハムとトマトです。ちゃんとスペインの食材でしょ。

田中　その通りです。が、春巻に人気があるとは（笑）。バルでは、ピンチョスのほかにはどういう料理を出すのですか？

オーナー　タパスも、煮込みも米料理もいろいろあります。でも、さっきも言いましたが、簡単なものだけですね。

田中　そうそう、タパスも有名ですね。ピンチョスが串なら、タパスはどういう意味なんですか？

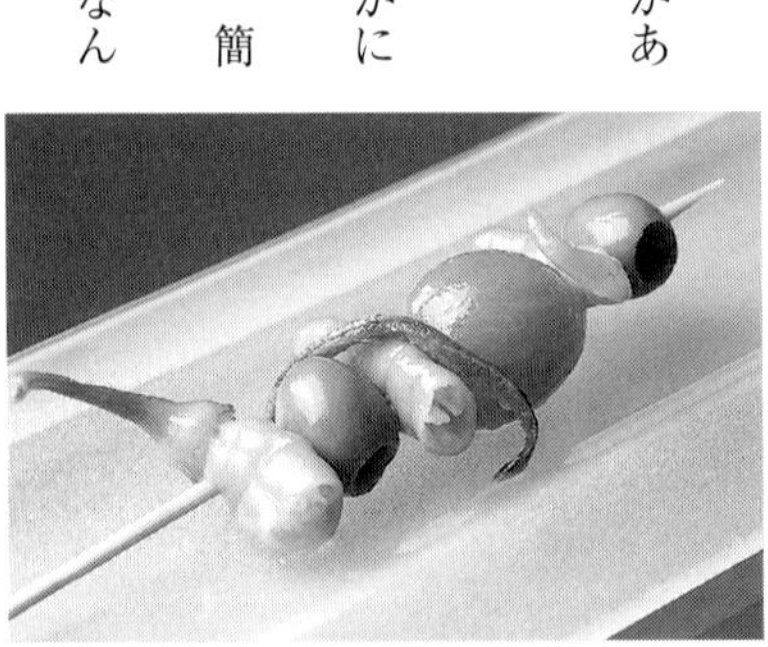

もっともポピュラーなピンチョ。「チリビネガー、オリーブ、トマトアンチョビ」

オーナー　蓋という意味です。向こうではグラスの上に小皿をかぶせて、蓋代わりにします。蚊が入ったりすると困るでしょ。それが今は、小皿にのせた料理という意味になったと聞いています。でも、本当のところはどうなんでしょう（笑）。

田中　同じ料理でも、串と皿の違いで、ピンチョスになったり、タパスになったりするんですね。

オーナー　例えばね、ここにトルティーヤがあります。オムレツですね。家で焼いてテーブルの真ん中に置くと料理。バルで、「タパでトルティーヤ」と頼むと小皿にフォークつきでのってくる。「ピンチョでトルティーヤ」と言えば串刺しかパンの上にのってくる。

田中　よく分かりました。ところで、このような料理はレストランでも出るのですか？

オーナー　基本的にはバルという小さな居酒屋のような店で出すものです。しかし最近人気の「エル・ブジ」などでは、オードブルにピンチョスを出して話題になっていますね。

◆ピンチョスに合う飲み物は、ビール、ワイン、シェリーなど、何でもよい。しかし、ワイングラスは小ぶりのものと決まっている。バル通はワイン1杯でピンチョを1本。この食習慣がバルのはしごにつながってくる。

田中　バルでの飲み物は、やはりワインですか？

オーナー　最近はセルベッサ（ビール）を飲む人が増えました。といっても、もちろん、たいていの人はワインですよ。とくにバルの料理には、若いワインがよく合います。

田中　まさかフランスワインということはありませんね。

オーナー　イタリアワインもフランスワインもありません。バルはスペインワインだけです。

◇バル通はワイン１杯でピンチョを１本

田中　うちにも置いてあるけれど、白なら、「セニョリオ・デ・サリア」「ブラン・プラネル」とか。赤なら、チャコリワインをはじめとして、「マルケス・デ・カセレス」「マスケス・デ・リスカル」。シェリーのような「ラ・ヒナータ」もスペインらしい白ワインです。スペイン人はお酒好きなんですよ。

オーナー　OKです。でも、これも嗜好には地域差があって、南ではシェリーが、バスクのほうではチャコリワインが多いですね。

田中　シェリーはどうですか？

田中　サングリアはどうですか？

オーナー　あれは自宅で作って飲むもので、外ではほとんど飲みません。うちには置いてありますけど（笑）。大人はあまり口にしませんが、学生はよく飲みますね。

田中　お酒以外、ノンアルコールはどんなものが適当ですか？

オーナー　ガス入りレモネードとか、コーラ、オレンジのようなフルーツ系統のジュースですね。

田中　食後酒はどのようなものがありますか？

オーナー　当店では、アニスの香りの甘めのリキュール「パチャラーン」や「アグアルディエンテ・デ・オルッホ」を用意しております。

田中　さきほどから気になっているのですが、この小さなグラスは何を飲むためのものですか？

オーナー　これ、ワイングラスです。

田中　えっ、これが？

オーナー　バルでは、ワインはこのグラスで飲むと決まってます。

田中　直径が10㎝、高さ8㎝といったところですね。

「ポテトとオニオンのオムレツ」（左）「ポーク、ガーリック、パプリカ、ハーブ」（右）

オーナー　チャコリグラスと言いましてね、もともとはチャコリワインを飲むためのグラスなんです。

田中　スペインでポピュラーなワインですね。このグラスで赤も白も飲むのですか？

オーナー　はい、ビールもシェリーも、バルで出るお酒はとりあえず何でも。

田中　でも、なぜこんなに小さいのかしら。

オーナー　ピンチョ1本にグラス1杯。1杯が300円くらいです。

田中　なあるほど。ピンチョの味に合わせて、どんどんお酒も替えていく。これは実にバルらしい。

オーナー　スペインでは、店もどんどん替えますから。ここの名物のコロッケを食べたら、次はあそこの豚の串焼きを食べて、それから……といった具合ね。スペイン人はこういう食べ方が好きなの。「あそこは安くて楽しいよ」「じゃあ、行こう」って、そんな感じ。

田中　確かにスペインはどこも、バルがたくさんありますね。やはり季節感もあるんでしょう？　例えば秋に選ぶとよいピンチョスって何かありますか？

オーナー　日本と同じ。茸が美味しい。ウズラも出てきますね。夏にはなかった煮込みものも顔を出します。

田中　夏には煮込みものは出さないんですか？

オーナー　だって、暑いでしょ。大半の小さなバルは扉なんかなくて開けっ放しだから。

田中　あ、そうなんですね。レストランとは違いますものね。

オーナー　「栗と豚の煮込み」なんて、秋でなければ食べられない。美味しいですよ。

◆スペインのバルの使われ方。朝食に、昼食前のつまみに、夕食前のつまみにとバルは活用されるそうだ。平均1軒の滞在時間が5分から10分。1時間ではしご4、5軒。しゃべって、食べて、歩くのを繰り返す。休日は家族連れで賑《にぎ》わう。

田中　バルの営業時間について知りたいのですが。

オーナー　夜明けから早朝を除けば、一日中やっています。朝は、サラリーマンがカフェとクロワッサンや甘いもので朝食をとりに来ます。

田中　中国の飲茶のようなものですね。

オーナー　昼は、今でもみんな自分の家に戻って昼食をとりますから、帰宅途中にちょっと寄ってビールとつまみを少し。仕事が終わるのは夜の8時、9時なので、家に戻って夕食の前に、また、ちょっと寄って、ワインとつまみを。

田中　いつでもちょっと寄るんですね。レストランに行く場合は？

オーナー　行く前に、アペリティフの1杯とつまみにオリーブのピンチョをつまんで、それから出掛けます。

田中　すると、レストランに着くのは随分遅い時間になりますよね。

オーナー　そうね、遅いと12時。だから食事が終わるのは3時くらい。午前のね。その後で、ちょっとバルに寄ろうかということも当然ある。

田中　何につけてもバルは欠かせない。休日には、子供や孫連れでいっぱいだそうですね。

オーナー　家族揃ってね、楽しいよ。カウンター越しに、あれちょうだい、これちょうだいって、大声で頼んで賑やかです。

田中　おおかたは立ち食いなんですか？

オーナー　そうね。初めから椅子がないところもあるし。立ったままで、串とかちょっとしたゴミとかどんどん床に落としながら、ちょっとずつ食べて、さあ次へ行きましょうというのがバルの習慣だから。

田中　そうすると大人数で行くよりも2、3人で行くほうがよさそうですね。

オーナー　でも、次々と店をまわっていくうちに知り合いが加わって、とうとう10人になったなんてこともあります。でも、それはそれで、また楽しい。

田中　そうすると、1軒の滞在時間は非常に短い。

オーナー　5分か10分です。1時間で4、5軒まわることもあるくらい。

田中　で、その後に食事をする。そうか、食前の運動も兼ねてるってわけだ。気分転換にもなるし。

オーナー　いい考えでしょ。

田中　食事をしないでピンチョスやタパスだけですませてしまうことはないのですか？

オーナー　最近そういう傾向があります。でも、それは本当に最近のこと。スペイン人は昔からの生活をとても大切にしていますから。

田中　よく分かりました。ところで、ピンチョスはバスク地方に多いのですか？

オーナー　そうですね。もともとはアンダルシアとカスティーリャの中間あたりで生まれたものらしいのです。でも戦後、１９４０年代、バスクの北方、サン・セバスチャンあたりで新しいピンチョスが考えられて、盛んになったようです。

田中　ピンチョスの意味や種類、食べ方、バルでの作法。うかがえばうかがうほどに、スペインの町の香りが立ちのぼってくるようでした。日本にもスペイン風のバルも増えました。本日のお話を参考に、存分に楽しみたいと思います。本日はお忙しいところをありがとうございました。

（２００２年11月号）

◇ 1軒の滞在時間は平均5分から10分。1時間で4、5軒はしごすることも

酒

香りと味の個性、シングルモルトウィスキーの正しい嗜み方

田中康夫が訊く

廣瀬孝一さん●銀座 BAR FAL オーナーバーテンダー☎03・3575・0503

——近ごろ、シングルモルトウィスキーの揃えが自慢のバーが増えたように思う。飲みやすさとは対極の、しっかりとした味の個性と香りの奥深い世界。ともするとマニア度の高い酒だけに、肩の力を抜いた楽しみ方を指南してもらった。

◆ワインについての知識はいろいろあるがウィスキーはまだまだ、では恥ずかしい。今回、アイラ島の7銘柄を中心に、マニア度が高いとも言われるシングルモルトの世界に入ってみた。

田中　シングルモルトウィスキーが揃うバーに行く人が増えてますね。単刀直入ですが、シングルモルトの魅力はどこから来るものですか？

オーナー　スコッチに関して言えば、普通のウィスキーはブレンデッドと言って、大麦からできるモルトウィスキーと、とうもろこしなどの穀物を原料にしたグレーンウィスキーを混ぜたものです。まあ、飲みやすくバランスを調えるわけです。

田中　するとシングルモルトとは？

オーナー　1カ所の蒸留所で造られるモルトウィスキーだけを瓶詰めにしたものです。ついでに言えば、複数の蒸留所のモルトウィスキーを混ぜて造るのもあって、ヴァッテッドモルトといいますが。

田中　当然のこととして、混ぜていないシングルモルトのほうに個性がはっきり出るわけですね。

オーナー　そうです。蒸留所ごとの個性といいましょうか、香りや口当たりが明瞭です。

田中　飲み手の側でも、好き嫌いがはっきり出るのでしょうね。

オーナー　ですから、好みのモルトにはまるわけです。

ひろせこういち：27歳でバーの世界に入り、アイラ島、スペイサイドなどスコットランド40カ所以上の蒸留所を巡り、研究も熱心。店名「BAR FAL」はゲール語で「神髄」

田中　そうした方が増えていると聞きますが、実際、カウンターに立たれていて感じますか？

オーナー　ウィスキーを飲み慣れた方はもともとシングルモルト好みの傾向があるのですが、最近の特徴は若い人にファンが増えたことです。ワインの知識も増えて、マニア度の高いお酒が注目されているのでしょうか。

田中　では、さっそくお勧めのシングルモルトをいただきましょうか。

オーナー　最初の1杯は、アイラ島の「ラフロイグ」をお勧めしたいのですが。よろしいでしょうか？

田中　もちろん、お勧めのままに。

オーナー　実はラフロイグは非常に個性が強いので、最初にお出しするには冒険なのですが、個性が分かりやすいという意味であえてお出しします。

田中　ほほう。軽いものから始めないで、いきなり個性的なものからスタートですか。

オーナー　田中さんはいろいろご存じでいらっしゃいますから、セオリーどおりでは物足りないのではと。モルトの個性を楽しむならストレートがいちばんなのですが、スタートの1杯としては飲みやすくもあるソーダ割りで。

田中　シングルモルトをソーダで割るなんて意外ですね。アイラといえば、シングルモルトの聖地とも言われる島ですね。でも、失礼ですが、ソーダ割りは邪道でないのですか？

オーナー　邪道ではないと思います。本場スコットランドの人には怒られそうな気もしますが、モルトを楽しむという意味では、固定の観念に縛られないほうがいいと思います。

田中　昔からあった飲み方ではない？

オーナー　ないと思います。でもなかなかいけますでしょう？　甘さと香りがたちませんか？

田中　そうですね。これはスモーキーですね。

オーナー　そうなんです。ラフロイグは非常にスモーキーなアイラ島の特徴を備えているので、まず、お試しいただきたかったのです。では、次はストレートでアイラのウィスキーをお試しいただきましょうか。

田中　この7本がアイラ島の蒸留所のシングルモルトですね。

オーナー　そうです。

田中　どういう順番ですか？

オーナー　右から左へ、おおよそですがクセの軽いものから重いものへと並べています。定石どおり軽いものから召し上がっていただきます。

田中　一番右はなんという名称の？

オーナー　「ブナハーブン」です。アイラモルトとしては大人しいものです。

田中　ワインの場合は、まず色を見て、香りを嗅《か》いで、口に含んでと順を追いますが、ウィスキーにおいてはどのような手順をもって見極めをするのですか？　ご指南をお願いいたします。

オーナー　ウィスキーも、まずは色を見ましょう。バーボン樽で熟成させたものは色が薄めです。一方、シェリー樽で寝かせたものは色が濃く出ます。さらにこれは長く寝かせることで色の濃さを増してきます。

田中　で、次にはどのように。

オーナー　香りを確かめます。グラスに鼻を突っ込みまして香りを吸い込みます。あまり強く吸い込むと、むせますから軽めにお願いします。

◇ ウィスキーはまずはストレートで直後にチェイサーを飲まないように

田中　はい。これくらいいで。
オーナー　これがグラスから嗅ぐ香りです。次に少しお口に含んでください。このときに香りも一緒に入ります……。
田中　今度は口から鼻に抜ける香り。二度香りを楽しむわけですね。
オーナー　外から鼻で嗅いだのと、口の中からでは違った香りに感じられると思いますが。
田中　そうですね、変化しました。なかなか優雅ですね。で、もう、そろそろ飲んでもよろしいでしょうか。
オーナー　どうぞ。ただ、一気に飲み込まず、わずかな量を口の中で溶かし込むおつもりでお願いします。
田中　ふーむ。溶かし込むと唾液と混じりますが、そういうことですか?
オーナー　とくに唾液はお考えいただかなくて結構です。口の中で硬さをほぐすおつもりで。
田中　はい。ほぐして飲みました。
オーナー　今どんな感じでしょう。
田中　口の中が全体にふわっとした感じです。
オーナー　それがウィスキー独特のフィニッシュです。ちょっといい気分でしょう?
田中　それよりも少し甘い香りが口に残っていますね。
オーナー　それをウィスキーの世界ではアフターテイストと申します。
田中　そうなんですか。
オーナー　ここまでがウィスキーを味わうフルコースです。
田中　了解しました。ではこの手順で他も味わいましょう。

◆アイラ島のシングルモルト残り6種を味わう。かなりハードな印象で終始したが、実は別タイプでフローラル、フルーティ、ナッティ、さまざまな香りのタイプがある。女性にも勧めやすいタイプがいろいろある。

オーナー　続いて「ブルイックラディ」はいかがですか?

田中　うーん。ブナハーブンと比べると、ブルイックラディのほうが、いわゆる一般的なウィスキーの感じがしますね。

オーナー　すると、田中さんにはブナハーブンは軽すぎるのかもしれません。

田中　次の「カリラ」は煙っぽい香りが口に残ります。これがピート臭ですね。この香りはどういうところでつくのですか?

オーナー　麦芽をピートで燻製するときにつく匂いです。ピートは土地ごとに違いますので、特徴づけの大きなポイントです。

田中　ピートは泥炭ですね、あれはヒースなどが泥炭化したものなんですってね。アイラ島もそのような土地なんですか?

オーナー　はい。まさに天然資源にあふれています。そうそう、アイラ島の蒸留所はすべて海沿いにあるんです。ですから潮の香りを含んだものが多いんです。

田中　潮の香り、味がするというのは、単に形容詞ではなくて、実際のことなんですね。

オーナー　ピートには当然潮風が染み込んでいるでしょうし、寝かせている樽にも潮風が吹きつけますから。「ボウモア」はいかがですか?　これまでの3本とはちょっと違いますでしょう?

田中　そうですね。さらに煙っぽいですが、カカオ的な香りもします。この違いは興味深いです。

オーナー　残りの3本はだいぶクセが強いですよ。
田中　ぜひぜひ。と言うものの、ううーん、やはり強いですね。「ラガヴーリン」にはあまりブーケは感じられません。ラフロイグはやっぱり濃厚。
オーナー　なめりけがあるというか……。
田中　そうです。いちばん強烈なのは「アードベッグ」ですね。鋭角的な印象があります。こんなふうに飲み比べたことはないので、ずいぶん違いがあることに驚きました。
オーナー　では、こんなテイストはいかがでしょう。１９６６年蒸留、２０００年に瓶詰めをしたボウモアをどうぞ。
田中　おやっ、南国の香りがします。パパイアやマンゴーに似た香り。先ほどの7本とは違いますね。
オーナー　はい。ウィスキーはハードという印象がありますが、こんなに華やかなものもございます。女性にお勧めするにはうってつけでしょう。
田中　女性ならず、私も好みではあります。フルーティですね。
オーナー　'60年代のボウモアのこのスタイルが近ごろ急激に人気が出まして、この先はもっと注目されると思います。そうそう、スペイサイドの「マッカラン」もフルーティな香りがします。
田中　では、フローラルな感じのモルトはありますか?
オーナー　先ほどのブルイックラディなんかは。
田中　あ、なるほど。あらためて嗅ぐと花の香りが。では、ナッティなモルトなんてどうでしょう。
オーナー　これもスペイサイドですが、「グレンファークラス」がお勧めです。これはシェリ

氷との相性があるから
氷の硬軟で香りが違ってくる

ー樽で寝かせてあるのでこんな香りになります。面白いところでは、シャトーディケム熟成樽で寝かせた「グレンモーレンジ」。

田中　なるほど、ソーテルヌの香りがします。

オーナー　食前酒としてもいいはずです。もちろん女性にも。

田中　女性の方は、こういうタイプがお好きでしょうね。

オーナー　グレンモーレンジはいろいろ面白い実験をしておりまして、こちらはロマネ・コンティの樽で寝かせたものです。ワインに興味がある方なら話題づくりにもいいかもしれません。

田中　ウィスキーもずいぶんと香りまたは味わいの形容の言葉があるのですね。

オーナー　あ、そうでしょうか。あまり気にしないでしゃべっていたので。

田中　ピーティ、スモーキー、フルーティ、ナッティ……。

オーナー　かなり直接的ですが、濃い薄いとも言いますね。あと、薬っぽいとか。オイリーという表現はウィスキーならではでしょうか。

田中　どういった場合の言い回しですか？

オーナー　さらっとした口当たりの反対です。代表格は「ロングロウ」。どうぞお試しを。非常にオーソドックスな造り方のもので。

田中　ううーん。これは苦手です（笑）。

◆水割り、オンザロックは酒を薄めるための飲み方ではないことをご存じだろうか。水の適量は？　硬い氷、軟らかい氷の効果は？　ウィスキーを飲むうえでの基礎知識。このことだけはぜひとも知っておいてもらいたい。

味に変化をつけ、自分好みに仕立てるのが本来の「水割り」

田中　味がいちばんよく分かるのは、やはりストレートですか？

オーナー　そうですね。でも、水割りやロックには、それなりの面白みがございますから。

田中　とおっしゃいますと？

オーナー　氷を入れて水で割るあの水割りではなくて、ここで言う「水割り」は、水を自分で足して好みの味に仕立てて飲む方法なんです。このピッチャーでですね……。

田中　ピッチャーで入れるのですか？

オーナー　はい。さきほどのボウモアに入れましょう。ちょっとだけ。

田中　本当にひとたらしですね。

オーナー　ストレートとこれを飲み比べてください。ストレートより、逆に強く感じませんか？

田中　ははあ。そうですね。

オーナー　甘みも強く出ていると思います。本来水割りの水は薄めるためではなくて、こうして1滴たらして味に変化をつけるためのものなんです。

田中　そういえば、1滴で花開くとか、目を醒ますとかと言いますね。

オーナー　でも、一般には水割りはアルコールを薄めるためだけだと思っていらっしゃる方が多くて、愛好家の方でも水をたくさん入れすぎます。あれではもったいない。

田中　適量は1滴ですか？

オーナー　言葉では1滴と言いますが、ま、それはウィスキーによりますから、2滴が適量のものもあれば、3滴がという場合もあります。でも、トワイスアップが限度です。

田中　トワイスアップ？

オーナー　ウィスキーと水を1対1で割った状態のことで、通の間でもシングルモルトの味と香りをいちばん楽しめる割り方、なんて言われています。でも私が思うには、トワイスアップではちょっと薄めすぎですね。

田中　ちょっと通ぶって「トワイスアップで」なんて頼むと、実は恥ずかしい、と?

オーナー　お好みですから結構なんです。でも、ウィスキーによって結構差がありますから、まずは水をひとたらしから、とお勧めしたいんです。

田中　皆さんも気をつけましょう。ところでそんなにも水が重要だとすると、水そのものも問題ですね。こちらでは水もスコットランドのものをお使いですか?

オーナー　はい。ハイランドスプリングウォーターを使っております。今は日本でも手に入ります。

田中　日本のミネラルウォーターではいけないんですか?

オーナー　結構です。日本の水は軟水が多いのでスコットランドと同じです。つまり、日本のミネラルウォーターでも合うものが多いと思います。

田中　ロックについてはどうでしょう。

オーナー　氷はご注文に合わせてこちらで入れさせていただきます。でも、硬い氷と軟らかな氷では、香りも味もぐんと違って感じられます。

田中　氷に硬軟があるのですか?

オーナー　氷屋さんから届いた氷を冷凍庫でさらに冷やし固めるんです。こちらの氷が冷凍庫で3日間固めたほうです。こちらは本日仕入れた氷です。それぞれでロックを作りますから、お試しください。まず香りから。

田中　おや、まったく違います。硬い氷のロックは香りが直線的で硬いですし、軟らかな氷のほうは香りもソフトで丸いです。

アイラ島のウィスキーを右からクセの柔らかな順に。ブナハーブン、ブルイックラディ、カリラ、ボウモア、ラガヴーリン、ラフロイグ、アードベッグ。ボウモアが中庸で、左の3種は人によって評価が変わるほど個性の強い銘柄

オーナー　そうなんです。硬い氷の場合は香りもしまります。それに硬い氷は溶けにくいので味が薄まりにくいですし、軟らかなほうは溶けやすいので薄まるのが早いです。

田中　氷の個数や形によって違いは出ますか？

オーナー　小さな氷を多く入れるほど早く溶けます。1個の大きな氷なら球形よりも四角い氷のほうが早く溶けます。例えば、ゆっくり飲みたいのでとおっしゃっていただければ、そのように氷を塩梅いたします。

田中　硬い氷に合う銘柄はありますか？

オーナー　シャープな口当たりのものがいいですね。先ほどのアイラでいえば、ラフロイグなんかは面白いと思います。

田中　では軟らかな氷に合うものもあるわけですね。

オーナー　ブナハーブンやボウモアなどはお勧めです。

田中　氷との相性があるとは驚きです。美味しく飲むためにはグラスの形も大いに関係するのでしょうね。

オーナー　基本的には香りを逃がさない口がつぼまったタイプがよろしいです。今召し上がっているグラスです。

田中　名前はありますか？

オーナー　ノージンググラスとかテイスティンググラスと言います。家で飲まれるならこんなグラスはないでしょうから、ワイン用の大きめのバロン型グラスで結構です。量をたくさん入れすぎないように

田中　注意が必要ですが（笑）。要は香りが逃げなければよろしいので。逆に香りが強いなと感じた場合は、口が広がったロックグラスをお使いください。

オーナー　家に人を招いたとき、これはちょっと香りが強いからね、なあんてグラスを替えたりすると、よく知っているなと見直されますでしょうね。

田中　ははは（笑）。

オーナー　開栓してからも熟成はするものですか。

田中　熟成はしませんが、ウィスキーの状態が上がったり下がったりという変化はあります。

オーナー　えっ、よくなる場合もあるのですか？

田中　はい、一度開けた赤ワインが翌日のほうが美味しくなった、なんていうのに似ています。お客様に出すときにいい状態だと感じたときには、今がちょうどいい状態ですよ、とお教えします。

オーナー　つまみはなにがよいでしょう。ピーナッツとマカデミアナッツだけってわけにも……。

田中　モルトはスモーク臭がしますから、基本的に燻製類とは相性がいいです。スモークトサーモンでもスモークタイプのチーズでも、イカの燻製でも、煙関係なら。

オーナー　ポテトチップス、フライドポテトは合いませんね。

田中　そうなんです。一見合いそうなんですが。そうそう、牡蠣との相性は絶品です。それも生牡蠣ですね。

オーナー　スコットランドでもそうなんですか？

田中　アイラ島ではやっていました。直接ウィスキーを落とすだけなんですが、実にミルキーに甘くなります。これは不思議です。それにウィスキーもより美味しく感じられます。

田中　機会がありましたらぜひ試してみましょう。シングルモルトなら何でもいいのですか？

オーナー　スモーキーな輪郭がはっきりした若い年代のものがいいですね。でも、スペイサイドの代表的な銘柄には合いませんでした。体験談です。

田中　チョコレートはどうでしょう。

オーナー　シングルモルトの中庸ともいうべきスペイサイドタイプにはよく合うものが多いと思います。

田中　これまでなんの気なく飲んでいた水割りにもロックにも、こんな深い意味があったことに驚きました。おかげで、今後、ウィスキーの席が2倍、3倍と楽しくなることと思います。ありがとうございました。

（2003年6月号）

英国風パブを楽しみつくす
飲み方、食べ方の作法を学ぶ

田中康夫が訊く

村澤政樹さん●西麻布　ヘルムズデール　店主　☎03・3486・4220

――サーバーで注がれる生のギネスとフィッシュ&チップス。ここ数年でパブはすっかり市民権を得た。本来気軽な場所なのだから、〝作法〟と言っては大げさだが、そこは英国式、こだわりは知っておきたい。

◆パブがイギリスを発祥とすることは知っている。が、どういうビールを注文すべきなのか、どう振る舞えば恥をかかないのか。まずは基本編から。

田中　こちらは何時までやっているんですか？

店主　午後6時から始めて朝6時までです。本場のイギリスではご存じのように午前11時から夜11時までの12時間が営業時間と法律で決められていますから、それに営業時間数も倣って（笑）。

田中　エディンバラ辺りだと、夜11時とはいっても夏場はまだ明るくて、なあんだまだ夕方じゃないかって気分でしょうね（笑）。こちらはいつオープンですか？

店主　1996年の春です。もともとイギリスパブ好きだったものですから。

田中　では、まず、パブという言葉の定義からご教授いただきましょう。

店主　パブとはパブリックハウスの略で、コミュニケーショ

ギネスはクリーミーな泡が命。表面にアイルランドの国花、シャムロックを描くのがパブの慣わし（右頁）。バス・ペールエールは常温になるとよりマイルドになる（右）。ボディントンズ・ビターは度数４％の飲みやすさ。イングランドの国民酒

ンをはかりやすい、誰でも入れるような店のことを指します。かつてイングランドでは男性しか入れずに、しかもジェントルマンと平民とでは入口も別々でしたが、今では下は赤ちゃんから上はおじいちゃんまで、ファミリー、若いカップルまで誰でも入れます。形式としては、カウンターが木であること、それが立って肘《ひじ》をかけたときに楽な高さであることが条件です。

田中　同じ酒を飲ませる場所でもバーとはずいぶん違いますね。日本にはまだパブ文化が根付いていないので、バーとの差を分かりかねる人も多いようです。どう違うのでしょう。

店主　パブは立ち飲み、バーは着席。

田中　あ、それは分かりやすい。

店主　そして本来パブは、キャッシュ・オン・デリバリーで酒と代金を交換するシステムです。1杯ずつの酒代をその場で払うってことですね。

田中　はい。バーは後で勘定ができます。

店主　飲むスタイルも違いますね？

田中　パブは立っていますから、お酒を片手にあちこち移動しつつ、いろいろな人と話ができますでしょ。こういう気楽さがいいんですね。本来パブで着席するとすれば、食事をするときくらいでしょうか。

店主　バーでは女性がつくところもありますが、パブはどうなんですか？

田中　女性はつきませんが（笑）、古くは経営者の奥さんがカウンターの中でビールを注いでいたようです。今でもイギリスの田舎に行くとそういう店があります。

田中　パブでビール1杯だけで帰ってもよいのですか？

むらさわまさき：'96年、西麻布・日赤通りに「ヘルムズデール」を開店。パブブームの草分けとなる。恵比寿に姉妹店「イニッシュモア」

店主　くつろぎの場所ですから、少しのお酒で1時間いても大丈夫です。バーでは困り者でしょうけれど。

田中　お酒は基本的にはビールですか？

店主　ウィスキーも置いていますが、基本的にはビールです。

田中　どんなビールがありますか？

店主　パブのビールは、大きく分けて、ペールエール、ビターエール、スタウトの3種が代表です。そして、それを生で飲ませるのがパブの特徴です。

田中　具体的に銘柄で教えていただけますか？

店主　ペールエールの代表格は「バス・ペールエール」で、これは、もう誰でも知っているというものです。ビターエールはイングランド人の国民酒ですね。商品名で言えば「ボディントンズ・ビター」。これはマンチェスター産の苦みのあるタイプです。スタウトはみなさんご承知の「ギネス」です。

田中　とりあえず、この3タイプを知っておくことがパブに通うための基礎知識ですね。これは、何を基準にピックアップされているのですか？

店主　度数、飲み口の違いです。ペールエールは赤ワインのようにフルーティで飲みやすい、ビターエールはわずかに苦みのアクセントがある、スタウトのギネスはクリーミーな泡とコクのある味わいが特徴です。

田中　なるほど。理由がちゃんとあるんですね。ちょっと話がはずれますが、ギネスはなぜ黒いのかしら。

店主　いぶした麦の色が混じってあのように黒くなっているんです。注ぎましょう。どうぞ。

田中　ありがとうございます。きれいな泡ですね。まず見た目がいい。

店主　とくにギネスの泡はこんなにクリーミーなんですよ。泡に楊枝が立たないようではギネスではないと言われています。

田中　立ててみよう。あ、立ちました。

店主　召し上がってください。

田中　ええ、大変に美味しいです。エールに比べればコクがありますでしょう。

店主　この3種がパブのビールの基本だと。ところで、最近はパブでも瓶ビールを見かけることもありますが。

店主　イギリスもアメリカナイズされて瓶ビールを置いている店があります。実はうちでも置いてあるんですが、基本的には、先ほども申し上げましたが、生ビールを時間をかけてだらだら飲むというのがパブのスタイルです。

田中　はい。了解しました。

店主　それとビールではないのですが、イギリスではサイダーも置いています。

田中　えっ、サイダー？

店主　リンゴの発泡酒です。

田中　フランスのシードルのようなものですか？

店主　「ストロングボウ」というのが代表的な銘柄です。試してみますか？

田中　ぜひぜひ。

店主　いかがです？

田中　やはりシードルですね。さっぱりして美味しいです。これはもちろんイギリスのリンゴで造るんでしょ？

店主　イングランド南部は、フランスのノルマンディーあたりと同じくリンゴの産地なの

田中　で、こういうサイダーを造っているんですね。
店主　こちらには、日本のビールは置いてないのですか？
田中　日本ビールを置きますとね、やはり皆さん飲み慣れているものですから、出ちゃうんです（笑）。
店主　こういう店でも出ちゃうんだ。
田中　それじゃあ、僕としては面白くないので、あえて置いていません。だって、本当のイギリス式パブをアピールしたくて作ったんですから。
店主　お気持ちは痛いほど分かります。

◆時間をかけるとはいっても、1杯にどれくらい時間をかけてよいものだろうか。お代わりの注文にもパブなりのタイミングがあるらしい……。

田中　パブのビール表記はパイントですね。
店主　パイント表記は生ビール、ミリリットル表記は瓶ビールです。これはパブの基本です。
田中　1パイントは何mℓなんですか？
店主　568mℓ。ま、約570mℓです。
田中　中ジョッキ1杯くらいが1パイントの量ですね。
店主　向こうで飲むなら覚えておかれるといいと思いますが、男は1パイント、ハーフパイントは女性のもの、それが暗黙のルールなんです。
田中　男性のハーフは許されないの？
店主　男がワンギネスと注文すれば1パイント出すのが常で、ハーフパイントを飲むと〝おかま〟と揶揄されます。でも、そんなことを笑っているうちに、うちの店では

◇ 1杯1時間のペースで だらだら飲むのがパブの流儀

田中　1パイントの女性客が増えまして……。

店主　ははは（笑）。

田中　ま、それはジョークではあるんですが。そんな言い方があるように、イギリス人は量へのこだわりが強いんです。グラスの上のほうに線が入っていますでしょ？　その線よりもビールの量が少ないと、もう一度注ぎ直させることができます。

店主　ずいぶん厳密なんですね。そこまでうるさいなら、飲み方にも一家言ありそうですが。

田中　日本のビールは小さいグラスで温まらないうちにきゅっと飲み干しますが、パブでは、言葉どおりに、ゆっくりだらだらと飲むのが作法です。というのは、イギリスのビールは冷え過ぎないほうが美味しくて、むしろ室温に近くなったほうが味も香りもよくなることが多いくらいなんです。

店主　もう少しそのお話を聞かせてください。

田中　例えばギネスは、最近は冷やして飲むのが流行ですが、本来は常温で飲んでこそ美味しいものなんです。

店主　ほほう。常温とはどれくらいの温度のことですか？

田中　10度くらいがいいと思います。

店主　ギネスは10度と覚えておきましょう。ほかにも常温に気遣ったほうがよいものはありますか？

田中　ペールエールもそうですね。常温になったほうが美味しいです。常温で飲むとフルーティで口当たりがやさしい、リンゴっぽさも生まれてきます。

店主　だから、温度が上がっても気にせずだらだら飲めるってことですね。なるほど。パブにはそういうビールが揃っているわけですか。

◇男は1パイント、女はハーフパイント。これが暗黙のルール

店主　ですから、ビールがグラスに指1本分だけ残っていたとしても、店の側は下げてはいけないんです。温度は関係ないですから、最後まで飲んでいただく。
田中　それは日本のビールとの大きな違いです。じゃ、1杯どれくらいの時間をかけて飲むものなんですか？
店主　1杯1時間のペースですね。
田中　それがパブの流儀だと。
店主　注文のタイミングも日本のビアホールとは違います。
田中　と言いますと？
店主　普通は飲み干してから追加の注文をしますでしょう？　でもパブでは、グラスに3分の1くらい残っているころに声をかけてください。
田中　そんなに前に？
店主　生ビールの場合は、ご注文いただいてお出しするのに3分間かかるんです。その時間をみていただいたほうが、すぐに飲み継げます。
田中　なぜ3分もかかるのかしら？
店主　ビールを注ぐのに、実際それだけかかるんです。ギネスの場合は4分間かかりますから、最低5分前に注文をお願いします。
田中　なるほど。ところで同じビールを、ずっとお代わりしていくんですか？
店主　基本的にはそうです。そうそう、どんなビールを注文するかで飲み手の出身地が分かりますよ。バス・ペールエールを飲んでいる人がいればそれは多分イングランド人。ギネスを飲んでいればアイルランド人です。
田中　あっ、そういうこともあるんですね。ほかにそうした地域性の強いビールはありますか？

店主　スタウトは主にアイルランドです。ボディントンズ・ビターはイングランドの国民酒。スコットランドではビターエールの注文はご法度です。あれはイングランドビールだ！　ととりあってもらえません（笑）。

田中　ははは（笑）、面白い。まさに地ビールってことですね。ところで、お代わりするときに、いろいろと銘柄を変えるのは無粋なのですか？

店主　いいえ、そんなことはありません。

田中　では飲み替えていくとして、3種類のうまい組合わせを教えていただけますか？

店主　お好きな方は、バス・ペールエール、ボディントンズ・ビター、ギネスの順でお飲みになる方が多いですね。アルコール度、口当たり、こくが濃厚になってきます。そうそう、こういうときは2本を1パイントグラスで重ねれば、最後はハーフパイントでもOKです。

田中　安心しました。

パブの証、黒板を見て食事を注文する

◆料理を注文するときにまごまごしたくない。メニューを読み解くこつは何か？ほんの小さなプラスアルファが意外に大事とか。

店主　お食事は黒板のメニューをご覧ください。

田中　ありがとうございます。何かご推薦いただければ。

店主　パブの食事の代表とすれば、まずはフィッシュ＆チップスです。来店の60％の方はこちらをご注文になりますね。

田中　では、手はじめにそれを。料理は何品くらい頼めばよいのでしょう。

店主　お1人でいらっしゃったなら、ビール1杯に料理1品というところでしょうか。複数なら、もう召し上がりたいだけどうぞ。

田中　料理は、どういうものがあるんですか?

店主　パブの場合、料理はつまみですから、専門の料理人は置きません。簡単に温めて出せる料理、ピクルスの類い、すぐに揚げられるようなものを揃えています。基本的に素早いということが大切なんです。

田中　フィッシュ&チップスが来ました。この魚は何ですか? 大きいですね。長いほうが15cm、短辺が10cmくらいありますよ。

店主　一般にオヒョウや鱈を使いますが、これはオヒョウの切り身です。これは小さめで、イギリスでは3倍くらいの大きさのものが出てきます。

田中　だとすると、3人がかりでも食べ切れないでしょう。

店主　なのに、それを食べちゃうんですよ、たった1人で(笑)。揚げたてに「サーソンズ」というヴィネガーをじゃぶじゃぶかける。これが本場のスタイルです。どうぞ、たっぷりかけてください。

田中　これくらいですか?

店主　もっと、もっと。

田中　たくさんかけて品が悪いということはないのかしら。

フィッシュ＆チップスにたっぷりのサーソンズ。これが〝作法〟

シェパーズパイ（羊飼いのパイ）にはHP ソースをかけるのがパブの流儀

店主　いえ、逆にたくさんかけるのが作法ですね。
田中　アメリカ人ならケチャップってところでしょうね。
店主　そうなんです。外国人の顔は同じに見えても、使う調味料で国が分かる（笑）。
田中　ほかに覚えておくべき料理はありますか？
店主　そうですね、キドニー＆ステーキパイ、シェパーズパイ。キッパーヘリング（ニシンの燻製）、ウェリッシュラビット（ウェールズ地方のチーズ料理）、マッシュルームのフライ、ハギスといったところは間違いのないところです。
田中　そのシェパーズパイとはどういうものですか？
店主　イングランドのパブでよく出る、羊飼いのパイと呼ばれるものです。こちらには「HPソース」をかけるのがパブの流儀です。
田中　さっきのフィッシュ＆チップスはサーソンズのヴィネガーでしたね。これにヴィネガーはかけないのですか？

店主　日本のトンカツソースのように、向こうではポピュラーなソースをかけます。なぜか知りませんがシェパーズパイにはＨＰソースと決まっている。

田中　美味しいですね。あちらへ出掛けて、この取り合わせで口にしたなら、通だなと驚かれるでしょうか。

店主　驚くよりも喜ばれるでしょうね。イギリス人が大好物のマッシュルームフライも、ぜひ召し上がってください。これはアイルランドのパブによく置いてあります。熱いので気をつけてください。

田中　ハギスという名前はよく聞きますが。

店主　スコットランド版ブーダン・ノワールです。羊の肉、オートミール、内臓、塩、胡椒、アンチョビ、タマネギなどを胃袋に詰めたものです。臭いですよ。でも、こういうものがスコッチウィスキーによく合うんです。そうそう、料理ではありませんが、これがなきゃパブじゃないってものがありました。

田中　えっ、なになに？

店主　これです。

田中　ん？　ポテトチップスでしょ？

店主　クリスプスと言います。

田中　ポテトチップスなのに。

店主　イギリスではチップスはフライドポテトを指すので、こちらはクリスプスと呼びます。イギリスでは１袋30円くらいで買えますが、日本では200円くらいですね（苦笑）。

田中　これを頼むと通ってこと？

店主　私なら、ああ、この人はパブをよく知っているなと思いますね。

スープは最初か最後に飲むのが正しい

田中　覚えておきましょう。

店主　クリスプスに関してさらにディープな情報をお教えしましょう。

田中　ぜひとも。

店主　通はソルト&ヴィネガーを選ぶんです。文字のごとく、ヴィネガー風味の塩味なんですが。イギリス出身の方には、しょっちゅう、ないの？　と聞かれます。

田中　スープはないんですか？

店主　さすがに田中さん。イギリスといえばスープですから。ポテトスープなどは代表的です。当店では、ポテト&コーンスープとマッシュルームスープをご用意しております。これは最初に飲むか、最後に飲むかしていただきます。

田中　こんなにお料理をいただいた後でこういう質問は不適切ですが、食事なしではいけないんですか？

店主　いえいえ、ビールだけの方もいらっしゃいます。すぐにご注文いただかなくても、いらっしゃってビールをお飲みになるうちに小1時間もすると腹も減ってくる。そこで注文というスタイルもありますね。

田中　そこがパブですね。

店主　アイルランドではビールを昼飯代わりにして「リキッドランチ」なんて言うんです。原料は麦だからって。

田中　ははは（笑）。さすがビール好きの国でございます。本日はパブ本来の楽しみ方を教えていただき、お酒の飲み方がまたひとつ増えました。ありがとうございました。

（２００２年５月号）

季節は、どんな料理が合うか ベルギービールの正しい飲み方

田中康夫が訊く

野坂幹也さん●ブラッセルズ西麻布店 店長

――暑い夏、渇きを癒やしてくれる一杯のビールはたしかに旨い。でもビールってそれだけだろうか？　ひとつの答えがベルギービールにある。白ビールとフルーツビールに終わらない楽しみ方を訊いた。

◆ベルギービールには、いわゆる日本型の喉で飲むタイプとワインのように時間をかけて味わうタイプがある。理解の第一歩はグラスの形を知ることから。

田中　「とりあえずビール」というように、日本ではビールは喉で飲んで渇きを癒やす位置づけですが、ベルギービールは違うようですね。

店長　ベルギービールにもぐっと飲むタイプもありますが、ワインのように香りや味わいを楽しみながら、時間をかけて飲むタイプも多いです。ここが大きな違いですね。

田中　そういえば、以前訪れたブリュッセルではみなさん腰を落ち着けて飲んでいらっしゃいました。では、本日はベルギービールの神髄をお教えいただきます。

店長　緊張します（笑）。

田中　まず、ぐっと飲むビールと時間をかけるビールはどう味わい分けるのか、その基本を教えてください。

店長　そのために、ぐっと飲むタイプの白ビールとゆっくり時間をかけるトラピストビールを最初にご用意いたしました。この2本はベルギーではたいへんにポピュラーなもので、飲み方の違いという意味でも代表的なものです。白ビールからどうぞ。

田中　これは最近、日本でもよく見かけますね。飲んだ感じも爽《さわ》やかで飲みやすい。

店長　本来、白ビールは農家の人たちが喉をうるおすために造られたものなので、日本のビールのようにぐっと飲みます。一気に飲むことを英語でボトムアップといいます

田中　が、そのタイプの代表です。次にトラピストビールをどうぞ。
　　　あ、グラスが替わりましたね。白ビールはいわばコップでしたが、こちらは脚付きの丸いグラスです。
店長　はい、トラピストビールはこちらでどうぞ。これは、名前の通りトラピスト（修道院）で断食修行中のカロリー補給のために造ったものです。「液体のパン」とも言ったそうで、11・3％と強い度数です。これほどの度数になると、実際に飲めるのは高僧に限られるようですが。
田中　確かに強いです。白ビールのようにぐっとは飲めませんね。でもトラピストビールにはこのグラスの形という理由はなんでしょう。
店長　試しにこの広口の脚付きのグラスで飲もうとすると、まず鼻が先に入ります。ここで香りが楽しめます。しかも物理的にぐっとは飲めません。こぼれますから(笑)。こういう形のグラスは、縁からゆっくり飲んでくださいというサジェッションなんです。
田中　なるほど。整理します。ぐっと喉ごしで飲むならコップ型。じっくり味わうならこうした脚付き広口のまるいグラス型で、と。
店長　そうですね。
田中　他にもグラスをご用意いただいておりますが、それぞれグラスに銘柄のロゴが入っています。これはそのメーカーのグラスということですか？
店長　そうです。ビールのロゴが入った下に泡の境界線をつけると言われています。これも醸造所からのメッセージなんです。
田中　これで飲んでもらわないとうちのビールの値打ちは分からないと、それほどに気を遣っているんですね。しかし、白ビール用もトラピスト用もグラスが分厚いですね。

◇ 喉ごしで飲むならコップ型、じっくり味わうなら脚付き広口の丸いグラス型を

店長　はい。とくに白ビール用はそうですね。この厚みのおかげで冷たさが3分間保てます。つまりはその間に飲んでください、ということです。

田中　了解です。脚付きグラスはサイズも随分大きいです。ビールが入っていると片手で持ち続けるのは疲れますね。女性ならなおさらでしょう。

店長　それも計算のうちです。脚だけを持っていると不安定なので、ときにはグラスの底に手のひらを当てることになりますでしょ？　でなければ両手で包み込む形になります。

田中　それは、ブランデーのような蒸留酒の飲み方に近くないですか？

店長　たしかに似ています。時間をかけて飲んで温まっていくうちに、しだいに変化していく香りや味わいを楽しんでいただけることになります。

田中　しかし、ビールを店で買ってきて家で飲むときにはどうすればいいでしょう。どこの家の食器棚にもある、例の薄いビアグラスではだめですか？

店長　喉ごしタイプは家庭のグラスでも大丈夫ですが、じっくり味わうには最低限ワイン用の、脚付きのグラスを用意してください。

田中　カウンターの中からお客さんの飲み方やグラスの扱いを見ていると、ベルギービールに精通しているかどうかが一目瞭然なんでしょうね。

店長　ははは（笑）。でも、知らず知らずのうちにそのビールに適した飲み方はしているものです。とくに女性のお客様は、適応力に富んでいるというか……。

田中　ベルギーはどうしてこんなにビールが盛んなんでしょう。フランス語が公用語のひとつにもなっているのにワインは聞きませんね。ドイツの影響ですか？

店長　発達の第一は、ワイン造りに適したぶどうが採れなかったということですね。対し

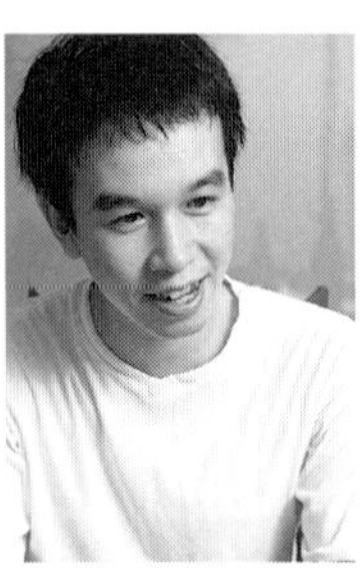

のさかみきや：東京生まれ。'91年ブラッセルズに入社。神楽坂店、原宿店、カフェ・ヒューガルデン店長を歴任、'01年5月より現職。ブラッセルズ広報担当も兼任

て、土壌が肥沃ですから大麦がよくできた。
田中　気候と土壌条件が、まったくビール向きであったと。
店長　そうだと思います。
田中　銘柄はどれくらいありますか？
店長　850から900種類くらいあります。醸造所は関東平野くらいの広さの中に130くらいあります。
田中　そのビールの味がすべて違う。
店長　ひとつひとつに個性があるのがベルギービールの特徴です。ドイツには4000の銘柄があると言われますが、みんなビール的な味がします。対して、ベルギーのビールは味わいのバリエーションが凄いというわけです。

◆ベルギービールをよりよく楽しむ方法を教えていただく。飲みかえていくなら同じ系統の色合いで。滞在時間3、4時間といってもそれは当たり前。

田中　同じビールでもベルギーのビールは、アメリカや日本のような「とりあえず」的ではなく、ドイツやオーストリアのような思索的というか、そういった分類ですか。
店長　うーん。自由な発想、楽しみ方という意味でアメリカや日本のビールとは違うと思いますが。
田中　日本の場合は、ビールはついだらすぐに飲む、なくなるとつぎ足しつぎ足し飲みますね。ベルギーの場合はつぎ足すことなく、ウィスキーのように、グラスに入ったものを、時間をかけて味わうというものなんですか？
店長　そうですね。おしゃべりなどしているうちに時間がたっても、そこでまた美味しい

田中　飲み方ができます。
店長　なるほど。それはベルギーのパブでみんなそうしている……。
田中　はい。そのように楽しんでいらっしゃいます。
店長　こちらのお店では、普通の瓶なら何本くらいみなさんお飲みになるのですか？　2本くらい？
田中　4、5本ですね。
店長　女性はどうですか？
田中　女性も同じくらいです。
店長　どれくらいの時間をかけて飲んでいるのかしら。
田中　3、4時間でしょうか。それくらいの時間は普通です。
店長　長時間いるとビールを飲みかえたくなります。そういうときは、何をポイントにどういう順番がよいでしょう。アルコール度でいうなら、低いほうから高いほうへでしょうか。
店長　それは基本です。色で飲みかえるのも洒落ています。色はビールの性格を大ざっぱに表わすものなので、同系統の色でアルコール度の高いものへと移っていくとよろしいです。そういう注文をされると味の違いもよく分かって楽しめます。
田中　薄色のビールならその色系統でということですか？
店長　ルールというほどではありませんが、色合いの違うものをまじえないほうがいいですね。
田中　分かりました。その他になにかありますか？
店長　ホップの度合いに目をつけるのも面白いと思います。ホップが多いと香ばしいので、

同系統の色で飲みかえる
アルコール度の低いほうから高いほうへ

強いものから弱いものへ移ると物足りなくなります。

田中　温度はどうでしょう。

店長　一口目は冷たくありたいのが日本人の好みですよね。そして時間の経過につれて香りが立ってくる、味わいが変化する、なめらかになってくる。これが、私たちがある程度ビールを冷やしてお出しする理由でもあります。

田中　ヴァンジョーヌのようにお燗《かん》するようなビールはありますか？

店長　ございますよ。今日はご用意していませんが、リーフマン醸造所のクリスマスビール「グリュークリーク」は70度に温めて飲みます。

田中　グラス1杯はビール1本分の容量になっているのですね。

店長　はい。大瓶以外は、1本をつぎきるのが基本です。

田中　つぎ方のこつを教えてくださいませ。

店長　まずグラスを斜め45度に持ちます。ビールはグラスの底に当てないで壁に当てる。注ぎつつグラスも瓶も立てていって、終了時には両方とも垂直に立っている形が理想です。

田中　シャンパンの要領でしょうか。

店長　そうですね。グラスにビールをためてから、最後に泡をロゴの下に合わせると覚えていただければ。

田中　角度と当て方がポイントですね。といっても、すぐに野坂さんのようにうまくはできないでしょうが（笑）。

店長　もうひとつ大切なのはグラスの大きさですね。もし中瓶500㎖を飲みたいなら500㎖のグラスといったように、少々大きめのグラスを使うことです。

◆では、いよいよベルギーを代表するビールのバリエーションを。花の香りのするものあり、実に酸っぱいものあり。

店長　自然発酵で造るランビックビールと言いまして、ブリュッセル近郊にしかない野生酵母を使ったものです。銘柄は「ランビック＝グーズ」です。

田中　コルク栓なんですね。ワインのようです。

店長　これは瓶の中で熟成することが前提になっているんです。

田中　歴史は長いのですか。

店長　シャンパンを発明したドン・ペリニヨンの時代よりも、このビール自体の歴史はさらに古いものです。

田中　日本にはいつ頃から入ってきたものなんでしょう。

店長　おそらく10年くらい前からでしょうか。いかがでしょう。

田中　うーん。

店長　酸っぱいと思います？

田中　ビールでないような味わいです。

店長　大麦と小麦の両方を使いまして、樫樽で1年、2年寝かせて酵母で自然発酵熟成させていくものです。新酒と古酒をブレンドしているんですよ。

田中　これは本来はゆっくり飲むものですか、ボトムアップなんですか？

店長　ブリュッセルは石畳の町ですから、石切り職人が多いんです。彼らが仕事を終えた後の慰みの一杯として、少しずつ飲んだものと言われています。

田中　歴史があるだけに、そういういわれがあるのですね。

店長　次に、同じランビックなのですが、樫樽の中にフルーツを1、2年漬け込みながら

田中　醸造するタイプを。これはカンティヨン社製のフランボワーズで5.5%のアルコール度数です。さきほどのプレーンなものと比べると印象が変わると思いますが。

店長　うーん。これは……。食前ならいけるかもしれないけれど、食中には……。フランボワーズの香りはもちろんするけれど、とても酸っぱいです。

田中　これ最初から好きとおっしゃるのは10人に1人くらいですね。でも、二口、三口と飲むうちに舌が慣れてきて意外なはまり方をするものですよ。

店長　とすると、ベルギーでは食中にもこれで通すのでしょうか？　ビールを取り合わせて飲むのでしょうか？

田中　ベルギーでは食事自体とてもシンプルで、例えばムール貝をバケツに一杯やっつけるには向いていると思います。ですから、これ1本のほうも。

店長　おおー。飲み慣れるとOKなんでしょうね。次は……。

田中　ブーン醸造所のフランボワーズです。華のあるタイプで素敵ですよ。こちらは気に入っていただけると思います。

店長　食前のパナシェのようかと……。

ムール貝の白ワイン蒸し

「フレンチフライ」ことフリッツ

シンプルな食事だからこそビールの味の変化が楽しい

店長　私もそう思います。では、ちょっとまた違うタイプのランビック、クリークを。クリークというのは、フラマン語でチェリーのことです。製造時に果物のリキュールを加えたり、ボルドーワインの樽で熟成させたものです。ワインのように楽しんでいただける高級なものを選んでみました。当店では1本4500円です。

田中　これは食中に飲むものなのですか？　砂糖を入れていないレモネードって感じです。

店長　飲み慣れると、また、印象が変わると思いますが。

田中　そうでしょうね、慣れないせいかちょっときついです。賞味期限が2011年ですが。常温において、こんなに長く大丈夫なんですか？

店長　大丈夫です。ベルギービールは、だいたい10年から20年は大丈夫なんです。

田中　でも、変化はあるんでしょう？

店長　味が枯れてくるとは聞きますが、みんなすぐに飲んでしまうのでマニアでないかぎり賞味期限までおいておく人もあまりいないんですよ。では次に、明日への力を出すビールを。セゾンビールです。

田中　季節ものということですか？

店長　昔お百姓さんが、夏に自分たちが飲むために、仕事のない冬のシーズンに仕込んで造ったのでセゾンというんです。最初は麦芽とホップがはっきりと出ているポピュラーな「セゾンデュポン」です。

田中　これはいわゆるビールらしい素直な味わいを感じます。

店長　さっぱりしていますでしょ。次はお百姓さんがつくった修道院ビールともいうべき「モワネットブロンド」です。

田中　先ほどよりも泡が出ますね。シャンパンのようです。クリスマスや新年に飲むってことはないのですか？

店長　それはこちら、デュポン社の新年という名のついたビール、「ヌーヴェル・アン」です。それまで夏の間に飲みきらなければいけなかったセゾンビールが、工夫の末についに大晦日の日まで楽しむことができるようになった。それを祝う意味合いです。ホップを多く使っているので、力強い飲み口です。続いて「ステラ・アルトワ」。

田中　これはもとはクリスマスビールでした。日本のビールと同じラガータイプです。

店長　これも賞味期限が２００５年です。さきほどのものもそうでしたが、ベルギービールは長くもちますね。

田中　いえ、もともとは起源からしてひと夏しかもたないものだったのです。が、少しでも長く楽しめるようにと200年の間に技術開発したわけです。

店長　なるほど。人間の知恵と知識が投入された。

田中　ぶどうが枝から落ちてワインになることはあっても、大麦が畑でビールになることはあり得ません。そこがワインとビールの大きな違いですね。

店長　ベルギービールにはこれまで接する機会が少なかったのですが、本日、日本、アメリカ型ビールとはまた違う楽しみ方を教えていただきました。長野県の地ビールにも定着してきた銘柄が幾つかありますから、今後が楽しみです。ありがとうございました。

（２００１年12月号）

＊　＊　＊

その後、野坂幹也さんは独立して、東京・渋谷でベルギービールバー「酒肆びにまる」を２００３年７月にオープンしました。なお、ブラッセルズ西麻布店は現在、閉店しています。

日本のワインはどこが違うのか
料理は何を合わせたらいいか

田中康夫が訊く

田崎真也さん●ソムリエ　協力／サンテール

――肉も魚も国産にこだわるのに、ワインは外国産と思ってはいないか。あれだけのブームでも、なぜか素通りしていた日本のワイン。品種は、価格は、実は和食によく合うのでは？　田崎氏に訊いた。

◆ヨーロッパはもちろん、サードワールドのワインにも精通しているのに、なぜか、日本のワインに関する知識はまだまだという〝落差〟は相変わらず。しかし、最近は日本のワインも腕を上げて、話題も多いのだ。

田中　今日は田崎さんに、日本のワインの楽しみを知るために、基本の10本を選んでいただきました。どんな驚きがあるかと、非常に楽しみです。

ソムリエ　いろいろ考えたんですが、比較のためにも、キャラクターのしっかりしたものを揃えました。順番に、「ドメーヌ・タケダ　キュヴェヨシコ」「勝沼ワイン　甲州特醸樽発酵」「信州シャルドネ　樽仕込」「サンクゼール　シャルドネ」「岩の原ワイン「第一楽章」「ドメーヌ・ソガ　シラー」「信州桔梗ヶ原メルロー」「ルバイヤートカベルネソーヴィニヨン　北畑収穫」「五一わいん　貴腐郷」です。

田中　最後におっしゃった貴腐は、とりわけ素晴らしいですよね。

ソムリエ　これは入手が困難なくらい人気がありますし、品質もとても優れています。田中さんのようにものの本質を看破できる人は別ですが、日本人って、椎茸や葱は日本のものがいいと思っているのに、ワインだけは外国のほうがいいと思ってるんですよね。

田中　本当にね（笑）。

ソムリエ　日本のワインには日本なりのよさがあるんですから、虚心坦懐に味わってほしい。

田中　今日は、もう、このことを言いたくて。いやあ、長野県の知事としては、もっと大きな声でおっしゃってください（笑）。では、1本目からいきましょうか。

ソムリエ　発泡酒、キュヴェヨシコです。シャルドネ100％のブラン・ド・ブランです。これは、日本なりの味が出てきていると思います。

田中　酸がとても豊かですね。せっかく日本のワインなのですから、どんな日本の食べ物に合うかも併せて教えていただけますか？

ソムリエ　実に田中さんらしいリクエストで。では、ええっと、これは蕎麦にお勧めです。黒いのじゃなくて白いほうの蕎麦ですね。爽やかなミネラルっぽいものに合わせやすいです。

田中　なるほど。2本目のこの甲州は樽仕込ですが。これまで甲州といえば、1本1000円のイメージなのに、なんと3000円ですね。

ソムリエ　しかし、こんなふうにきちんと造れば、甲州もキャラクターの面白さが出て、こういう値づけもできる例だと思います。

田中　特徴をお教えください。

ソムリエ　灰色系葡萄特有のわずかな後味の苦みですね。こちらは黒いほうの蕎麦に合います。

田中　でも、甘みもありますし。

ソムリエ　そうなんです。甲州は少し甘めに造ったほうがバランスがいいんですね。日本の料理は伝統的に甘辛のおかずですからよく合うんです。しかも、ちょっと土っぽい渋みが、根菜類に合わせやすい。鶏とごぼうを甘辛に煮込んだようなものとか、そういうタイプにぴったりです。

田中　シャルドネが2本続きますが、日本のシャルドネはどうですか。

ソムリエ　これは2本とも、長野県のシャルドネを使っています。長野のシャルドネは果実香の非常に華やかな印象が出てきましたね。これは日本の土壌と気候風土に合った栽培方法を見つければ、もっとよくなっていきますよね。

田中　日本で造るシャルドネだからこその特色が生まれれば面白い。これをフランスに輸出できたら、愉快だなあ。

ソムリエ　そうなんです。これからの課題は、世界で飲まれることだと思うんです。向こうではカベルネ・ソーヴィニヨンやシャルドネのようなインターナショナルなテイストが受け入れられやすいので、まず初めはその系統で。かつ、これくらい日本のオリジナリティをもったものを持って行きたいと思っているんですけどね。

田中　それはいいですね。それじゃあ、私も自費で行って長野ワインのプロモーションをしますから（笑）。

ソムリエ　ははは（笑）。このサンクゼールというのは……。

田中　三水村《さみず》で久世さんというクリスチャンが造っていらっしゃるんです。

ソムリエ　あ、長野のワインですからね。道理でよくご存じと思った。シャルドネは全般的に植えやすい品種なので、各地区で成功しつつあります。育つにつれて特色が出てきますから、そこに注目していただきたい。でなければ、日本でワインを造る意味はまったくないですから。

田中　ごもっともです。白はこれで終わりですね。想像以上に、違いがあります。もっといろいろ飲み比べてみたいところですが。

五一わいん　貴腐郷。長野、林農園

ソムリエ　それはまた機会を作るとしまして、赤にいきましょう。岩の原ワインは国産のマスカットベリーAという葡萄を使っているんです。熟した果実と土っぽい香りが特徴です。石焼き芋みたいだとよく言うんですけどね。

田中　どれどれ。するとさつま芋の煮たのに合うってこと？

ソムリエ　肉じゃがのような、醤油で甘辛く煮つけてうんと土の香りがするタイプに合わせやすいと思うんですけど。

田中　同じ赤でも、第一楽章は少し違うみたいですね。

ソムリエ　こちらは色が濃くて酸がしっかりしている国産葡萄のブラッククイーンと、マスカットベリーAをブレンドしているんです。目のつけどころが非常にいいですね。それをしたのはアメリカ人なんですよ。ここは日本なんだからなにもフランス種を入れなくてもいいだろうって。このことは、日本のワイナリーは参考にすべきだと思いますね。

田中　ココファームというワイナリーは知的障害者の方々が多く働いているという点でも注目ですね。

ソムリエ　もともとは葡萄園でそういう方々が働いていたんです。それがワイナリーになってワイン造りにもかかわっているという経緯ですね。たしか130人くらいいらっしゃるんですよ。

田中　年若い障害者だけでなくて、年長者は80歳代なんですって？

ソムリエ　はい。画期的なことですよね。

田中　では、次へ。小布施は栗の産地でも知られますが、シラーを選んでいたのですね。

ソムリエ　シラーは南仏ローヌ地方が原産の葡萄ですが、気候や土壌を考えると日本でも造り

たさきしんや：東京生まれ。'77年渡仏しワインを学び、'95年の世界最優秀ソムリエに。「ワインは覚えてから楽しむのではなく、楽しんでから覚えるもの」をコンセプトにサロンを主宰

やすいと思うんです。しかし100%で造っているのは、日本ではここだけではないでしょうか。ああ、胡椒《こしょう》っぽいシラーの香りがありますね。

田中　シラーにしては少々軽い？

ソムリエ　あ、そうでしょう。多分まだ樹が若いのだと思います。これも樹が育てば面白くなると思いますよ。この胡椒の風味には、一般的にはペッパーステーキのようなものが合いますね。七味もOKです。七味をかけた照り焼きとか、焼き鳥とかにお勧めです。

田中　こうして飲んでみると、やはり、日本のワインらしさというものを感じますね。でなければ、先ほどのお話のように、フランスワインかイタリアワインを飲めばいいのですものね。

ソムリエ　そういう点では、次の桔梗ヶ原メルローも面白いですよ。山梨のメルロはちょっと土っぽい感じなんですけど、信州の桔梗ヶ原のメルロはスパイシーというか、青草のような香りが混じるんです。ボルドーのメルロと比べると、酸も豊かだし、全然キャラクターが違いますね。

田中　土地の特徴がはっきりと出ているということですね。

ソムリエ　ステーキをわさびで食べることってあるじゃありませんか。あの青い香りはこのメルロと合いますよ。

田中　なるほど。そういう組合わせは素敵だなあ。カベルネ・ソーヴィニヨンといえばボルドーで有名な品種ですが、これが山梨でワインになるとどうなるのかしら。

信州桔梗ヶ原メルロー。長野、メルシャン

ソムリエ　ルバイヤート北畑ですね。どうですか？

田中　いいですね。

ソムリエ　でしょ！　山梨は、カベルネ・ソーヴィニヨンが本当に向いているエリアだと思います。ボルドーのカベルネってなかなか成熟しないので、本当にいい年のものでないと、少し茎臭が出ちゃうんですね。ところがこのカベルネは、そういう香りがないですね。本当に成熟度の高いカベルネが造られている。多少、試行錯誤のところではあるんですが、かなりの完成度です。

田中　田崎さん、力が入っていますね。

ソムリエ　山梨には原産地呼称管理法のようなシステムが甲州にだけあるようですが、もしも他地区でもそういうことがあれば、桔梗ヶ原のメルロ、山梨の一部のエリアがカベルネ・ソーヴィニヨンとして入ってくるんじゃないかと思いますね。これは、もう、とてもいいところの代表例ですね。外国にも自信をもって出せると思います。

田中　ルバイヤートは、どんなものと合いそうですか？

ソムリエ　関西風のすき焼きにどうでしょうね。汁で煮込まないタイプの。

田中　最後になりました。五一の貴腐ワインは、素晴らしいという点で一致でしたね。

ソムリエ　はい、文句なく素晴らしいです。日本は秋口に湿気が多くて霧が発生しやすいので、貴腐葡萄はできやすいと思うんです。山梨にしても、京都の丹波にしても、造ろうと思えば毎年貴腐ワインはできると言っていますね。

◆日本独特のワインが出てきた以上、焼き魚、漬け物といった純然たる和食にワインを合わせられるか。そのあたりを教えていただく。

ソムリエ　今、世界のワインは、アメリカ人の評論家たちが推奨する濃縮タイプが受けているんです。ただ、現実的に食事とともに味わうと考えると、日本の食生活には、少し軽い日本のワインのほうが合うわけです。

田中　ごく自然なことですね。

ソムリエ　醬油がワインに合わないと言う人もいますが、今や、世界中の料理屋さんで醬油を使ってますし。合わないものではないと思いますね。

田中　では、具体的に。例えば、山菜にはどう対処すればいいでしょう。あれ、アクが強いでしょ。

ソムリエ　天ぷらにしたら、ワインには無理なく合いますよね。

田中　天ぷらじゃなくて、いわゆるこごみのようなものをゆがいて三杯酢をかけたりすると、どうでしょう。

ソムリエ　あのミネラル質の香りを引き立てたいのであれば、甲州のドライで、軽いタイプですね。特有の土っぽい香りとミネラル質の香りが、ああいう野の草類と合わせやすいと思います。

田中　焼き魚はどうでしょう。

ソムリエ　軽い赤はだいたい合わせやすいです。とくにアジとかサンマのような青背の脂の香りは、白より赤のスパイシーさがいいんですね。

田中　と言いますと？

ソムリエ　もしもブラッククイーン単体のワインがあれば、酸がシャープにあらわれると思うので、とてもよく合うと思うんです。

田中　残念ながらこの中にはないですね。

◇ 世界的傾向は濃縮タイプだが、日本の食生活には少し軽い日本ワインが合う

ソムリエ　第一楽章もいいと思うんですが、アジの干物と合わせるのに4000円を超すとちょっとってところはありますよね（笑）。
田中　納豆はどうですか？
ソムリエ　あの発酵臭は特有ですから、朝食のときのような食べ方をすると難しいですね。エポワスのようなうんとくさいチーズにワインは合うかって言うのと同じことですね。僕は、あれもワインは難しいと思います。
田中　白いご飯。難問かな？
ソムリエ　ご飯を食べてワインを飲むと、ご飯の甘みというか香りがすごく目立ってきますね。
田中　いやぁ、知りませんでした（笑）。
ソムリエ　今日の中から選ぶなら、シラーですかね。あまり果物の香りがしないタイプがいいんです。少しスパイシーで土っぽい香りがあるものと合わせると、ご飯の香りがとてもよく生きますね。
田中　では、おしんことワインの相性はどうでしょう。
ソムリエ　おしんこは、工業製品的に作っているものでないかぎりは自然な酸味がありますね。あれは、野菜の糖分が乳酸菌によって乳酸に変わったものなんです。
田中　なるほど。
ソムリエ　ほとんどの赤ワインは、リンゴ酸が乳酸菌によって乳酸に変わっているので、おしんことは味覚の構成上では非常によく合うんです。醤油をたっぷりかけるときも赤が美味しいです。
田中　では白かぶの漬け物のときは？
ソムリエ　醤油をつけないで食べるなら、甲州のような白ワインがいいですね。野沢菜も白で美味しいですよ。
田中　野沢菜が古漬けになると？
ソムリエ　ワインも熟成したほうがいいですね。例えば甲州のちょっと甘いので。まぁ、あんまりないですけどね、5年くらい経ったようなのがあると、素晴らしくよく合います。
田中　ああ、そうか。
ソムリエ　ちょっと、チーズ的感覚ですね。
田中　これらは値段はほどほどですが。
ソムリエ　そうですね。そういうワインが、たまたま集まっちゃってますね。ただ、いろんなコスト面を見ると、さほど高くはないと思います。
田中　日本のワインなんだからと、出来がよくても、高く思われがちですよね。
ソムリエ　日本だから4000円なんですね。ほかの国よりはるかにコストが高いし、生産量がうんと少ないし。農家の人とか作っている人の収入のことを考えると、それでもまだ全然採算が合ってないですね。
田中　フランスの場合は、4000円、5000円の辺りに、コストパフォーマンスが優れたものが多いですからね。
ソムリエ　んー、4000円くらいのものは、今はいいのがあると思いますね。大きなメーカーは価格づけも競争がありますが、日本は小さなメーカーがみんな5000円以下でそれ以上の値打ちのものを出してきましたから。ただ大きいメーカーは、いい葡萄をもってますし、醸造設備が全然違いますから。
田中　残念ながら、歴然としていますね。でも、日本のワインは、これからが実に楽しみです。長野県でも田崎さんと玉村豊男さんに農業関係の指南役をお願いしました。原産地呼称管理を、まずはワインから確立して、続いて日本酒、更には野菜や果物にも導入したいと考えています。借金だらけの県財政なので、お二人には満足なギャランティもお支払いできませんが、どうぞよろしくお願いします。

ソムリエ　いえいえ、何をおっしゃいます。日本のワイン、更には農業が元気になるお手伝いですから、喜んで。

田中　いやぁ、給料以外に年間2億3000万円もの政務調査費を、領収書なしでお使いになったり、お1人150万円の公費で、ローマやパリに視察にも出掛けている自民党系や社民党系の県会議員の皆さんにお聞かせしたい（笑）。

◆日本人はいつ頃からワインを飲んでいたのだろうという話題は、ワイン好きでなくても興味深い。田崎説によれば、ひょっとするとフランスより一歩も二歩も先んじていたかもと……。

ソムリエ　日本のワインって、歴史的に見ると面白いことがあるんですよ。

田中　えっ、なに、なに？

ソムリエ　縄文時代にはワインがあったとかって言われておりましてね。三内丸山《さんないまるやま》と、秋田にある5500年前の縄文遺跡から、葡萄の種の化石の集合体が出てきてるんです。

田中　ほおう。その頃はどういう容れ物に入ってたのかしら？

ソムリエ　いわゆる縄文土器ですね。土器に葡萄を入れてつぶして、そのまま置いといたっていう格好です。アルコールに寄ってくるショウジョウバエの化石が一緒に見つかっているので、アルコール発酵しているということは分かっているんです。

縄文人の食卓はジビエとワインだった!?

田中　料理は何だったのでしょうね。
ソムリエ　彼らは狩猟民族ですから。鹿や猪を食べてワインを飲んで。
田中　ジビエとワイン。おしゃれな食卓だった。長野県も黒曜石で知られる和田峠に、縄文人さまがお住まいだったんですよ。うーむ、カモシカ・やっしーの危機（笑）。
ソムリエ　ですから、日本のワインの歴史は５５００年くらい前から始まったと言ってもいいかもしれません（笑）。
田中　フランスのワイン歴よりも古い！
ソムリエ　はい、古いんですね、日本のほうが(笑)。ま、そういう可能性が出てきたわけです。
田中　発祥と言われるグルジアに年代が近いですね。
ソムリエ　グルジアは６０００年前ですね。しかしグルジアはその後が続いていないんです。メソポタミアは４５００年くらい前ですから。ヨーロッパへはその後に伝わるわけですから。
田中　だから、縄文の５５００年が先だと。でも、その後の弥生人は？
ソムリエ　弥生人は稲作民族で、アルコールの消化酵素が少ない。だからアルコール文化がないって言われてるんですね。今の日本人はその末裔なので、ヨーロッパ人よりもアルコールの消化酵素が少ないと。
田中　弥生人はワインを飲まなかった。
ソムリエ　そうなんです。だから、日本も弥生時代に移らず縄文人たちが居着いていれば、そのまま、ワインと肉食の文化の国になっていたかもしれません。
田中　しかし、縄文人がワインを飲んでいたと知った今、もう、日本はワインの後進国だなんて言わせない（笑）。

ソムリエ　フランスよりも3500年も前にワインを飲んでいたことになる、もっと自信持っていこうなんてね、最近は言ってるんですけど（笑）。

田中　ははは。ところで、本格的な意味での日本のワイン造りは、どこが最初なんですか？

ソムリエ　山梨県ですね。次が長野県です。

田中　長野の塩尻ですか？

ソムリエ　はい。塩尻のほうに広がっていますね。しかし、どう広がったかという経路や経緯を具体的に書いた資料がないんです。おまけに現在でさえも、各県のワイン生産量も、日本のワイナリーの数も誰も答えられない。

田中　どこが管理しているんです？

ソムリエ　管理機構がはっきりしていないんです。

田中　そういう根本的な整理整頓をしていかなくてはならないんですよね。

ソムリエ　日本のワインの発展のためにも、ぜひ、お願いします。

田中　本日、田崎さんのお話をうかがい、これほどのレベルまで日本のワインが育っていることに驚きました。このうえは、それぞれの土地なりに実力をつけ、外国へ向けて輸出を目指すのも楽しいことでしょう。よい勉強をさせていただきました。ありがとうございました。

（2001年9月号）

食事との相性は、飲む順序は日本酒選びのコツを知っておく

田中康夫が訊く

田崎真也さん●ソムリエ　協力／サンテール

――いい寿司屋や板前割烹へ通う機会が増えてきて、あらためて日本酒の奥の深さ、難しさを感じてはいないだろうか。好みの銘柄をひとつ知っているから……ではつまらない。

◆ワインについてはある程度分かっているけれど、日本酒はまだまだよく分からない。そもそもどういう種類があり、飲み方はどうすればよいのか。田崎氏に基本的な質問からお答えいただく。

田中　今回は日本酒について、また田崎さんのご指南を賜ることとなりました。よろしくお願いいたします。

ソムリエ　いえいえ、こちらこそ。今日は通常のお酒になる途中過程のようなものから始めて、味わい別に8本をご用意しました。さまざまに違いをお楽しみいただければと思います。

田中　はい。それは、もう、興味津々でございます。

ソムリエ　では皮切りに京都伏見の純米吟醸酒「月の桂」を。にごり酒です。

田中　シャンパンのように泡も昇っていますね。これは？

ソムリエ　クリアなお酒ができる途中の段階のものです。「中汲み」といいますが、発酵後期の仕込みタンクから少し濁った真ん中を汲んだものです。日本酒の造りたてというイメージで飲んでいただければ。

田中　この泡はまだ発酵しているということなんですか？

ソムリエ　はい、まさに現在も。

田中　口当たりも甘めのシャンパンのようですね。他の造り手でも、にごり酒は、こういった飲み口なんですか？

ソムリエ　なかには一度普通の酒を造ってから再び酒粕《さけかす》を混ぜて、それをにごりと称するところもありますが、伝統的にはこのタイプです。

田中　ソムリエとしては、このお酒から何を感じ取られましょうか？

ソムリエ　まずは造りたてのフレッシュな香り。りんごとか洋梨とかバナナとかそういう香りもします。りんごはゴールデンデリシャスの系統ですね。

田中　味わいはいかがでしょう。

ソムリエ　ほぼ原酒なので特有の甘味が残っています。酸味もしっかりとしていますし、炭酸がさらに爽やかな印象を与えます。食前酒として味わうのが最適だと思います。

田中　これ、食後酒にもなりますね。

ソムリエ　味が濃いので、例えばデザートにはいいと思います。大福系か、道明寺粉の皮で包まれている桜餅とか。あのまわりのほのかな甘味に合いますね。白玉ぜんざいもお勧めです。

田中　やはり和菓子系統ですか。

ソムリエ　いえいえ、これでシャーベットを作ってもいいですし、桃のコンポートを入れて食前酒にもお勧めできます。

田中　にごり酒のシャーベットとは、料理通の彼女にだって驚かれそうです。

ソムリエ　大吟醸の「玄宰」です。どうぞ。いわゆる鑑評会用に造る仕込み方をしているタイプです。

田中　え、なになに。鑑評会用ってどういうことですか？

ソムリエ　1年に1度、広島で日本酒の全国的な鑑評会が行わ

大吟醸、玄宰。精米歩合35%。福島、末廣酒造

れるのですが、それに出品する目的で仕込む酒のことです。

田中　鑑評会で入賞するための仕込みということですか?

ソムリエ　非常に権威がありますから、みんな賞を取りたいので。よくラベルに金賞受賞とか書いてありますでしょう。

田中　ははあ……。ま、とにかく飲んでみましょう。爽やかです。

ソムリエ　これは米を65%削って、つまり米の35%だけを使って醸造したものです。これを精米歩合35%と言うんですが、この数字が小さいほど爽やかさが出ます。

田中　ここは大切なところですね。もう少し詳しくご説明をお願いいします。

ソムリエ　酒を造るときには米を削ります。これは米の表面の脂質や蛋白質を除くためなんです。

田中　極端に言えば、玄米ではだめなんですか?

ソムリエ　はい、脂質や蛋白質が変化して、老酒のような(老酒は玄米で仕込む)個性が酒に表われてきますから、清酒独特の色が清くすっきりとした感じに仕上がらない。

田中　なるほど、だから削れば削るほど癖が抜けて爽やかさが出ると。爽やかさの極みとなると、米のコアを使うってことなんですか。

ひと口に日本酒といっても種類は多い。味わいの違いで合わせる料理にも気を配る

ソムリエ　そういうことです。それに現在の鑑評会の採点方法が減点法なので、雑味となるものがなくなるようにするので、勢い削りが多くなるんです。

田中　精米歩合は酒の種類によって定められているものなんですか？

ソムリエ　大吟醸は精米歩合50％以下、吟醸は精米歩合60％以下と決まっています。今日召し上がっていただく順番は、にごり酒を除いて、米の削りが多い順番、淡麗な順番です。

田中　それは分かりやすい。心して味わいます。ところで玄宰ですが、澄んだいい香りです。

ソムリエ　さすが、ワインで鍛えただけのことはありますね。削りの多さに加えて、香りが高くなる酵母を使っているので香りに華やかさがあるんです。

田中　あ、いや、照れますね。これはどう表現すれば？

ソムリエ　清涼感ある鮎の香りというか、きゅうりのような香りがします。それと、先ほどのにごりのようなフルーツの香りが結構しますでしょ？

田中　確かに。で、これは食事に合うでしょうか？

ソムリエ　フルーツ香は食事と合わせにくいので食前酒ですね。もしも合わせるならじゅんさいとか夏場の冬瓜の冷やし椀。刺身は白身やイカなどをレモンと塩で。

田中　次も大吟醸……、「舞」ですか。

ソムリエ　先の玄宰と同じメーカーです。同じ造り方、同じ材料ですが、精米歩合が45％と多くなっているので、比べると、米を蒸したような香りが強く感じられます。アルコール度数は同じですが、印象が違いませんか？

田中　そう言われればそんな気も。こちらは食中でも大丈夫そうですね。

ソムリエ　蒸したごはんの香りが少し感じられますでしょ。こういうお酒には、ごはんにのっけて食べると美味しいなあというものが合ってきます。

米を削れば削るほど 雑味が消えてすっきりした味わいになる

田中　イクラでもたらこでもってことですね？

ソムリエ　はい。ただ、45％くらいだと印象はまだ上品なので、白身魚の塩焼きとか天ぷらなどが合います。次にお試しいただく2本にはちょっと仕掛けをいたしました。

田中　はいはい。いかようにも。

ソムリエ　2本とも長野県のお酒「真澄」ですがタイプが違います。長野県のお米ヒトゴコチを同じ精米歩合55％で使っています。どうぞ。

田中　先に飲んだのは、からだつきが少しダルですね。シャープでない。

ソムリエ　後のほうの後味が引き締まっていますでしょ。先のは純米酒、後のが本醸造酒です。どちらがお好みですか？

田中　本醸造酒のほうが好きです。なぜ、このように違うのかしら。

ソムリエ　純米酒は米と水だけ。本醸造酒は醸造用アルコールを加えています。

田中　いわゆるアル添と言われるものですね。

ソムリエ　アル添と言うとどうもイメージが悪いんですが、日本酒のアルコール添加は伝統の技術なんです。

田中　スペインのシェリーもポルトガルのポートもアルコールを添加していますものね。

ソムリエ　そうなんです。アルコールを添加することで美味しい酒になっていく。ですから一部の愛好家や酒販店の店主たちがアル添といって非難するのはまったくおかしい。

田中　そりゃそうでしょう。伝統にはわけがあるのですから。

ソムリエ　そこを見てほしいのです。本醸造酒は香りがよくて味わいが軽い。一方純米酒は、米が多い分旨味成分が濃い。ＴＰＯであり、好き好きなんです。

田中　この5本でも、すでに香りや味わいの違いが顕著ですね。

ソムリエ　なかなか面白い世界でしょう？　次は純米酒「菊姫」です。これは同じ純米でも「山廃仕込み」という伝統的な技法で造るので、旨味成分や酸味が非常に多いタイプです。こくがあって、個性も強いですね。

田中　ふむふむ。先ほどの2本とは、随分重みが違いますね。この山廃という言葉はよく耳にするのですが、いったいどういう意味なんですか？

ソムリエ　「山卸《やまおろし》廃《はい》止《し》酛《もと》」という言葉の略です。

田中　ん？　その暗号のような言葉は……。

ソムリエ　まず山廃や生酛《きもと》と書かれていないものは速醸酛といって、酒母を造る段階で市販の乳酸を添加します。しかし昔は自然の乳酸菌を取り込んで発酵前に菌の作用で乳酸を造っていたんです。そのために櫂棒で米をすりつぶす「山卸」という作業がありました。しかしある時期（１９０９年）から、その作業をしなくても自然の酵素で米が溶けることが分かり、山卸をやめようということになりました。それが山卸廃止酛です。

田中　ああ、米の山にしていたのをつぶすのを廃止した。なんとなく分かりました。それにしてもややこしい言葉ですね。

ソムリエ　日本酒用語はワイン用語よりも難しいものがたくさんあるんです（笑）。

田中　それがどう味わいに違いをもたらすのでしょう。

ソムリエ　山廃系は乳酸を乳酸菌の働きによって造るので、その間に酛（酒母）が複雑な味になってくるんです。チーズのような香りや酸味、旨味もしっかりとしています。ご感想は？　大吟醸とは対極にあるような

純米吟醸、真澄　辛口生一本。
精米歩合55%、長野、宮坂醸造

感じがなさいませんか？

田中　関西で言うところの〝あて〟を食べながらという感じですね。例えば大徳寺納豆とか。

ソムリエ　いわゆる塩をなめながらという。昔はこういうお酒が主流でしたから、酒には珍味類が合うと言われていたんです。最近は吟醸タイプが主流になってきましたから、なかなか、このわたに合うと言えなくなってきましたよね。

田中　料理に合わせるとすると？

ソムリエ　濃い味つけのボリューム感のあるものですね。煮つけ、照り焼きのようなものでしょうか。

田中　最近は吟醸系にいきがちですが、こうして飲んでみると昔タイプのどっしりした感じも捨て難いですね。

ソムリエ　さて。白木恒助商店「達磨正宗　五年古酒」。昔から古酒を造っているメーカーです。お試しください。

田中　………。ソーテルヌ。

ソムリエ　やっぱり。ワインを飲んでいる方にこれをお勧めすると、甘味と苦味のバランスが貴腐ワインのようだとおっしゃる方が結構多いです。でも、大吟醸命という方はこれはなんだ、とおっしゃるんですね。

田中　甘さが貴腐ですね。非常に驚きました。この隣は「十五年」ですか。

ソムリエ　五年が貴腐ワインなら、こちらの十五年はマデラ酒みたいなものです。

田中　おお、まさにマデラ酒です。米でこんな味が出るなんて驚きです。もともと清酒の方なんですか？

ソムリエ　はい。昔から清酒蔵です。

田中　こういうものを造ろうと始められたのには、なにかきっかけがあったのかしら。例えばソーテルヌとかポートを飲んで、こういうものを造りたいと思ったとか。

ソムリエ　いいえ、貴腐ワインもなにも飲んだことがなかったそうです。

田中　だって、清酒はどんどん吟醸の純文学の方向へ向いてるわけでしょう。それなのに？

ソムリエ　当代の店主が昭和40年代から始められたそうです。その方は発想がラテン系なんでしょうね、人とは違うことをしたいと考えたらしいですよ。新酒がごくごく一般的なのに、なぜわざわざ熟成させるのかと、ずうっと業界では異端児扱いだったそうです。

田中　でも素晴らしい古酒をお造りになった。日本酒界にもこういうジャンルが加わるとバリエーションが一挙に広がりますね。ところで、これは料理に合いますか？

ソムリエ　五年ものは牛肉の煮込みや仔羊のなんかに合いそうです。

田中　十五年は主菜向けではなくて八寸のさらに前の段階のものですね。

ソムリエ　本当に、もう、しっかりした煮込みや佃煮に。子持ち鮎の煮たものとか、鰻の蒲焼き、鴨の治部煮とか。幅が広いと思います。

田中　これで本日の試飲は終了ですか？　驚きの連続でした。

ソムリエ　今召し上がっていただいた、大吟醸酒、吟醸酒、純米酒、本醸造酒の4つは特定名称酒と言われるもので、これ以外は普通酒と呼ばれます。普通酒は、お米以外に糖類を加えることが認められていて、またアルコール添加の量も規定がありません。

田中　どちらのタイプがよく売れているのですか？

ソムリエ　特定名称酒は全体量では20%を超えるくらいだと思います。

達磨正宗　十五年古酒。岐阜、白木恒助商店

残りは普通酒と合成清酒です。合成清酒は純粋な米を使わないで造るタイプで、料理酒もこのジャンルに入るものが多いようです。

◆日本酒は自国の酒だけに、知っているつもりが多すぎる。なぜ燗をするのか、なぜ塩をあてにするのか……。

田中　お燗についてお教えください。よく人肌とも言いますが。

ソムリエ　では、まず、なぜお燗をするかというところから始めましょう。

田中　はい。お願いします。

ソムリエ　昔ながらの、苦味、旨味、酸味が強いお酒をイメージしてください。お酒は温度がある程度上がると甘味度合いが高まり、それにより酸味とか苦味がより柔らかく感じられます。よりふくよかでまろやかに飲むために考案されたのがお燗なんです。

田中　癖の緩和策でもあったわけですね。単に温かくするだけではなかったと。温度はどれくらいがよろしいでしょう。

ソムリエ　甘味度合いが最高に感じられるのが40度から45度くらいです。理想は温泉のお湯の中に一升瓶を持ってどんどと入って、ちょうどよくなったころに飲むのがいちばんまろやかな口当たりです。それより高くなるとまた苦みが出てきます。この山廃や古酒もお燗で40度くらいで飲んでも面白いです。

田中　どんな感じになるんでしょう。

ソムリエ　香りが強くなります。どの酒も温度が高いほど個性が強くなって、複雑性が出てきます。

田中　吟醸タイプは冷やしますね。

ソムリエ　一部の大吟醸のように爽やかな持ち味のお酒は温度が下がったほうが酸味が生きてきます。しかし純米大吟醸と書かれてあるものは純米であり吟醸ですから、実はお燗に向くものもあります。そのあたりを好みで分けられると楽しみが増えますね。吟醸は冷やさなくてはいけないとか、純米はお燗とか、決まりがつくのはおかしいと思います。

田中　飲み方は、やはり淡いほうから濃いほうへ変わっていくのでしょうか。

ソムリエ　そうですね。ワインと同じで、淡から濃へです。

田中　例えば今日ご用意いただいたお酒で、突き出し、八寸、メイン、最後のデザートまで飲んでいくとすると。

ソムリエ　基本的には、今日のこの順番をベースにしてピックアップしていただくとよろしいと思います。後は温度帯で変えていくことができます。最初は大吟醸で冷たく、徐々に常温に、後半はお燗と変えていきますと、バリエーションがたいへんにひろがります。

田中　お燗という隠し球がありますからね、日本酒は。

ソムリエ　大吟醸が好きでないなら本醸造から始めて、ちょっと純米酒を飲んで、次に強い山廃系をお燗にして飲んで。

田中　ああ、この組合わせにもひかれます。では1種類のお酒をコースに従って飲み分けるなら？

ソムリエ　本醸造酒が1本あると、1杯目は冷やして爽やかに、2杯目は常温でまろやかに、3杯目はお燗して甘くふくよかに。

田中　極端な場合、日本酒には塩と言いますね、あれは、なぜなんですか。

純米大吟醸でも実はお燗に向くものもある

ソムリエ　日本酒は旨味と甘味が強い飲み物なので、対極の塩がいちばん合うのだと思います。

田中　寿司、天ぷら、蕎麦。こういう場面では何を選べばよいでしょう。

ソムリエ　寿司はいろいろなケースがあるのでひとからげには言えないのですが。単純に整理すると、つまみの刺身から握りに移るときには、刺身には本醸造、握りになったら純米酒のお燗に変えるとか。魚にすし飯が加わることで味が膨らんで全体の印象がより濃くなりますから、そのぶん酒のほうもボリューム感を増したほうがいいと思います。

田中　天ぷらはどうでしょう。

ソムリエ　塩レモンで食べるのなら吟醸系。大根おろしと天つゆ派なら純米か生酛系でお燗をしたほうがボリュームが出ますからよいと思いますね。

田中　蕎麦で一杯というときは……。

ソムリエ　東京風の甘めのしっかりしたつゆにべったり蕎麦をつけて食べるなら、味が濃いタイプを飲んだほうがよいかもしれませんね。蕎麦粉に合わせるなら本醸造のような軽快なタイプか、蕎麦のミネラル香を引き立てる意味で、フルーツ香があまり強くない吟醸タイプがよいと思います。

田中　次は焼き鳥です。たれが濃い味ですから、どんなお酒が？

ソムリエ　炭火で焼いた香ばしいものには、樽酒が合いますね。

田中　意表をつかれました。

ソムリエ　はい。杉樽の香りが合うんです。

田中　しかし、樽酒って、何の酒が入っているんですか？

ソムリエ　樽酒は杉樽に詰めて出荷した酒のことを言うので、種類は何でもいいんです。通常

◇焼き鳥には樽酒が合う

は普通酒や本醸造、なかには純米酒を使う人もいます。1、2日で香りがつきますからすぐに飲んでください。
田中　ところでグラスなのですが。冷やして飲むとなるとタンブラーグラス的な感じになりますね。どんなグラスを選べば、美味しくいただけますか?
ソムリエ　2種類のグラスをご用意しました。同じお酒を召し上がってください。
田中　おや、同じお酒なのに。膨らんでいるほうがまろやか、細いほうは最後まですっきりと感じます。
ソムリエ　そうなんです。ですから、まろやか好きの方には膨らみのあるグラスを、爽やか好きの方には細めのグラスをお勧めすれば、同じお酒でそれぞれにご満足いただける。
田中　賢いグラスの揃え方でございます。酒の口を開けてしまいましたが、飲み切れませんでした。保存法をご指導ください。
ソムリエ　変化させないためには冷蔵保存が最適です。ワインと違って日本酒でとくに変化をもたらすのはアミノ酸ですから、肉や魚と同じように考えるとチルドかパーシャル（マイナス1~1度）がいいですね。そういう意味では冷凍もいいんです。
田中　凍ってしまった酒を解凍して飲んでも美味しいですか?
ソムリエ　変化をさせないという意味で冷凍はいいのですが、実は、味覚バランスをくずしますので、チルドをお勧めします。
田中　基本知識から飲みかけの酒の保存法まで、超多忙の田崎さんに逐一教えていただきました。知らない世界がひとつまた開けて、たいへんに楽しかったです。ありがとうございました。

（2002年10月号）

料理と合わせる、正しい飲み方は本格焼酎・楽しみの王道

田中康夫が訊く

田崎真也さん●ソムリエ　協力／サンテール

——幻の銘柄ブームもあって、近頃は焼酎を楽しめる店が増えてきた。と同時に、いくつかの銘柄を知っていればOKという時期ももう過ぎた。芋、米、麦、黒糖……、ちょっと語れるくらいには整理しておきたい。

◆まずはテイスティングから。麦、米、芋、蕎麦、黒糖、泡盛に、どのようなコメントが与えられるか。

田中　本日は焼酎についてお教えいただきます。ところで田崎さんは「日常でいちばん多く飲むお酒は焼酎です」と、著書で拝見しましたが。

ソムリエ　若い頃は苦手だったのですが、今は好きになりました。

田中　何かきっかけがおありになったのですか?

ソムリエ　私が若い頃の焼酎と今のものはだいぶ違うんです。その話はおいおいと。

田中　田崎真也は、いかにして焼酎を好むに至ったか、ですね。どうかよろしくお願いいたします。ご用意いただいたのは?

ソムリエ　原料別に、麦、米、芋、蕎麦、黒糖、泡盛です。手始めに麦焼酎「いいちこ」から。どうぞ。

田中　「下町のナポレオン」ですね。うっすら甘みがあって飲みやすいです。

ソムリエ　減圧蒸留で造っているので……。

田中　といいますと?

ソムリエ　水は100度が沸点ですが、山の上のように気圧が下がると低温で沸騰しますでしょ。このことを利用して、蒸留時に水が60度から50度で沸騰するように気圧を下げてやるのです。すると、高温になると出てくる独特の臭みが抑えられて、すっきりとした飲み口になるんです。

田中　何が臭みのもとなのですか？

ソムリエ　蒸留時に出てくるフーゼル油《ゆ》というもので、これは焼酎につきものです。技術のない頃の伝統的な焼酎は、フーゼル油の匂いが強くて、焼酎は臭いといわれていました。私が若い頃知ったのはこのタイプで、くわばらくわばらと思っていたわけです。

田中　フーゼル油は焼酎を知るうえではキーワードですから、覚えておいてください。承知いたしました。ところでフーゼルとはいったい何語ですか？

ソムリエ　英語（ｆｕｓｅｌ　ｏｉｌ）ですね。

田中　いいちこはその減圧蒸留で臭くない、と。

ソムリエ　はい。レモンや梅を入れたり、サワーやウーロン茶で割ったりするのにも向いているので、飲みやすくて人気があるんです。

田中　これにソムリエとしてのコメントをいただきましょう。どう表現しますか。

ソムリエ　花やフルーツの香り、ミネラルの香り。

田中　注射のときの消毒液のような、揮発性が高いというか。そんな香りも。

ソムリエ　麦の皮からスパイスの香りが出るミネラル香ですね。

田中　麦焼酎の発祥は大分ですか？

ソムリエ　長崎の壱岐《いき》なんです。

田中　意外ですね。では、次の焼酎をいただきます。これは先ほどと違って香りが強いです。

ソムリエ　球磨《くま》焼酎の米「六調子」です。熊本のお酒です。

田中　これこそ焼酎ですね。

しそ、きゅうり、バジリコ割り……香りの意外性を楽しむのも面白い

ソムリエ　米が蒸れたような香り、少しぬかの香りがしますでしょ。これがフーゼル油独特の香りで、米麹の量が多いほど強くなります。

田中　これが先ほどご説明いただいた焼酎特有の臭みですか。

ソムリエ　簡単に臭みといいましたが、実は、これが焼酎らしい特徴ある香りなんです。

田中　なるほど。清酒にはない独特の匂いと申しますか、香りと申しますか。焼酎は蒸留酒ですから、原料が何であれ味はないのですね。あの、米焼酎は少し汗っぽい匂いが。

ソムリエ　それがフーゼル油です。

田中　あ、これが……。

ソムリエ　とくに球磨焼酎には強く感じられます。そして、いぶした香り、藁みたいな香り。

田中　藁といっても、どういう……。ジュラのワインとは違いますね。

ソムリエ　干した後の湿った藁です。あとはナッツというか、落花生の皮の香りというか。

田中　ほほう、そうですか。面白いですね。

ソムリエ　芋にいきましょう。鹿児島「島美人」。

田中　先ほどの米のほうが、香りが強いですね。

ソムリエ　芋は臭いと思っている人が多いのですが、一般には常圧の米焼酎のほうがハードです。これは米の蒸れた香りにふかし芋のふんわりした香りが重なったような。

田中　干したお芋のような香りも。おや、少しぶどうの香りが……。

ソムリエ　上品で華やかです。これは鹿児島でも典型的なタイプで、地元の人たちがお湯割りにしてよく飲む銘柄です。でも、最近は濾過《ろか》技術が進んでいるので、昔のような強烈な臭さはなくなりました。これも最近焼酎がブームになっている一因ですね。

田中　飲みやすくなったわけですね。

ソムリエ　といってむやみに軽くしないで、伝統の重みは残してほしいですね。焼酎党の切なる願いです。

田中　結局、残ったのがアルコールだけではつまりませんもの。

ソムリエ　それでは甲類と呼ばれるホワイトリカー①になってしまいます。さて、宮崎の蕎麦焼酎「八重桜」です。蕎麦焼酎の発祥は宮崎です。蕎麦は飲んだ後にほんのり蕎麦の香りがするので、やはり蕎麦や蕎麦がきには無理なく合うと思います。蕎麦焼酎は田中さんはお飲みになる機会が多いのでは？

田中　信州は蕎麦の産地ですから、けっこう酒屋さんでは造っていますね。

ソムリエ　発祥は宮崎なのに、興味深いことには地元の人はほとんど飲まないんです。お土産で出ていくか、他県の人が飲むか。

田中　では宮崎の人は何を飲んでいるのかしら？

ソムリエ　ほとんどが芋ですね。大分に近い北部で少し麦が飲まれているかな。

田中　これは？

ソムリエ　奄美大島の黒糖焼酎「氣」です。

田中　まるでラムですね。

ソムリエ　ホワイトラムのような香りがしますでしょ。

田中　上品な……。黒糖はどれもこんな香りですか？

ソムリエ　今回はとくに品のいいものを選びましたから、お砂糖のシロップみたいな香りがしますね。マシュマロというか……。

田中　うーん、しかし、似ているとはいってもラムとはやはり違いますね。

ソムリエ　米麹を合わせて造りますから。昔ながらの伝統的な造り方をしている蔵のものは、米焼酎の香りと黒糖がまじりあった深い香りがします。これはやはり黒糖焼酎独特のものですね。

田中　たいへん結構です。

ソムリエ　焼酎が苦手という女性でも、ここから入ると好きになるケースが多いようですよ。

田中　経験談ですか。

ソムリエ　あ？　いえいえ（笑）。

田中　どこかで、焼酎の原料に砂糖を使ってはいけないと聞いたことがあるのですが。

ソムリエ　実はそうなんです。でも、奄美諸島では１９５３年の返還前から黒糖を使っていたので、この地域だけは使ってよいと特例となった事情があります。

田中　では、黒糖焼酎が造れるのは奄美諸島だけなんですね。

ソムリエ　そうです。さて最後は泡盛「請福」です。泡盛は焼酎と違って、主にタイ米の米麹100％で造りますから、焼酎とは違った印象があると思います。いかがですか？

田中　これまでと違って、奥深い香りがします。

ソムリエ　あ、それは、もう。日本酒の熟成したような感じですね？　木の米櫃《こめびつ》の中で米が蒸れた香り。

田中　まったくそのとおりです。今、沖縄料理と泡盛がブレイク中ですが、

麦焼酎、いいちこ。大分、25度。ご存じ「下町のナポレオン」

米焼酎、六調子　特吟。熊本、35度

芋焼酎、島美人。鹿児島、25度

泡盛はそんな需要を賄えるほどの量が造られているのですか？

ソムリエ　小さな蔵が多いので、製造量は少ないんです。ですからすぐに底をついて幻の泡盛になってしまうというわけで。

田中　そういうことでしたか。

ソムリエ　泡盛は米の蒸留酒ですから、球磨の米焼酎とある種共通した香りがあります。

田中　泡盛にはクースー（古酒）がありますね。

ソムリエ　昔の泡盛の新酒は匂いが強くて飲みづらいので、50年、100年と甕に寝かせてから飲んだらしいのです。寝かせている間にフーゼル油が甕の金属質などで和らぐんです。で、今も熟成をさせる習慣が残っています。焼酎もこのことを参考に、熟成について考えているようですよ。

◆何でも水割りと思ってはいないか。焼酎の特徴をつかんだ上手《うま》い飲み方でとことん楽しむ方法を教わる。

田中　ところで、焼酎にはどういう飲み方がありますか？

ソムリエ　黒糖と泡盛は30度のものが多いですから、氷を入れた水割りでよく飲まれます。最近、泡盛はうこん茶やシークワーサというすだちのような柑橘類を搾って、皆さん割って飲んでいらっしゃいますね。泡盛のクースーの場合は40度以上に、わざわざ高い度数に仕上げていますから生のままです。ブランデーでも熟成したものは割らないでそのまま飲みますでしょ？

田中　芋はいかがでしょう。

ソムリエ　最近は香りが穏やかになってきたので、ロックや水割りが増えています。が、やはり本場・鹿児島ではお湯割りが基本ですね。

田中　なぜお湯割りなんですか？

ソムリエ　度数が25度あるのですが、食事と合わせるには日本酒と同じ15度くらいに下げるのが飲みやすいんです。そのとき氷を入れると飲んでいる間にどんどん薄まってしまうので、お湯割りにするのがちょうどいい。

田中　なるほど。芋焼酎のお湯割りの方法をご伝授ください。

ソムリエ　伝統的には6・4（ロクヨン）です。

田中　6・4とは？

ソムリエ　焼酎6にお湯が4の割合を、通常6・4といいます。最近は5・5も増えているんですけどね。手順は、先に熱いお湯をグラスに入れておいて、後から焼酎を注ぐ。すると熱に当たってフーゼル油が一部飛んでまろやかになる。

田中　凄い知恵です。

ソムリエ　しかもちょうどぬる燗くらいの温度になって飲みやすくなる。

田中　ダブルで凄い。しかし、わざわざお湯で割るには濃度の問題だけでない理由がありませんか？

ソムリエ　15度は日本酒の度数で、しかも温かい。昔は日本酒は灘から運んでくるので大層高価なものだったのです。ですから、せめて焼酎をお湯で割ってと考えたわけですね。ですから鹿児島では今もお湯か水以外では割りません。日本酒の造り酒屋がない唯一の県です。

田中　なるほど。日本酒代わりだったのですか。でも、軽めの麦や米はウー

蕎麦焼酎、八重桜　そば焼酎。宮崎、25度

黒糖焼酎、氣。奄美大島、25度

泡盛、請福。石垣島、30度

ロン茶や抹茶で割ったりしますね。

ソムリエ　抹茶で割るのは健康茶みたいなものらしいですよ。では、これから、きっと田中さんがご存じない飲み方をご披露します。このようなものを持参いたしました。

田中　これは？

ソムリエ　ご覧のように、わさび、しその葉、ミント、バジリコ、きゅうりです。

田中　入れるのですか？

ソムリエ　当たりです。

田中　一瞬、乾き物ならぬ湿り物として、かじりながら飲むのかと思いました（笑）。

ソムリエ　わさび、しその葉を千切って、入れます。いかがですか？

田中　おおーっ、いいです。すっきりします。初めてです、こういう飲み方は。

ソムリエ　こういう香りものをプラスして効果が期待できるのは軽いタイプなので、いいちこに入れます。寿司屋でつまみを食べるときにはとてもよく合いますよ。一緒についてくるむらめや穂じそなんかを入れてもいいでしょうね。

田中　うーん、寿司屋で合いそうですねえ。さすがに田崎さんです。

ソムリエ　いや、実は以前、焼き鳥屋でほかのお客さんがわさびを入れていたのを見かけまして。なるほどこれはいいな、と感心して、それがヒントです。

田中　ミント入りを飲みましょう。これはどんなときに？

ソムリエ　単に酒としてでもいいですし、イタリア料理の食前酒にも。

田中　なるほど、そうでしょうね。

ソムリエ　バジリコを入れるとモッツァレラとトマトのサラダなんかに合います。やってみましょう。これも、千切ったほうがいいですね。はい、どうぞ。

田中　これも愉快です。香りを楽しむという主眼が生かされている。教えられればなるほどと簡単なことなのに、こういうことは気づきませんねえ。
ソムリエ　ありがとうございます。
田中　田崎氏発案で？
ソムリエ　はい、わさび以外は。では、きゅうりを。
田中　こういう技は昔からやってらっしゃいました？
ソムリエ　最近です。この世界はうるさい人がいまして、本来、焼酎は割って飲むものじゃないなんて意見も頂戴するのですが。
田中　ははは（笑）。きゅうりはどうするのですか。
ソムリエ　韓国へ行くとやかんにきゅうりが入れてあって、そこへ眞露を入れてくれるんです。そこで、私は黒糖焼酎ときゅうりでやってみました。
田中　はあ。
ソムリエ　入れますと……、メロンの香りになります。
田中　あらあら、本当に。
ソムリエ　いつだったか、どこかのお店で、ほら、メロンの香りになりますよと勧められたことがあります。僕が考えたんだと思いましたが、そのまま帰りました（笑）。
田中　そういうことは頻発でしょう（笑）。入れるのに合わない野菜ってありますか？
ソムリエ　適当にセロリでも何でも、お好みの香りを加えれば大丈夫です。
田中　黒糖はトロピカルな果物も合いそうですが。
ソムリエ　マンゴーとかパパイアとか。ミルクもいいです。ミル酎（笑）。
田中　アイスクリームでも？

ソムリエ　合います、合います。あ、芋焼酎なら、お湯割りにしたところに少しだけクミンを加えるとか、黒胡椒を加えるとか。

田中　今割ったのは、麦と黒糖でしたね。ほかのものでもいいんですか。

ソムリエ　割るなら、基本的には、減圧蒸留系の軽いタイプを選んでください。伝統的に造られている芋や米焼酎は、そのままで飲んだほうが、そのものの味が楽しめますね。蕎麦は香りが弱いので、割ると香りが飛んでしまいますから、これもそのままを勧めます。長野ではどんな飲み方をなさいますか？

田中　僕は、お湯割りで梅干しを入れることが多いですね。伊那谷でいい梅が採れますので、梅割りが多いですね。

ソムリエ　蕎麦湯で蕎麦焼酎を割るのもいいですよ。理にかなっていますし、美味しいです。

田中　それは素晴らしい。戻ったらさっそく広めましょう。

◆合う料理、合わない料理。ブレイクしているだけに、これくらいのことは最低限知っておきたい。

田中　こうしてうかがっていると焼酎はオールマイティのようですが、合わない料理ってありますか？

ソムリエ　うーん。大概のものは合うんです。ただ、芋や米焼酎のような香りがはっきりしているタイプは、ふぐの刺身なんかには合わないかもしれませんね。もしも刺身を合わせたいなら、鹿児島のほうで使う、あの、甘いしょうゆを使うとバランスがとれると思います。蕎麦焼酎で合わせるなら、すだちやグレープフルーツ、みかんを搾ったようなすっきりしたものを選んでください。

田中　日本料理のなかで、これだけは合わないというものはありますか?

ソムリエ　何が合いますかとはよく訊かれるのですが……。だしの淡い香りや素材の香りが持ち味の京料理は避けたいですね。野菜の炊き合わせとか、そういうものです。芋米系統は動物性のものが合うんです。こってり煮た豚肉とか、鶏や豚の脂の香り。軽い蕎麦焼酎なら幅広く合わせられると思います。

田中　いいちこは軽いタイプですが、伝統的な麦焼酎となるともっと重いのですか?

ソムリエ　はい、発祥地の壱岐で造っているのはライ麦パンのような強烈な香りがします。

田中　そうすると、ドイツ料理やイタリア料理に合うのかしら。

ソムリエ　面白いと思います。

田中　残業後におつまみで軽く飲みたいとき、お煎餅には何が合いますか?

ソムリエ　蕎麦か米系統なら合います。

田中　ナッツ類しかないときには?

ソムリエ　黒糖ですね。

田中　チーズには?

ソムリエ　白カビか山羊のフレッシュなら、いいちこのような軽いタイプが合います。ウオッシュタイプは芋や米のような個性の強いタイプ、ブルーなら熟成させた古酒タイプがよく合います。チーズではありませんが、沖縄の豆腐ようは泡盛とベストマッチです。

田中　抜栓後はどうしましょう。冷暗所に置いておけばいいですか?　香りが変化してしまうのではと心配です。

ソムリエ　かえって熟成しますから、面白いと思います。50年も置くとすかすかになってしま

お湯割りは熱いお湯に焼酎を注ぐのが正しい

いますが。

田中　そのままでいいんですか？

ソムリエ　瓶では基本的に変化がないので、備前焼の素焼きの壺のようなものに入れておくと、変化して面白いですよ。

◆幻の焼酎はなぜ生まれるのか、その真実。これを知ってから飲みたい。

田中　焼酎に古酒はあるのですか。

ソムリエ　あちこちにあります。3年以上寝かせると古酒といえますから、蔵で売れ残って眠っているようなのが3年、4年たつと古酒です。しかも、瓶詰めのときに3年以上寝かせたものが50%入っていれば古酒と呼べるので、現在どんどん増加中です。

田中　世にいう、幻の焼酎はなぜ生まれるのでしょう。

ソムリエ　焼酎メーカーは小さなところが多く、500石くらいのメーカーも数多くあります。そして、そのメーカーが雑誌などでクローズアップされると、すぐに幻となるわけです。

田中　「森伊蔵」などは手に入らないといわれますね。しかも高価です。

ソムリエ　あそこは濾過もしっかりしていて熟成もさせて美味しいと思います。実は、値段が上がるのは蔵の責任ではないんです。もともと原価で出たものを、人気が出すぎたもので、販売店がそのほか数種類と抱き合わせで売ったりしているんです。

田中　ロマネ・コンティと同じですね。

ソムリエ　ほかの銘柄が何本もついてくる（笑）。酒屋さんも勘定を取り返すために、当然、森伊蔵を高く売る。勢い、銀座の酒屋で2万5000円、銀座のクラブではもう10

だしの淡い香り、素材の香りが持ち味の京料理などと合わせるのは避けたい

万円。テーブルにヘネシーを置くより森伊蔵を置くほうが格好いい、となる。

田中　ははは（笑）。

ソムリエ　沖縄の最南端、波照間島の「泡波」も面白い話があります。もともとこの蔵は島の外に売るつもりはなくて、島の1世帯あたり1カ月1本くらいの消費量で造っている。が、ひょんなことで島の外に出たりすることがあるんですよ。すると、3合瓶600円が石垣島では2300円。それを酒屋で買ったら4000円か5000円。那覇では1万円。東京となると1杯ほんの少量のグラスで1500円くらい。幻の焼酎はこうして生まれてくるというわけです。

田中　むやみにありがたがるのが不思議ですね。本日は焼酎の知らなかった顔を教えていただきましてありがとうございました。今度飲むときには、今日の技を披露してみたいと思います。

（2003年2月号）

銀座の一流クラブのマナー、どうすれば一人前に見られるか

田中康夫が訊く

光安久美子さん●銀座 クラブ・グレ オーナーママ ☎03・3573・0777

──知的な会話を交わしながら、ゆっくりと上等な酒を楽しむ。本来、銀座のクラブとはそういう特別な場所だったはずだ。名門クラブだからこそ気になる、大人の酒の飲み方を訊いた。

◆銀座の一流クラブへ行くならそれなりの知識をもって臨まねば恥をかく。何時頃に入るとゆっくりと楽しめるのか、予約は必要なのか、何人くらいで行くとスマートか。女性連れでもいいものだろうか……。

田中　銀座ではモテない田中康夫（笑）なものですから、かれこれ、グレに訪れるのも10年振りです。相変わらずの新参者として伺いますが、こうした銀座でも名高いクラブへは、何時頃に来るのがいいのでしょうか。

オーナー　うちは7時から12時まで開けていますけれど、9時から11時くらいまでの間が集中的に混むんです。この時間帯をはずせばゆっくりできますね。

田中　では、7時過ぎに来ればちょうどいいということかしら？

オーナー　7時はちょっと早いかもしれません（笑）。あまり早いと女性がまだ出勤していないことがありますから。

田中　一般的には、彼女たちの出勤は何時くらいなんですか？

オーナー　同伴の場合なら8時半までの出勤でOKなんです。

田中　ごめんなさぁ〜い、髪のセットに時間が掛かっちゃったのぉ。なぁんて遅刻は認められないと。

オーナー　遅刻は減点になりますから、みんな時間厳守ですね。ですから8時前後にお見えになれば、ちょうど、皆も出勤してきてお相手させていただけますね。でなければ、逆に遅めにして11時過ぎにお越しいただいても。

田中　電車でご帰宅の皆様の波が引けてからってことですね。

オーナー　ご常連でも、落ち着いて飲みたい方はそれくらいの時刻にお見えになるんです。人気のあるお店に行きたいなら、そういう時刻を狙うといいですよ。終わってから女の子と遊びに行きたいお客様も、その時間帯にいらっしゃいますね。

田中　料理店同様、クラブの場合も予約はしたほうが賢明ですか？

オーナー　そうですね。でも、だからといって、その時刻にぴたっと席にご案内できるかというと、日によっては前のお客様との会話が弾んでいる場合もあって、確約できないのが申し訳ないんですけれど……。

田中　そういうときは？

オーナー　少しお待ちいただくことに。

田中　当然でしたね（笑）。では、そうした手持ち無沙汰状態を店内で避けるための上手な予約方法はありますか？

オーナー　1時間くらい前に、これから行きたいけれど様子はどう？　と問合わせてくださると無駄がないですね。そうすれば、お店の側もおおよその時間を申し上げられますから。中には、ビルの前からあと3分で着くからと電話をかけてくる方もいらっしゃいますが、それでは予約になりませんものね（笑）。

田中　まずは混雑状況の確認を怠らないと。

オーナー　ええ、とりわけ、初めていらっしゃるお店なら、そのほうがよろしいですね。

田中　でもね、実は銀座の粋人は決して予約なんてしないんだよ、といった裏ルールがあったりして？

クラブのカウンターで１人飲むのも一興だ

オーナー　いいえ、そういう心遣いができる方なんだと、かえってお人柄がしのばれます。

田中　ウーム、なるほど。では、1週間のうちでは何曜日が一番忙しいのでしょう。月、金が忙しくて、火、水が落ち込むとよく耳にしましたが。

オーナー　ところが、最近は様変わりしまして月曜日が落ち込むんです。会議や打合わせが入るからかしらと思っていますけど。ですから、初めての方は、意外と月曜日を選ぶといいかもしれません。

田中　こういった場所に大勢でぞろぞろ伺うのもどうかと思います。何人くらいがよい人数ですか？

オーナー　そう、2、3人といったところでしょうか。

田中　お客さん1人に女性は何人ついてくださるのですか？

オーナー　基本的にはお1人に1人ですが、時間によっては3人様に2人くらいでしょうか。

田中　前から知りたかったことなんですけど。「ヘルプ」の女性という言葉はよく聞きますが、メインの女性は業界用語ではなんと呼ぶのですか？

オーナー　「売り上げの女性」ですね。

田中　おや、なんとも直接的。もう少し別の言い方はないんですか？（笑）

みつやすくみこ：北九州市出身。大学受験のため上京。浪人中にスカウトされ銀座へ、そのまま就職。名門クラブ「ピロポ」から独立第1号として「グレ」を26歳でオープン

オーナー　お店によっては、あるかもしれませんね（笑）。
田中　銀座も他流試合で場数を踏まないとダメですね。そうそう、伺うのは1人でも大丈夫ですか？
オーナー　最近はお1人のお客様も増えてきています。最初からカウンターを指定なさる方もいらっしゃるくらいで。
田中　銀座のクラブのカウンターで1人。そうした飲み方もあるんですか。
オーナー　カウンター席でも必ず女性がつきますし、チャージも安いので2万円以内でお勘定がおさまります。バーテンダーと仲良しになって飲むのも雰囲気があっていいと思いますよ。ある程度来慣れたお客様にはお勧めです。
田中　かっこいいですね。ところで、女性連れは歓迎されないのでしょうか。一度、社会見学で訪れてみたいとお強請《ねだ》りされて、先日はエア・ホステスのW嬢と来てしまいましたが（笑）。
オーナー　いいえ、まったくそんなことはありませんわ。お連れの女性にも楽しんでいただきたいので、より以上に神経を遣ってサービスさせていただきます。
田中　とおっしゃりながらも、本当は嫌だったりして。
オーナー　それはお店の性格によると思いますね。お色気むんむんのお店に女性を連れて行くと、お店の側もご一緒のお友達も対応に困るでしょうし（笑）。
田中　あ、それはありますね。
オーナー　うちのように常連様が多いと、たまに奥様をお連れになる方もいらっしゃいます。奥様は奥様で、うちの夫はこういうところで飲んでいるのねと安心なさるようですし。かえってそのために連れて来られることがあるみたいで（笑）。

同伴出勤では遅刻させないよう気を配るべし

田中　ははぁ、銀座は奥が深い。一見客の場合ですが、その場合には、常連の先輩に連れて来てもらうとか、紹介をもらってくるとか、どういたしましょう？

オーナー　そうですね。紹介をしておいてもらうとか、その方のお名前をおっしゃっていただくとか。うちでは、基本的に一見さんお断わりですので。

田中　名前を使った場合はあとでその人に確認をとるんですか？

オーナー　いえ、信用が基本ですから、そういうことはいたしません。

田中　初回の支払いは、キャッシュかカードですか？

オーナー　そうですね。今度またお友達を連れて来てくださったときには、つけにしていただいても結構です。

田中　常連になるとつけが多いのですか？

オーナー　昔は9割がつけでしたが、このごろはキャッシュとカードの割合がかなり増えまして、しかもそのほとんどがカードです。時代を感じますね。

田中　京都の祇園町では20日締めでそれから請求書がまわってきますが、銀座ではどうなんですか？

オーナー　お店によるでしょうが、うちは次の日にはもう請求書をお送りいたします。

田中　お勘定には時間もカウントされますか？

オーナー　1時間が基本のテーブルチャージ。それを超すと30分ごとにチャージがつきます。

田中　30分ごとですか。

オーナー　昔は、短い人で30分、長くて1時間。それから六本木に行こうとか食事に行こうとかというパターンだったのですが、最近はあまり飲まないで2時間という方も増えていますので。

田中　飲み方が変わってきたってことですね。したがって、チャージも変わってきたと。
オーナー　そういうことです。
田中　お嬢さん方とお話ししながら、食事をとってもいいんでしょう？
オーナー　結構ですよ。サンドイッチやお寿司などをたまにとりますね。
田中　お店は決まっているんですか？
オーナー　サンドイッチは「ミヤザワ」という店からとります。あそこのカツサンドは美味しいんですよ。お寿司は「久兵衛」とか。でも、お客様があそこの店のと指定なさるときには、そのお店からとります。
田中　では、ラーメンはどうでしょう。
オーナー　早い時刻にはまわりのお客様への遠慮もあってちょっと困りますが、帰り際にみんなで食べようという程度ならＯＫです。
田中　お菓子は？
オーナー　「ピエスモンテ」ですね。
田中　伝説の名店「エルドール」の流れを汲むケーキ店ですね。チップですが。車で来た場合、ポーターさんにはどれくらいお渡しすればいいのかしら。それと、帰り際にお渡しする形でいいのかな？
オーナー　そうですね。お帰りのときがよろしいでしょうね。
田中　金額は５０００円くらいでいいのかしら。
オーナー　普通は2、３０００円でよろしいと思いますよ。遊び人の方は1万円ということもありますけれど、それは特別です。
田中　お店のボーイさんには？

満席を避けるためにも予約が賢明。少し遅めに訪れるのもお勧め

オーナー　夜遅くまで騒いだようなときには、少しおいていただくといいでしょう。

田中　額は？

オーナー　心づけですから1万円くらい。お勘定と同じ額といった時代もありましたが、今はそんなことはありません。

◆さて、何を飲むか。定番のウィスキーかブランデーが無難だろうか。ところが最近はワインが主流だという。

田中　飲み物として出るものは、やはり蒸留酒が多いのですか？

オーナー　ところが最近はワインが多いんです。顕著な傾向ですね。でも、なかには焼酎をキープなさるお客様もいらっしゃってさまざまです。

田中　昔はブランデーやウィスキーが定番でしたのにね。しかし、ワインのほうが蒸留酒系統よりも結果的には高いでしょう？

オーナー　高いですよね。1回飲みきりですから。ラトゥールとかマルゴーとか、ポピュラーなワインでも……。

田中　ありゃりゃ、ラトゥールもマルゴーもこちらではポピュラーでしたか！（笑）ちなみにおいくらくらいなんですか？

オーナー　1本5万円から10万円くらいですね。

田中　シャンパンはいかがですか？

オーナー　よく出ます。

田中　たとえばクリュッグはいかほどでしょう。

オーナー　4万円です。ロゼなら7万円。シャンパンはお安めにお出ししているんです。ド

ン・ペリニヨンの白は3万円、ロゼが6万5000円です。

田中　他にどんなものがありますか？

オーナー　クリスタルやヴーヴ・クリコをご用意しています。

田中　ボトルを入れる場合、ウィスキーやブランデーだと、みなさんどのような銘柄をキープなさるのですか？

オーナー　うちは国産ならサントリーの「響」をお勧めします。スタンダードで4万円、21年で5万円、30年で20万円です。

田中　飲み方や人数にもよるでしょうが、それをだいたい何回で空けるものですか？

オーナー　3、4回でしょうかしら。ボトルをキープしていても、シャンパンを開けることもありますし、ちょっと分からないですね。

田中　女性のグラスが小さめと聞いていますが、そうなんですか。

オーナー　水割りのグラスはやや小さめですね。

田中　そうそう、女性が他の席に呼ばれてテーブルを外すとき、グラスの上にコースターをのせるのは、また戻ってきますという符丁だと言われてますが。

オーナー　それを合図とするお店もありますが、うちでは禁じています。席を外す時点で下げさせます。

田中　そういうところでお店の格が見えるわけですね。さてさて、こちらのお客様はどれくらいの頻度でお見えになるのですか？

オーナー　よくお見えになる方で週に1回、平均月に1回から2回でしょうか。

田中　出席率が悪いと、ボトルをと言われても当人の名前を思い出せないなんてことってありません？　えっとー、お名前は？　なんて聞けないでしょうし。そういうとき

定番はウィスキー、ブランデーだが、ワインも多い。右から、サントリー「響21年」、クルボアジェの「プルミエ」、「ドン・ペリニヨン」、「オーパス・ワン」

はどうなさいます？

オーナー　あってはならないことですけど、あまりにお久しぶりだと、そういうこともありますね。そういうときは女の子が上手に聞いてくれますから。でも、どちらかというとウィスキーやブランデーといった強いお酒を飲む人じたい減っていますから。ヘルシー志向っていうのでしょうか（笑）。

田中　一流クラブもヘルシー志向の時代に入ってきましたか（笑）。

◆銀座と六本木では遊び方がどのように違うのだろうか。銀座で遊ぶセンスを身につけるためにも、昔の名店のことも話題として知っておきたい。

田中　世代交代というか、お客様も様変わりしているのでしょうか？

オーナー　今がちょうど若返りの時代ですね。30代、40代のお客様が増えました。この年代は独身者の方もいてモテますから、お客様も楽しいし女の子も楽しい。私はこの年代の人に、ぜひとも銀座の遊び方を知っていただきたいのです。

田中　これからの銀座を担う世代ですね。銀座と六本木では、やはり遊び方が違うのでしょうか。

オーナー　銀座はどちらかというと会話を楽しみプロセスを楽しむ場所ですね。六本木界隈は比較的、即物的というか、女の子を口説《くど》いて楽しむというか……。

田中　ふーむ。

オーナー　銀座は、昔から、財界、政界、旦那衆が遊んできたところですから、粋が生きている街なんです。

田中　店の数ももっと少なかったのでしょうね。

オーナー　今は、もう、昔と比べると桁違いに多いでしょう。

田中　表通りで客引きのチラシを女の子が配ってたりしますもの。

オーナー　「ラドンナ」「エスポワール」の時代はクラブはまだ銀座にも少なかったし、こういった店で飲む人たちも本当に選ばれた人たちだったわけですよ。小林秀雄先生を始め、そうそうたる顔ぶれだったそうです。

田中　約40、50年前の輝かしき時代。今名前が出たクラブは、古き良き時代に一世を風靡《ふうび》した銀座の名店ですね。差し支えなければ、読者のためにも、当時の名店を教えてくださいませ。

オーナー　今お話しした「ラドンナ」「エスポワール」は超一流で、お客様は、財界、文壇の方がまじって華やかでしたね。「純」「ラモール」などは経済界のお客様が中心。

田中　「姫」も有名でした。

オーナー　「姫」は芸能界、スポーツ選手が中心。「眉」は文壇系で、若い作家は何か賞をとったら連れていってもらえるといったクラスだったんです。「おそめ」もご存じでしょう？

田中　有名ですね。映画にもなりました。

オーナー　京都の芸妓さんが東京に出したお店です。大阪と東京を飛行機で往復していたので「空飛ぶマダム」と呼ばれて、ママをモデルに映画にもなったんです。若い方々も、銀座のクラブに興味がおありなら、この一連のお店は名前だけでも知っておくとよろしいと思いますよ。

田中　こちらのお店は何年目ですか？

オーナー　今年3月で26年です。

田中　で、輝き続けていると。グレのような雰囲気のお店は、今、銀座に何軒くらいあるのでしょうか？

オーナー　少なくなりつつありますね。

田中　女性の担当についていても、六本木と比べるとうんとやかましいのでしょ？　例えば祇園町なら、お茶屋をいったん決めたら、お呼ばれ以外の自分のお勘定で他のお茶屋に行くと怒られるじゃないですか。「グレ」に来て係の女の子が決まるでしょ？でもなんらかの事情で、そのお客様の担当が他の子に変わることもあるのですか？

オーナー　銀座にも掟があって、担当は絶対に変えてはいけなかったんです。でも、今は割と自由になりました。

田中　気っ風のいいお姉さんが下の子に、私のお客様をあなたに譲ってあげるなんてことは？

オーナー　今は大体がそういうことに淡泊ですから、そういうこともたくさんあるのではないでしょうか。お客さんを取った取られたの生臭い騒ぎも、今ではあまり見かけませんですね。

田中　先ほどの同伴の話ですが、そういうときにはどういうところで食事をなさるのかしら？

オーナー　お客様のお好み次第ですね。おでんでもお寿司でも。

田中　でも8時半に出勤では、そうゆっくりも食べてられないですね。遅刻はいけないんでしょ？

オーナー　遅刻すると罰金を取られます。ですからお客様がフレンチとおっしゃると実は困るんです。3時間くらいかかりますでしょ。遅刻しちゃう。

田中　そういうときは？

オーナー　事情を話して早く終わらせてもらうとか、なんとか手をうたなければ。

田中　厳しいんですね。のんべんだらりとやってられないんだ。

オーナー　同伴も仕事なんですから。

田中　そうやって人気が高まってくると、ナンバーワンになれるわけですね。

オーナー　1日に5、6組のお客様がつけばナンバーワンですね。うちはだいたい1日に30組から50組のお客様がいらっしゃいますから。毎日2割くらいつけばトップでしょう。

田中　最後に気になる予算ですが、こちらにうかがうにはどれくらい用意しておけばよろしいのでしょうか。

オーナー　うちは、1人1時間、4万円前後で飲めるんですよ。ボトルを入れると5、6万円でしょうか。

田中　もっと高いところもありますね。

オーナー　ありますとも（笑）。うちは安いほうですから。

田中　格式高い銀座のクラブでくつろぎながら楽しむためには、心得ておくべきことがいろいろとあるのだと、改めて痛感しました。微細な質問にも厭《いと》わず答えてくださり、お礼を申し上げます。ありがとうございました。

（2002年4月号）

日本料理

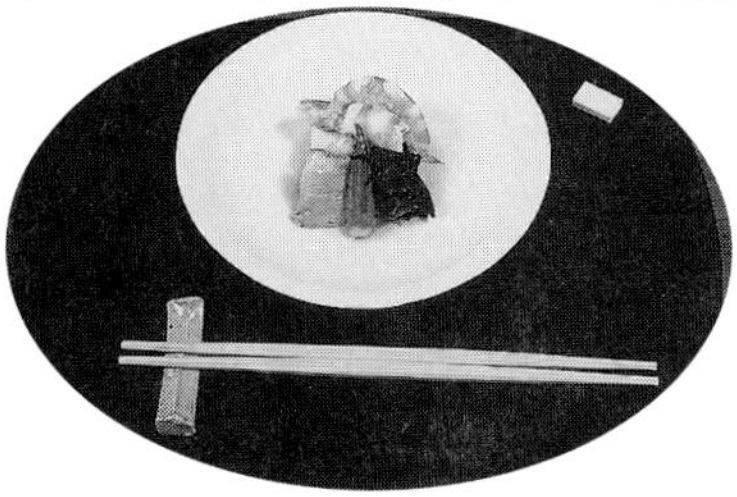

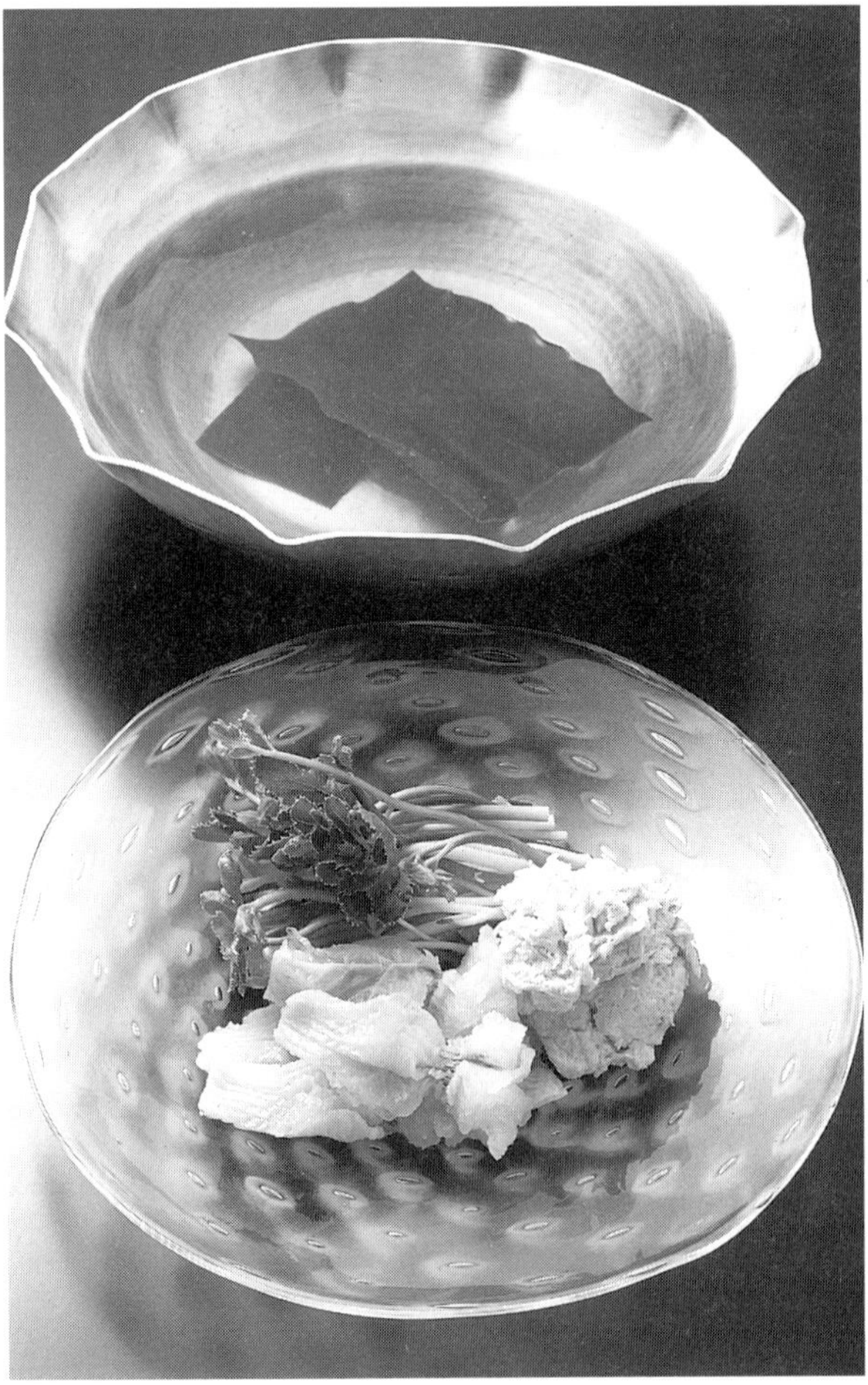

ちょっとした緊張感が心地よい
喰い切り料理を楽しむコツを知る

田中康夫が訊く

幸村 純さん●麻布 幸村 主人 ☎03・5772・1610

――カウンター越しに主人と向き合い、おまかせで食べる。素直に料理を楽しめばいいのだろうけれど……。喰い切り料理だからこそ難しそうな心得について訊いた。

◆「喰い切り料理」というジャンルをご存じだろうか。通り一遍のコースに終始せず、作り手が客の顔を見、体調も心得て楽しませてくれる日本料理のことを指す。さて、こんなワンランク上の店には、どんな粋なはからいがあるのだろうか。客としてはどんな心得が必要なのだろうか。簡単なところで、ご飯のお代わりはよいけない？

田中　これは、はもしゃぶと呼んで構わないのですか？

主人　一応、鍋仕立てですが、しゃぶしゃぶというよりは、「はもの落とし」を温かく召し上がっていただこうという趣向です。最近は室内にクーラーをきかせておりますから、氷水に落とすよりも温かいほうがよろしいかと思いまして。

田中　なるほど。冷えた部屋で食べるのに氷にのせた落としでは……、というご配慮ですね。

主人　汗をかきながら食べるなら、水に落としたはもはやわらかな美味しさがあっていいものなんですが。今夜は時刻も遅いのでコースから椀ものを省きまして、この温かいはもをお椀代わりにさせていただきました。

田中　時に応じて変幻自在ということですね。ジャンルでいうと、こちらは「喰い切り料理」になりますか？

主人　はい、そうです。食べさせ方はコース仕立てですが、お客様の体調や食欲のご様子に応じていろいろ考えてお出ししています。

田中　そうすると、お客様の顔ぶれによって、出すものを違えることもあるんですね？

主人　当然あります。

田中　同じコースを頼んだのに、途中から隣の席と違うじゃないかと怒る人はいませんか？（笑）

主人　たまにいらっしゃいます（笑）。でも、それは先ほど申し上げましたように、状況を考えてのことですから。

田中　差別しているわけじゃない。

主人　もちろん差別じゃありません。つい先日いらっしゃったお客様に同じ料理はお出しできませんでしょ？

田中　ひがんじゃいけないのですね、一、二度訪れただけの新参者が。

主人　ははは（笑）。お酒が進んでいる席には、みつくろって肴をお出しすることもあります。それはこちらの裁量です。そういうときに、お酒を飲まれない方が、うちの席にはその料理がこないじゃないかとおっしゃられても……。

田中　困ります？

主人　はい、困ります。

田中　うかがう側もそのあたりは心得ていないと、幸せな食事になりません。

主人　ま、こちらは、皆様にご満足いただけるように気を配っているからこそ、料理を変えたりもするので。そういう空気は、何度かいらっしゃれば感じ取っていただけると思います。

田中　立場を変えてみれば、そういう心遣いが嬉しいはずですものね。

主人　ご理解、ありがとうございます。

ゆきむらじゅん：東京生まれ。17歳から京都で日本料理の修業を始め、名店「室町和久傳」では料理長を８年間務める。'00年７月に「麻布　幸村」を開く

田中　そういう意味では喰い切り発祥の地である関西では、みなさんスマートに振る舞われるのでは？

主人　そうですね。その点は割合に理解があるというか、楽なこともありますね。

田中　さてさて、はもは夏の華ですが、いつ頃から美味しくなるのですか？

主人　6月に入ってからでしょうか。ハイシーズンは7月ですね。梅雨の雨を吸うと脂が乗って皮がやわらかくなると言いまして。

田中　落とし以外ではどんな料理になさいますか？

主人　つけ焼き、はも寿司、柳川のようにすることもあります。

田中　うまそうだなあ。この時期、はものほかにはどんな魚が美味しくなるのかしら。

主人　あわび、うに、すずき、あこう鯛といったところでしょうか。昔は涼味を演出する意味ですずきの「あらい」などをやりましたが、今は、はも落としと同じであまり作りませんね。

田中　野菜ではどんなものに注目すればよいでしょう。

主人　賀茂なす、瓜、ずいきあたりですね。

田中　すみません。はもはもう十分いただきましたので、スープだけをいただけますか？こんなことをお願いしてもいいのかしら。

主人　もちろん、どうぞどうぞ。こちらとしては、何が欲しいのかをおっしゃっていただけるとありがたいです。どうぞご遠慮なく。

田中　このスープは何で味つけをしていらっしゃいますか？　とても美味しいです。

主人　昆布だし、煮切り酒、しょうゆで味つけです。お椀でどうぞ。

田中　あ、じゅんさいを入れてくださいました。じゅんさいはいつ頃までが旬ですか？

主人　5月下旬から8月くらいまでですね。ぬるっとほかにはない口当たりですよね。白和えをどうぞ。
田中　ぜんまいですか。しっとりとして美味しいものですね。つまものに使っている浜防風ですが、これがつくだけでずいぶんと夏らしい感じを受けます。
主人　和食は、こういうつまもので季節感が出せるのが面白みですね。
田中　刺身のつまなど、いろいろ覚えておくと楽しいでしょうねえ。
主人　と言いますと？
田中　針ねぎとか、芽じそとか。
主人　加茂川苔《のり》なんてご存じですか？　鴨川で採れる海苔なんですがそのまま出すんじゃなくて、寒天で寄せて涼しげにととのえるんです。
田中　それを知っていたら尊敬されます。
主人　では、ポピュラーなところで花丸きゅうりとか。
田中　ああ、花のついた小さなきゅうり。こういうことを知っていると食卓の話題にもなりますし。そういえば、刺身についてくる花穂がありますね、花のついたしそ。あれは、どのように扱えばよいのかしら。下からしごくのですか、それとも上から？
主人　箸で、指で？
下から箸でしごくとよろしいですよ。指を使うとしその香りがつきますから、箸を使ったほうがよいと思います。
田中　指に香りがつくといけないんですか？
主人　その指を鼻先に持ってくると、ずっとしその香りがしてしまいます。
田中　なるほど。そこまでは気がつきませんでした。

主人　専門家から言わせていただければそういうことです（笑）。

田中　料理に合わせるお酒、日本酒についてはどうなんでしょう。

主人　料理に合わせることを考えると、酒が勝ってしまってはまずいんですね。やはり料理を引き立ててくれることを考えて、用意をしています。

田中　どんなに名酒であっても、料理とのバランスが重要ですものね。

主人　ワインでもそうだと思うんですよ。本当にヴィンテージもので限られた感じになってしまうと、ワインのほうに注目してしまうでしょう？　すると、たくさんの料理はいらないかもしれないですね。

田中　酒の肴だけあればよいと？

主人　気の利いたものが幾品かあればよいでしょうね。でも、コースを食べる場合はちょっと違いますから。

田中　酒を飲む人と飲まない人では料理は変わるのかしら。

主人　変えますね。飲まない人にも楽しんでいただきたいですから、それなりの違いはつけます。あと拝見していて、食べるペースの速い方と遅い方も、料理を違えていきます。

田中　これは驚いた。ペースも関係あるのですか。

主人　速いと遅いでは、味の感じ方が違うはずなんです。ですから料理も多少変えていきます。

田中　私はどちらかといえば速いほうなので。

主人　ははは（笑）、心得ております。そろそろごはんにいたしましょうか？

田中　今日は白いごはん？　それとも炊き込みですか？

主人　穴子の炊き込みごはんでございます。たっぷり召し上がってください。
田中　お代わりは？　いいのでしょうか？
主人　もちろんです。私どもといたしましてはお代わりも計算のうちで、1杯目は炊きたてそのものの味を、2杯目では混ぜて空気が混ざった味を楽しんでいただきたいと目論んでおります。ですから1杯目は少なめに差し上げるんですよ。
田中　おやおや、そんな微妙なテクニックがあったのですか。気がつきませんでした。
主人　そんなことをすぐに見破られても、私どもが困りますね（笑）。白いごはんでも1杯目と2杯目では味が違ってきます。それに2杯目にはおこげがつきますから、それもお楽しみのひとつで。
田中　炊き込みごはんのおこげは、また格別です。
主人　どうぞお代わりをとお勧めしたのに、ときたまおこげができていないときがあったりして（笑）。そういうときは面目ないですね。
田中　今日のは？　できてます？
主人　ご安心ください。しっかりできています。

◆マナーをむやみに気にすると窮屈だが、だからといって場にそぐわない所作は恥をかく。最低守るべきことは？　なるほどそれこそが大人の賞味法という、マナーを超えた粋な食べ方も伝授していただいた。

田中　いつも迷うんですが、茶碗蒸しって最初にかき混ぜて食べてもいいのかしら。ちょっと行儀が悪いかなと遠慮しちゃうんですけれど。でも、そのほうが美味しそうだし。
主人　どうぞどうぞ、ざっくり混ぜて召し上がっていただいたほうが、具が混じって、む

カウンターに目あり、箸の取り上げ方や置き方にも気を配る

しろ具合がよろしいです。

田中　安心しました。茶碗蒸しに使ったお匙《さじ》ですが、食べ終えたら器に入れたままのほうがよいのですか、それとも器から外したほうがよいのかしら。

主人　そこらへんのところは、どちらでも結構ですよ。最低のマナーさえ守ってくだされば、そう神経質にならなくていいと思います。お茶事の席ではないのですから。

田中　最低のマナーとは、例えばどういうことですか？

主人　ぴちゃぴちゃ音を立てて食べる、大きな音で鼻をかむとか。そんなとんでもないことさえしなければ、よろしいんじゃないでしょうか。マナーでがんじがらめでは、窮屈で美味しいものも美味しくなってしまいます。

田中　常識をわきまえればよいということですね。実は僕も苦手なのですが、箸の使い方はどうでしょう。テレビで見たが、箸もまともに持てないのか、とお叱りを受けたりするんですよ（笑）。

主人　持ち方に少々難があっても、持つ位置に気をつけるとずいぶん違いますね。上3分の1くらいの位置で持つときれいに見えますよ。

田中　なるほど。カウンターの中から箸の動きは気になるものですか？

主人　箸の取り上げ方や置き方は、どうしても目に入りますから。つい顔を見たくなることも。

田中　いい意味で？　悪い意味で？

主人　両方ですね。

田中　カウンターに目ありですね。そうそう、新しい箸についている紙の帯ですが、あれの正しい外し方を教えてください。前から気になっていたんです。

主人　ちぎらないほうがよろしいと思います。そのままで1本抜くとゆるみます。その後、残りの箸を引くと、するっと抜けます。

田中　で、その外した帯の置き場に困ります。

主人　食事をするには不要なものですから、折敷《おしき》の隅に置いてください。適当に店の者が下げます。

田中　ということは、お店の人に見えやすいように置いたほうがいいわけですね。つい、見えないように隠しておきたくなっちゃうんですけど。

主人　ははは（笑）、そこまで気を遣う必要はございません。

田中　持ち上げてもよい器といけない器の区別はありますか？

主人　とくにありません。召し上がった後、器をご覧になるお客様もいらっしゃるくらいですから。そのための時間を考慮に入れて、うちでは終えられてもすぐには下げません。

田中　器を見る余裕も考慮したうえでの配慮でしたか。

主人　余白の時間ですね。

田中　そうか、食べる側としては、そういうことにも気を配らなくてはいけないんですね。

主人　いえいえ、それはご興味があればの話です。

田中　よく、自分で取り分けてくださいと器を預けられることがありますね。

主人　そうですね。こちらできちんと人数分に分けてお出しするよりも、お客様にお好きに分けていただいたほうがよろしかろうという場合にはお預けすることもあります。

田中　まごまごする人はいませんか？

主人　うちのお客様は、ま、適当にやってくださいますが。

手を添える、手でつまむのも美味しく味わう技のひとつ

田中　くずれそうで取りにくいものもありますでしょう。

主人　そういう場合は手を添えてくださるといいですね。挟みにくいものを箸だけですませようと、曲芸みたいなことはしなくていいんです。

田中　女性連れだったりすると、ついいいところを見せたい。でも、きれいに分ける自信がない。そういう人がたくさんいると思いますよ。

主人　取りにくくて困ったときには無理をせず、店の者に取り分けてくださいとおっしゃっていただければ、こちらでうまく処理します。

田中　助けを求めればよい。

主人　われわれはお出しした後も目を離しませんから、すぐに目立たず救助します。でも、基本は楽しく召し上がっていただくことですから、そういうことは適当でいいんですよ。

田中　しかし、適当にと言われるのが困るんですよね。

主人　例えばさきほどの小鮎の塩焼きは、箸を使わないで手でつまんでくださって結構なんです。

田中　ああ、そういう裏マナーもありますね。

主人　食べ終えると手に鮎の脂と焼けた塩がつきますでしょう。それをなめなめ酒を飲む。箸はなめちゃいけないけれど、指はなめてもいい。ははは（笑）。

田中　うちでは出していませんが、車海老の殻焼きなんかもそうですね。「殻をむいてから頂戴」なんて言ってはいけません。殻をむいた指をちょっとしゃぶって、酒を飲むのがいいんです。はたはたも手でぶら下げて待ち受けた口に入れてかじる。すると美味しさが違うんですよ。

田中　なるほど。美味しそうです。
主人　ま、こういうマナーや食べ方については、お客様にとっては気になることでしょうが、実はわれわれにとっては、それよりも、どれだけ楽しく仕事をさせてもらえるお客様かというほうが大切なんです。
田中　と言いますと？
主人　例えば、田中さんがいらっしゃると目茶苦茶緊張するんです。何を食べていただこうかとか、あ、今日はお時間も少ないようだ、じゃ、これをどう料理しようかとか。そういう緊張ですね。でも、作り始めると楽しくなって盛り上がってくる。
田中　ごく普通の客として扱ってくださいね。ところで、料理人と意思疎通するためのキーはなんですか。
主人　会話でしょうね。こちらをやる気にさせてくれるというか。田中さんは、気持ちよく仕事をさせてくれるというか。
田中　ほめそやしてはいないけれど。
主人　うまいね！　とおっしゃってくださるタイミングですかね。
田中　でもそれは気に入ってもらおうとして言うんじゃなくて、本心だから。
主人　だから伝わってくるんです。口先だけなら、分かってしまいます。
田中　そうでしょうね。
主人　われわれからすれば、そういうことこそがマナーだと思うんですよ。ですからうちのような店でマナーを言うとすれば、しゃちこばった箸の上げ下ろしではなく、「人を不快にせず」「美味しく」「場を楽しく」を守っていれば、文句なく合格ではないでしょうか。

◇「人を不快にせず」「美味しく」「場を楽しく」が心得

田中　喰い切りのお店はこちらの腹具合も体調も細かく考慮して料理を出していただけるのが魅力です。だからこそマナーも心得なければとうるさくうかがいましたが、とても参考になりました。本日は夜遅くまでお付き合いいただき、ありがとうございました。

（2001年8月号）

前菜は胡麻豆腐、車海老、鴨ロースを一皿に

蒸しウニの伊勢海老ゼリー寄せ。暑い季節、刺身代わりに供される人気の一品

◎この日の献立

前菜　胡麻豆腐、車海老、鴨ロース盛り合わせ
茶碗蒸し　はまぐりを入れて
かき揚げ　小柱、百合根、コリアンダー
はも　はもしゃぶと言うよりも、切り落としを温かく召し上がっていただく
小鮎塩焼き　手づかみでどうぞ
とり貝の酢の物　くらげ、きゅうり、みょうがの取り合わせ
白和え　ぜんまいと浜防風
穴子ごはん　お代わりの美味しさを味わうために、一杯目は少なめの盛りで
漬物　たくあん なす きゃらぶき
デザート　さくらんぼう

土用の鰻をどう食べるか
鰻づくしはどう組み立てるか

田中康夫が訊く

大橋一馬さん●駒形 前川 社主 ☎03・3841・6314

——土用の鰻が平賀源内の広告戦略だったことはよく知られている。ではこの時期、鰻は本当に美味しいのか、天然ものを最上に味わうにはどうするか……。煙といい匂いにつられて店を訪れる前に、押さえておきたい基本を訊いた。

◆日常よく口にするわりには、案外と鰻については知識がない。美味しい部位は？　関東と関西の調理法の違いの理由は？　白焼きを極上に味わう法は？

田中　こちらは200年の歴史とうかがっています。土用の丑の日も近いことですし、お教えを乞うべくうかがいました。

社主　いえいえこちらこそ。田中先生の前では緊張いたします。

田中　まずはどのようなお料理があるのかをうかがいましょう。白焼き、蒲焼きを筆頭に、鰻《う》巻き、鰻《う》ざく……。

社主　茶碗蒸しもございますね。

田中　あ、そうでした。

社主　それと、ふぐにヒレ酒がございますように、鰻酒《うざけ》というものがございます。本来はヒレ酒と同じように冬のものですが。

田中　鰻酒は初耳です。ぜひとも頂戴したいです。

社主　では、お持ちいたしましょう。お料理はとくに何がお好みですか？

田中　どれも好きですが、主には白焼き、蒲焼きでしょうか。でも、蒲焼きが嫌いな人はいないでしょう。

社主　ですよね。実は、鰻くらい発展が止まっちゃった食材はないんです。

田中　とおっしゃいますと？

社主　蒲焼きは江戸時代にできたものなんですが、今もこれに勝るものが出てこない。
田中　あの甘辛の旨さに肩を並べるものを考え出すのは難しいということですか。あ、これが鰻酒ですね。
社主　いかがでございましょう。
田中　蒲焼きが入っています。鰻酒はどちらのお店でもあるものですか?
社主　お作りしている店も多いと思いますよ。では、初めに白焼きをお出ししますが、申し訳ございません、これは少々時間がかかります。
田中　知りたいことがたくさんありますので、その間にうかがいましょう。まず、関西では鰻をまむしと呼びますが、何か理由があるのですか?
社主　もともとご飯の間に挟んで蒸すからですね。まん蒸し、まむし。
田中　あ、なるほど。そうだったのですか。まむしと言うから……。
社主　蛇と間違えられるのは困るんです。イメージが悪いですから。
田中　そうでしょうね。まったく違う意味合いですもの。長野では、松本の「桜家」という店に、もち米に鰻を挟んで、さらに笹で巻いて蒸し上げる「笹蒸し」がございます。
社主　それはやや関西風ですね。九州では細かくした蒲焼きと錦糸卵をご飯にのせて蒸籠《せいろ》で蒸し上げます。
田中　開き方も関東と関西では違いますでしょう?
社主　ご存じのように、関東は背開きです。腹切りなど武士の切腹のようで縁起が悪い、というわけでして。味や食感に違いはありませんよ。
田中　では関西では切腹は気にしないということ?
社主　背から切りつけるなど卑怯なことはできない、ということらしいです。

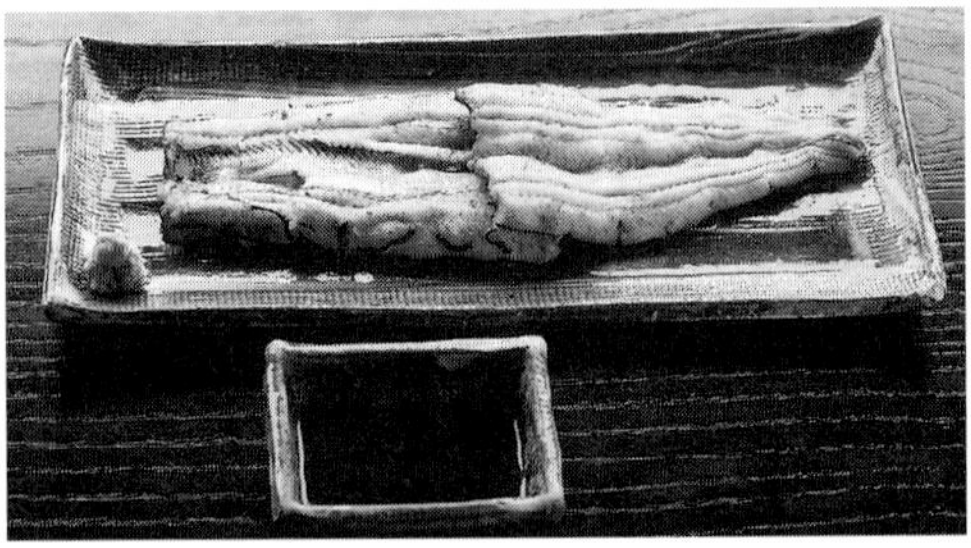

田中　ははあ、それぞれに言い分が。また、関東では蒸してから焼きますね。それはなぜなんでしょう。

社主　明治初頭に養殖が始まるまでは、当然すべて天然でした。鰻も回遊していますから、冬になると関東より北まで行った鰻は脂肪をためて戻ってくる。

田中　戻り鰹のようなものですか。

社主　そうです。すると脂はのっていて美味しいのだけれど、冷たい水から身を守るために皮も厚いんです。直焼きではとても硬くて美味しいとは言いがたい。それで、関東は蒸して柔らかくしてから焼いた。

田中　逆に、関西の鰻は皮が薄いと。

社主　そうです。それに、蒸してせっかくの脂を落としてしまうのは、もったいないから、とも言うようです。

田中　ははは（笑）、いろいろと考え方がありますね。

社主　うちの父親は、ある程度脂を落とした身にたれの旨みが入り込むのだから、落ち着いた味になると言っていました。蒸すことで一挙両得であると。

田中　ご主人はどちらの派で？

社主　それぞれに理屈があると思うんですが、うちは江戸前ですから（笑）。

田中　焼き方に特徴はありますか？

社主　蒸した後は強い火で表面を焼き固めて旨みを閉じ込めてしまう。このへんはステーキと同じです。ですから、強い火力が出る備長炭が一番と言われるんです。蒲焼きはこれにたれをかけます。はい、白焼きがまいりました。熱いうちに召し上がってください。

白焼きは鰻の良し悪しがはっきり出る。天然ならではの土の味を感じる

田中　これは関東流でございますね。鰻本来の味は、蒲焼きよりもこの白焼きのほうがよく分かるような。

社主　そのとおりでございます。白焼きは鰻の良し悪しがストレートに出ます。天然鰻があれば、そのしっかりとした味をぜひ白焼きでどうぞ。川の味というか、土の味が感じられるはずです。

田中　醤油とわさびがついていますが、これはどのようにつけましょう？

社主　鰻を刺身くらいの寸法に、箸で一口大に切ってください。

田中　この土佐醤油にわさびは溶きますか？　それとものせたほうが？

社主　身の上にわさびをのせて、皮側を土佐醤油につけて召し上がるとよろしいですね。

田中　なるほど。さすが天然、とても美味しいです。ここについているレモンはなんのためでございましょう。

社主　塩とレモン味もさっぱりとよろしいですから。これもお勧めです。

田中　これくらいですか？

社主　そうですね。白焼きの半分は醤油とわさびで、もう半分を塩とレモンで召し上がると楽しめます。塩は按配を見ながら少しずつ。イタリアのさっぱりした白ワインがよく合います。

田中　たいへん結構です。鰻は、かまとか尾に近い部分とか、どの部分が美味しいのですか？

社主　尾のほうが弾力があるといった好き嫌いはおありでしょうが、どの部分も味そのものは同じ。ですから、カップルでいらして、最後に蒲焼きや鰻重を食べる場合などは、白焼きは1尾にして好みでシェアしてもいいですね。

田中　あいにく今日は一人でございまして（笑）。脂ののり具合などは部分によって変わ

社主　らないのですか？

田中　まったく変わりません。例えば、いちごは先っぽとは逆の側から食べたほうが甘い、と農家の方はおっしゃいますよ。

社主　ははは（笑）。それは存じませんでした。でも、個人的には上半身（頭のほう）が好きですよ。

田中　箸をつけるのは、やはり頭のほうからでしょうか。

社主　いえいえ、どちらからでも。

田中　そうですか、鰻の世界にはそういう約束事はないのですね。ただ今鰻巻きを頂戴しましたが、白焼きとでは、どちらを先に食べるのがいいのでしょう？　お店によっては鰻巻きが先に出ることがあります。

社主　それはもう、味の淡い白焼きを先に召し上がっていただきたいです。鰻巻きは味が濃いですから、その後に白焼きではもったいない。

田中　忙しいお店では順番が後先になることもありますね。昼時に鰻重だけならばともかく、夜は時間の指定をしてうかがったほうがよろしいですね。

社主　そうなさるほうが店側も段取りを整えられますから。

田中　白焼きは先に出してくださいと、そこまで言ったほうがいいでしょうか。

社主　そうおっしゃれば時間のかかる白焼きも先にお出しできますから、本来の味をご堪能いただけます。

◆蒲焼き、鰻重、鰻丼は人気料理だけに、正確な知識を得たい。お重の隅に残って

おおはしはじめ：江戸時代から200年を超える老舗の鰻料理店「前川」の第６代社主。法政大学在学中から調理場に入り、代々の味を守る。

しまったご飯はどうすればよいのか。また、秘伝のたれ談議も。

田中　いよいよ蒲焼きです。たれがありますが、これをかけるのですか?

社主　きちんと味をつけてはいますが、それでも薄いとお思いならかけてくださいという、あくまで予備です。お重や丼は下のご飯と鰻にたれを具合よくかけてありますので、そのまま召し上がっていただいて結構です。

田中　蒲焼きは、ご飯にのせても問題はありませんか?

社主　まったく結構です。でも、蒲焼きは蒲焼きだけで食べる想定で味をつけていますから、のせるなら少しだけたれをかけたほうが美味しいです。

田中　前から気になっているのですが、鰻重の松竹梅はどう違うのでしょう。

社主　うちの場合は鰻の目方が違うだけで、グレードは同じです。ご飯の量も同じ。決して質に差はありません。

田中　そうでしたか。さてさて重箱の隅をつつく質問ですが(笑)、食べ進んでいって、ご飯がたれでびしょびしょになって最早、箸で食べにくいときには、お重に口をつけて食べてもいいですか?

社主　それほどでしたら、店の仕事が悪いのですからお残しくださって結構です。ま、鰻屋としてはそこまで召し上がっていただけると嬉しいのですが、口をつけるくらいならお残しいただいたほうがエレガントかもしれませんね。

田中　コースの場合、最後の蒲焼きまで食べきれない女性もいるでしょうね。

社主　ぜひお土産にとおっしゃってください。翌日お家で鰻茶漬けなどにしていただければ。小さく切りまして、一緒につけてあるたれとフライパンで温めても美味しいですよ。

田中　つきものの山椒はどのようなものが適当ですか？
社主　うちは薬研堀《やげんぼり》のものをご用意しています。江戸時代の医者が、その日に使う薬種を薬研で砕いたところからきた名前です。
田中　その香りの強いところをという意味合いが込められている？
社主　はい。少量を手にとってからぱらぱらとふって、足りないようならまたおかけになればよろしいと思います。
田中　こうですか？
社主　まず鰻を召し上がる分だけ切って、その都度ぱらぱらと。はい、それくらいで十分でしょう。
田中　いい香りです。
社主　元来山椒をふる目的は、香りづけのほかに、鰻の泥臭さや独特の匂いを消す意味があったんです。ですから、本当は、山椒をふらなくても旨い鰻であってこそ極上なんです。
田中　なるほど、確かに。山椒以外で香りものはお使いになりますか？　柚子《ゆず》なんてどうですか？
社主　悪くはないですが、うちは山椒以外は考えておりません。でも、先代は和芥子《わがらし》もよいと申しておりましたね。
田中　ほほう。さきほど辛口の白ワインをいただきましたが、お酒はどのようなものが合いますか？
社主　あれは私の好みでございまして。ビールもよろしいと思いますよ。夏場は冷酒も。焼酎の方も増えました。ワインなら、白焼きには白、蒲焼きになったら赤に替えると美味しいです。

田中　鰻重や丼のご飯はどんな米が合うのですか？

社主　たれが適度に染みとおっていくことが大切なので、柔らかすぎるとべちゃべちゃしちゃいます。理想は新米です。

田中　ご飯として食べて美味しいものがよいのですか、それとも、鰻をのせるには旨すぎる米はいけないとかって、ありますか？

社主　ご飯が美味しいから鰻がまずくなるなんてことはないと思います。炊き方は関係するかもしれませんが。

田中　電気釜はだめとか。

社主　うちは今でも竈《かまど》で炊いたご飯です。ガスですが火加減は自分でやりますから、その都度炊け具合が違うんです。今日のはいいとか、ちょっととか、気を揉《も》む点です。

田中　そこが丁寧さなのでしょうね。たれは内緒でしょうけれど、どのような材料をお使いですか？

社主　醤油とみりんだけです。大正年間に先々代がたれを仕込んだときに、なにがあってもこれを骨董品と一緒に守ることと言ったそうです。この旨みには、江戸年間以来、毎日焼いては浸す鰻のエキスが染み込んでいる。

田中　それがお店の味の特徴に。

社主　で、減りますと一子相伝のやり方で常に補充をして同じ味に保ちます。ですから、このたれの壺の中の1滴くらいは江戸時代のたれが残っている。冗談です（笑）、でもそう言うんです。

田中　だから蒲焼きの味も変わらない。

社主　戦前からのお客様から、ここの味は変わらないなあ、前とまったく同じだとおっしゃっていただくと、ほんと、冥利につきますよ。味を変えない、これが大切なんです。

田中　こちらのたれはどちらかというと辛口でございますね。

社主　お酒に合わせることを考えておりますので、並木の藪さんの蕎麦つゆと同じで辛口にしてございます。

田中　わさびはどちら産のものをお使いですか？　長野県でもいいのが採れるんですが。

社主　鰻には甘みのあるタイプが向いているものですから、申し訳ないんですが伊豆半島産です。

田中　では、品種改良をしなくては（笑）。肝焼き、肝吸いについてはどうなんでしょう。

社主　1本の鰻には1つの肝しかありませんから、そうどんどん出せるものではないんです。たくさん召し上がりたいなら、予約の段階でおっしゃっていただくことをお勧めします。

田中　肝に旨いまずいの差は？

社主　大いにあります。あくまでも天然の場合ですが、とくに内臓は肉以上に川の水とか泥臭さとかが染みついています。肝は心臓が動いているくらいで調理しないと食べられません。それくらい新鮮な肝焼きなら、ほろ苦いくらいの繊細な味わいになります。

◆どの時期の、どんな重さの、どんな姿の鰻が美味しいのか。蒲焼きはいつ頃発明されたのか。

社主　鰻は記録によると、縄文土器の時代にはもう食べられていたらしいですよ。骨が残

◇ 山椒は、食べる分だけ切り、その都度ぱらぱらとふる

っていうんですって。

田中　でも、骨はどじょうとかほかの魚である可能性もあるでしょう。

社主　東大の海洋学の先生がきちんと調査して、鰻の骨だったそうです。

田中　ほほう、そうなんですか。

社主　万葉集の大伴家持の歌にも「むなぎ」と残されています。

田中　まさか蒲焼きでは……。

社主　ただむなぎというだけなのでどんな料理か分かりません。蒲焼きの語源はぶつ切りを串刺しにして焼いた姿が蒲の穂に似ていたからと言います。今のスタイルの蒲焼きができたのは江戸の中期から後期にかけてらしいんです。開いてたれをつけて焼く工夫がされたということですね。

田中　それまではどのようにして食べていたのでしょうね。

社主　たぶん筒切りでしょうね。

田中　蒲焼きになって人気が出た。

社主　人気が出た直接の原因は味ではなくてコレラだそうです。ある時期、江戸にコロリ(コレラ)が流行りましてね。火を通したもの以外は食べてはならぬとおふれが出た。

田中　そこで蒲焼きが注目されて……。

社主　はい。蒸して焼きますから、衛生的には非常によろしい。当時はうちも含めて、どの鰻屋も軒並み列をなす状況であったそうです。

田中　こちらはその頃からもう暖簾を構えていらしたのですか、歴史館のようですね。話題を変えまして、鰻が美味しい時期はいつ頃なんですか?

社主　場所にもよりますが、だいたい4月の終わりから5月にかけて出るのが「出鰻」。

冬眠後の巣から出たばかりの初ものです。これはまだまだ脂がのっていません。続いて6月から7月の夏場ものは「さじ鰻」と申しまして、しだいに味がのってきます。

田中　では、今は「さじ鰻」。

社主　はい、そうです。で、9月から11月にかけて川を下ってくる「下り鰻」。これはもう脂がのっております。

田中　では、お勧めはどれですか?

社主　やはり「下り」が絶品ですが、私は7月の鰻もなかなかよいと思いますね。でも、これは天然鰻の話ですよ。養殖には上りも下りもありませんから。

田中　どれくらいのサイズが美味しいのでしょう?

社主　天然ものなら昔は1本100匁《もんめ》と言いました。375gです。養殖ものなら250から300gというところでしょうか。

田中　天然のほうが大きいのですね。

社主　養殖もので375gあると脂がのりすぎていてちょっと食べられません。

田中　どこを見て美味しい鰻かどうかを見分けるのですか?

社主　いい鰻はすらっとしています。人間でいえば八頭身。頭でっかちでごつごつしたのはいけません。

田中　仕事のうえでは何がいちばん難しいのですか?

社主　串打ち3年、焼き一生と申しますね。

田中　裂くのは何年ですか?

社主　裂くのは誰にでもできますから、とくに言いません。

田中　なるほど。魚は生きじめと言いますが、鰻もそうなんですか？

社主　いえ、穴子はしめるんですが、鰻は運び込んだら3日から5日間くらい井戸水に打たせて、生きたままで裂きます。死んだ鰻は身が柔らかくて食べられません。

田中　火はやはり炭ですか？

社主　昔は白備長でしたが、なにせ焼く数が多いですから、今はガスです。

田中　味に支障はないのですか？

社主　はい。以前、同業者が集まりまして、炭とガスグリラーで焼き比べをしてみたんです。そうしたら、目隠しをすると誰も区別できない。

田中　プロでも。

社主　そうなんです。ですから、基本は炭ですが、効率が必要なときにはガスを使っています。

田中　隅田川の流れを拝見しながら興味深いお話に時を忘れました。今度鰻屋さんにうかがう折には、本日のお話を参考にさせていただきます。お忙しいところをありがとうございました。

（２００２年９月号）

牡蠣の美味しい季節
どう食べるのがいちばん賢いか

田中康夫が訊く

小山裕久さん●basara 主人 ☎03・5549・7518

――Rが付く月以外は食べるなとか、合わせるワインはなんと言ってもシャブリ等々、牡蠣の食べ方にはやたらと「定説」が多い。さて、どれも正しいのか？ 生牡蠣にレモンをぎゅっと搾ってという、いつもの食べ方は大丈夫だろうか。

◆牡蠣のシーズン到来。まずは生牡蠣から始めたい。レモンを搾るかワインビネガーをふるか。ここで小山氏の提案があった。

田中　冬は牡蠣の季節ですね。一般に牡蠣はRのつく月に食べろと言われていますが、まずそのあたりからお伺いしましょうか。

主人　田中さんもお気づきでしょうが、R月を言ってるのは、たぶん世界でも日本だけじゃないかと思うんですよ。

田中　その日本だって、夏に岩牡蠣をいただくこともありますしね。

主人　でしょう？ フランスも今はいつ行っても牡蠣を食べられますよ。店先にサヴォワのおっちゃんがいたりしてね。

田中　パリのエカイエ（牡蠣剝《む》き職人）はサヴォワ人なの？

主人　サヴォワってアルプス近くの山間地なんですよ。寒くて厳しい土地で育っているから辛抱強い。だから寒風吹きすさぶ冬のパリの店先でも仕事ができる。

田中　ウーン、聞いてるだけで寒そうだ。それはともかく、今では牡蠣も一年中食べられてるってことですね。

主人　養殖してるからいつでも手に入ります。でも、産卵期の4～5月は毒を持っていますから、避けてください。

田中　そうか、Rのつく月と言っていたのは、養殖以前の話なんですね。

主人　天然ものしかなかった頃は輸送ネットも発達していなかったから、Rのつく月くらいしか街へ安全に届かなかったんでしょうね。例えば、昔は冬場品川で採れた牡蠣でも、赤坂まで届けるには塩をうんときかせないと危なかったと思いますよ。

田中　なるほどね。古代から日本人は牡蠣を食べてたのかしら。

主人　貝塚から出てきますよね。

田中　なるほど。昔の人の味覚にも合ってたんですかね。

主人　逃げないから。

田中　逃げないって？

主人　採取時代は、食べられるものを自分で狩ったり採ったりしたでしょ。この前、東大の先生からお聞きしたんですけど、アマゾンで何を食べてるかというと、まずは逃げないものを食べてるって言うんですよ。

田中　はっはっはっ（笑）。正しい。

主人　弓矢の狩猟で難しいのは、逃げるものなんだって。

田中　そりゃそうだ。

主人　だからぱーっと逃げてしまう、うずらや兎《うさぎ》は食べられない。逆に攻撃してくるものは退治さえすれば手に入る。ピラニアや鰐《わに》は食べられる。

田中　面白い。

主人　鳥は難しいから卵を取ったでしょうね。古代の人の最初の蛋白源は貝と卵だったとか。

田中　牡蠣は逃げませんから。最初は生食だったでしょうが、次にはどんな食べ方をしたのかしら。煮たのかな。

主人　煮るには道具が必要ですから、たき火の脇に埋めて蒸し焼きにしたでしょう。シェルターがついているから汁がこぼれないし、食べるときには殻が鍋代わりにもなる。こんなに便利なものはない。フランス料理もグラタンは殻が器でしょ。

田中　ああ、そうですね。

主人　それに塩分があるから調味も不要。肉も野菜も塩分をきかさないと美味しくならない。

田中　蟹と一緒。

主人　そうそう、そうです。食べやすいんですね。では、どうぞ「酢牡蠣」です。普通、酢牡蠣というと大根おろしとだいだいなんですが、非常に新鮮なので、だいだいの搾り汁をだしでわった二杯酢だけにしました。シャンパンが合います。ご一緒にどうぞ。

田中　ごちそうさまです。まろやかな酸味ですね。家で生牡蠣を食べるときにはどうすればいいでしょう。

主人　よくレモンと言われますが、レモンの酸味は生牡蠣にはちょっと強いんじゃないかと思うんです。だいだいくらいのほうが食べやすいと思います。こういった二杯酢もいいですよ。普段の残りの柑橘類の汁を、だしでわってお使いください。水でわっても大丈夫。

田中　だいだいが手に入らないときは？

主人　オレンジを搾りかけて、適宜塩をふってください。

田中　エシャロットとワインビネガーの組合わせはどうですか？

主人　フランスに、プラトー・ド・フリュイ・ド・メールという生貝の盛り合わせにそれがついてくるんですが、見ているとあれはフランスの人もあまり好んではいないよ

田中　うですよ。
田中　逆に日本ではレモンよりもエシャロット&ワインビネガーのほうが通だと思われがちですね。今シーズンは小山流だいだいとオレンジを覚えておきましょう。

◆小山流儀の牡蠣づくし。あれ、牡蠣フライも出てきた。これはフランスからの逆輸入という。

田中　酢牡蠣に続いて、これは?
主人　「牡蠣まんじゅう」です。
田中　と言うからには何か詰めている?
主人　キャビアを抱かせてるんです。牡蠣って庶民派のイメージでしょ。料理屋の料理らしくするためにキャビアでグレードアップしてやりました。
田中　こういうものが出たときは大仰に喜ばなくてはならないのでしょうね。
主人　こちらとしては、わっとか驚いてくれると嬉しいですね(笑)。それより、何か気がつきません?
田中　ん?　なに?
主人　口の中。
田中　え?
主人　キャビアにとんぶりを混ぜました。
田中　えー?　あ、これ、とんぶりだ。悪戯《いたずら》だなあ。
主人　悪戯やないんですよ。キャビアだけでは塩味が強すぎるので中和したんです。あくまでも味の問題。

◇生牡蠣にレモンは少し強すぎる。二杯酢のバランスを楽しむ酢牡蠣もいい

田中　分かりました。鮎づくしって言うように、牡蠣づくしってありますか？　あまり聞かないんですけど……。
主人　作ればできますけど。
田中　1個が大きいから、いろいろ食べ切れないってことなんですかね。
主人　でも分量を言うなら、生牡蠣は1ダースでも大丈夫でしょう？
田中　そうですね、フランスでは10個も20個も食べてますもの。
主人　パリのある魚専門店にはミッテランさんがよくいらしたらしいんですけど、10ダース召し上がったそうです。
田中　120個も？
主人　でも、そういうときは小さい種類から大きい種類に移っていくので、120個でも大丈夫なんです。
田中　小さいってどれくらい？
主人　大西洋上のユー島で採れるブードゥーズは、身は10円玉くらいなんです。
田中　そういうのもあるなら、120個もさほどヘビーではないですね。
主人　それに牡蠣って見かけはぷっくりしてますけど大方が水分ですから、口に入れて噛むとぺちょーんとしてしまうんです。量は食べられますよ。
田中　では〝づくし〟が見当たらないのは？
主人　たぶん、一般の人は何品も牡蠣料理を食べるよりも、最初に酢牡蠣かなんかでさっぱりして、牡蠣鍋で終わるというパターンがお好きなんじゃないでしょうか。
田中　イメージとして分からなくもないですね。でも、小山さんの牡蠣づくしなら飽きるってことはないでしょう。

こやまひろひさ：徳島市生まれ。「basara」を含め国内外に6つの店舗を経営。平成調理師専門学校の校長も務める日本料理を代表する料理人

主人　淡い味から濃い味へ。お楽しみいただければ。
田中　ありゃ、牡蠣フライが出てまいりました。
主人　パリ「ランブロワジー」（ミシュラン３つ星）の料理長パコーさんが、日本に来たときに牡蠣フライを食べたんですって。美味しいって喜んで、戻ってさっそく作ってメニューにのせたんです。
田中　すると、これはランブロワジースタイルなわけ？
主人　似せました（笑）。日本の牡蠣フライって、牡蠣の水分がパン粉の衣にしみて出てくるでしょう？　パコーさんは水分を出さないために牡蠣をいったん湯に通して表面の水分を抜いてから衣をつけて揚げたんです。だから、ふっくらカリカリするんです。
田中　ぶよぶよしてないですね。向こうでも「牡蠣フライ」くださいって注文するのかしら。
主人　メニュー名は「牡蠣のパン粉焼き」です。評判がいいんですって。彼は日本で一度食べたっきりで自分なりに作っちゃったのだから、天才ですよね。
田中　牡蠣フライってそれまでフランスにはなかったんですか。日本だけ？
主人　だと思いますよ。
田中　そう言えば、牡蠣の天ぷらって聞きませんね？
主人　やってるところもあるかもしれないけれど、見たことないですね。
田中　日本人は天ぷら好きなのに。
主人　天ぷらは衣の小麦粉よりも美味しいものはだめなんです。だから、いかとかきすとか、そんなものを揚げてるでしょう？　牡蠣は美味しすぎる。大根おろしと天だしでは太刀打ちできないでしょう。

田中　そうなんですか。牡蠣は衣より美味しいからだめなんだぁ。
主人　どうぞ。次は「牡蠣うどん」です。牡蠣のおつゆがだしに出て美味しいんです。
田中　旨い！　お店で出してます？
主人　実は私の賄いメニューで。
田中　ははは（笑）、そうなの？
主人　そんなに褒《ほ》めてくださるのなら、今度店でも出しましょか。
田中　ぜひぜひ。今度はワインの質問を。昔から牡蠣にはシャブリと言われてきましたが、小山さんならどんなワインをお勧めくださいますか？
主人　まず甘いタイプは避けますね。牡蠣はヨード分やミネラルが多いですからソーヴィニヨン・ブランなんか合うと思います。ボルドーとか、赤ワインは向かないでしょう。
田中　どちらかと言えばすっきりとしたタイプですか？
主人　クリーンでドライな感じのものですね。サンセールもいいですね。
田中　日本酒ならどうでしょう？
主人　吟醸の冷酒がいいですね。土手鍋にはお燗をしたもののほうが合います。でも土手鍋の場合は味噌に燗酒が合うので、牡蠣自体に合わせるっていうのとはちょっと違いますけど。
田中　ビールはどうですか？
主人　ビールって個性があるようでないので、何にでも合います。
田中　ややっ、うどんでさっぱりと仕上げたかと思ったのに、また料理をお運びいただきました。
主人　さっきのうどんで締めくくりのつもりだったんですけど、お話が続いていることですし。目先を変えまして。「牡蠣グラタン」です。

田中　それは恐縮です。おお、濃厚ですねえ。牡蠣の美味しさを褒め讃える言葉はありますか？

主人　よくクリーミーとか言いますが、日本語で言いたいですよね。「濃密な」ということでしょうか。自然世界の中のものでこれほど濃密なものは珍しいですよね。煮詰めてある美味しさに似ているというか。

田中　なるほど濃密ね。言い得て妙ですね。濃厚ではだめ？

主人　濃厚は違うと思います。ぎゅっと身が詰まった濃密って感じ。

田中　そうか。それは冷水で育つからなのかな。暖かいところでは育たないんですかね。

主人　基本的に海水が冷たいことが条件でしょう。

田中　そう言えば、ヴェネチアで牡蠣って食べたことないなあ。ハリーズバーのメニュー

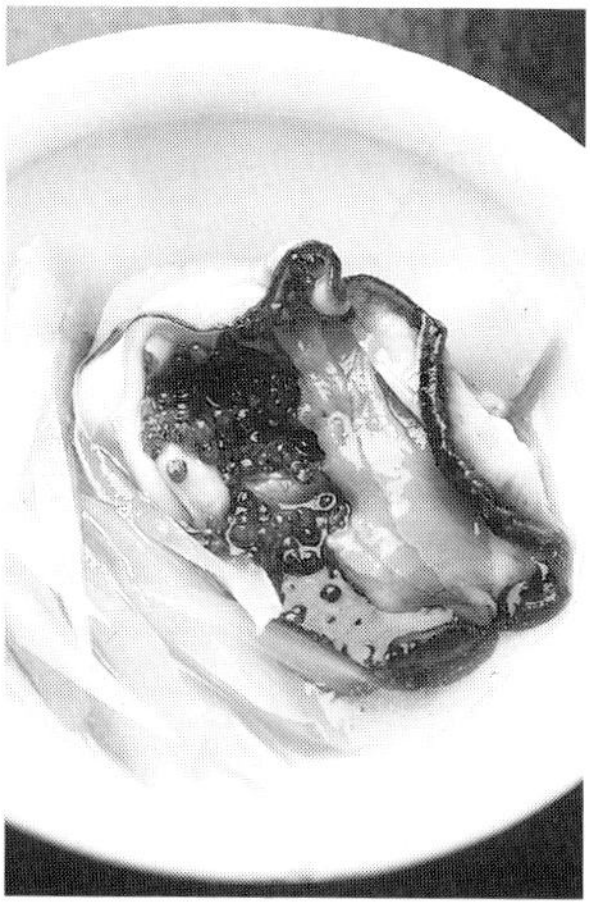

牡蠣まんじゅう。キャビアととんぶり入り

酢牡蠣

小山流牡蠣づくし、日本酒なら吟醸の冷酒がいい

にも見かけないでしょうし。

主人　大阪に簡単な牡蠣料理を食べさせる牡蠣船ってありますでしょ？　川に浮かんでいる例の。ヴェネチアの運河にも牡蠣船があると面白いですよね。

田中　ははは（笑）。そうねえ。ちょっとちょっとお兄さんなんて呼ぶと、すすーっと牡蠣ゴンドラが滑ってくる。

主人　僕、フリットと冷えた白ワイン。連れの女性には何がいいかなあなんて。いいですねえ……。

田中　真面目にいきましょう。牡蠣はそれぞれの冷たい海の中で、独自の味や香りに育っていくんでしょうか。

主人　フランスの牡蠣って、一度疫病で全滅して、その後、広島の牡蠣の種を持っていったんだそうですよ。それがスペシャルという種です。クレール種はポルトガルやスペインから。

田中　てことは、パリの牡蠣には元をたどれば日本産もある、と。

主人　でも、2、3年すれば環境に馴染《なじ》んでフランスの牡蠣になっていきますから。ワインのぶどうも、フランスがフィロキセラの害虫にやられたときにチリから苗を持ってきたという話があるじゃないですか。似てますよね。

田中　さてさて、殻つき牡蠣の正しい置き方を教えてください。

主人　日本ではとくに言いませんが、フランスでは蝶番《ちょうつがい》を左に置きます。殻には深いほうと浅いほうがありますから、深いほうを下に。ブロンの牡蠣だけは蝶番を手前に置きます。あの殻の丸いタイプです。

田中　外から見て、美味しい牡蠣とそうでない牡蠣の見分け方はありますか？

主人　これぱかりは開けてみないと分かりません。下の殻の深みが大きいほど身はほっこりしています。

主人　大きい粒と小さい粒とではどちらが美味しいですか？

田中　違いはないと思いますよ。むしろ、流通や店での扱いがどれだけきちんとしているかで決まるんじゃないでしょうか。

田中　そうか、牡蠣そのものの味は大小どれも同じってことですね。

◆自宅に客を招いて牡蠣鍋でもてなすとする。自慢できる仕立て方は？

田中　土手鍋は有名ですが、あれは関西のものですか？

主人　本来は広島の郷土料理ですが、今は大阪でもやってますね。

田中　どういうふうに作るんですか？

主人　簡単ですよ。鍋の内側の縁に味噌を土手のように塗って、野菜と牡蠣を入れて煮るんですけど。注意事項は、牡蠣は野菜が煮えてから食べる直前に入れること。極めて火の入り方が速いですから。煮すぎると牡蠣からジュースが出てゴム状態になってしまいます。

田中　味噌の指定はありますか？

主人　家で使っているので結構です。

田中　牡蠣鍋を自宅で作るなら？

主人　野菜を五目に切ってだしで煮る。味をつけて葛《くず》でとろみをつける。牡蠣を入れるのはそれからです。だしにとろみがあると、牡蠣を入れたときに牡蠣のジュースが流れ出ないんです。

田中　野菜は何を入れましょう？
主人　種類を少なくしたほうが男らしくていいでしょう。ざく切りねぎとせりくらいでどうでしょう。豆腐を入れるのはやめてください。
田中　えっ、豆腐はだめなの？
主人　にがりが出ますから、だしがまずくなります。
田中　鍋物一般にそうなんですか？
主人　少なくとも私は入れません。すき焼きに入れると肉が硬くなります。で、あがりにもみ海苔をふります。
田中　もみ海苔とは粋です。
主人　なんで海苔かと言いますとね。
田中　理由があるんですか？
主人　海苔も牡蠣も磯で採れる。取り合わせても違和感がないんです。
田中　へえー。昆布はどうですか？
主人　あれは深海で揺れてますから。
田中　わかめ。
主人　あれも海の中です。
田中　では、牡蠣鍋のだしが昆布ではいけませんね？
主人　この場合は味覚面からの理由なんですけど、昆布と牡蠣は互いにミネラル分があるので喧嘩しそうです。牡蠣は動物性の旨み、濃厚な旨みに合いますから、かつおだしはＯＫです。
田中　そうか。だから牡蠣フライにマヨネーズのタルタルをつける。

主人　そうですね。味噌に合うのも発酵食品の濃厚な旨みに合うからです。
田中　次に進みます。人を招いたときには鍋だけじゃ格好がつかないでしょ？　そういうときに何か作って出したいんです。一品教えてくださいませ。
主人　銀杏揚げなど、どうですか？
田中　それだけでは自慢できません。
主人　ではおから。
田中　鍋よりも手がかかります。
主人　注文の多い質問ですねえ（笑）。では塩ぶりを。刺身用のぶりを１㎝角に切りましてね、ちょっと強めに塩をして30分おく。お客様がみえてから酒をふって蒸し器で1分。熱々にねぎでもふったら美味しいですよ。牡蠣にも負けない。
田中　伝授賜りました。そうそう、小山さんはあらゆる牡蠣料理体験をなさっていると思いますが、とくに食べたい牡蠣料理ってなんですか？
主人　僕ね、牡蠣のポタージュって、出合ったことがないんですけど、きっと美味しいやろと思うんですよ。裏漉ししたのを混ぜて濃厚に仕立てたのって、美味しそうやないですか。牡蠣チャウダーと言えばいいのかなあ。
田中　小山さんでさえもまだ召し上がってない牡蠣料理もある。牡蠣は奥が深いですねえ。季節柄、牡蠣を見る機会が多いのですが、知識が増えた分、食卓の楽しみも増えました。今日はありがとうございました。

（２００２年3月号）

牡蠣鍋のだしは昆布ではなくかつおが合う

食べ始めは何か、季節感はどこにある
京都で知る弁当の正統

田中康夫が訊く

川村岩松さん●祇園　菱岩　主人　☎075・561・0413

――レストランや料理屋で食べるのと違って弁当の場合、さほどルールや心得に縛られずにすむ。しかし、あらためて美しく詰められた料理の小宇宙を目の前にしたとき、これをきちんと食べ進めるのもまた、大人の嗜《たしな》みと痛感させられるのではないだろうか。

田中　菱岩の折り詰弁当は京都一として知られます。そして、お茶屋さんに仕出しされるお弁当も、もはや祇園の定石と申し上げても過言ではない。

主人　昔からのお客様に喜んでいただいて私の代までできました。

田中　私もそのファンの一人です。直接、受け取りに伺って、凛《りん》とした厨房の空気を感じるのも一興ですね。さて、本日は幾種類かのお弁当をご用意いただきました。

主人　仕出しの「半月」と「松花堂」、お持ち帰り用の折り詰3種類をご用意させていただきました。全部召し上がっていただいてもよろしいんですけど（笑）、いくら田中さんが食いしん坊でも……。

田中　目下、減量中で10キロほど落としたものですから（笑）。とはいえ、美味しいものはその制限にあらずですので。この箱を真四角に区切ったのが松花堂弁当ですね。

主人　はい。もう、どのお店でも出されているものですね。

田中　でも、菱岩の松花堂は別格です。さてさて、今日ご用意いただいた松花堂には、おつゆのお椀とお刺身が別につきますね。半月にはお椀だけです。これは値段による

◆仕出し弁当は、箱に収められたミニ懐石と心得よう。さて、どこから箸をつけるのが正解か？　どのように箸を使うときれいな食べ方と褒められるか。どうぞお好きなものから、と言われても……。弁当をもっとも美味しく食べる方法とは。

差ですか。

主人　そうです。

田中　今日は、松花堂を頂戴いたしましょう。どこから箸をつけるべき、という作法はあるのですか？

主人　お弁当のことですから、お好きでよろしいんですよ。

田中　そうおっしゃられても（笑）。お料理もよい意味で盛り沢山ですね。

主人　はい、松花堂弁当はもともとミニ懐石のようなものなんです。

田中　なるほど。箱の中の懐石コースですか。では、まず、お刺身からいただきます。仕出しとはいえ、わさびもおろしたての色合いで、祇園町の中ならではの贅沢ですね。

主人　どうぞ。

田中　お料理をいちばん美味しくいただくには、どういう順序がお勧めですか？

主人　食べ方はその人の世界ですから、うるさいことは申しません。でも、私なら刺身がつく場合は、刺身から食べるでしょうか。

田中　料理屋さんでの進め方と一緒ですね。

主人　刺身、おつゆといって、私どもの場合、酢の物をおつけしていますから、それをまた突き出し代わりにいかがでしょう。

田中　お酒も進みそうです。

主人　そのあと、取り肴へと進めましょう。

田中　取り肴と申しますと、酒の肴のようなことでございますか？

主人　いえいえ、おかず全般を指す言葉です。だし巻きのある一角がそうですね。この中からいろいろつまんで楽しんでください。

田中　お酒がつくこともあるのでしょうか。

主人　いえ、うちはあくまでも仕出し屋ですから、立て替えておつけすることはできますが、お酒は売れませんのです。

田中　そうですね、失礼しました。

主人　で、だし巻き、鴨ロース、松風などを楽しんでいただいて、あと、ご飯と焚き合わせでお腹を満たしていただければと思っております。

田中　なるほど、そう言われれば、肴類と焚き合わせとは区分けが別です。酢の物と和え物も仕切りが別です。そうか、お弁当の仕切りは単なる調理別の区切りではない、目的別であったのですね。

主人　松花堂なら、左上が取り肴、右上が酢の物や和え物などですね。右下にきて焚き合わせ、左下がご飯と漬け物。それが基本の形です。左上から始めて右上の酢の物にいきます。先ほども申しましたように、私どもの場合これは突き出しのイメージです。あとは焚き合わせ、ご飯へと進めていただけばフルコースです。

田中　とすると、菱岩が発祥である半月の場合、右の半円が取り肴、手前が焚き合わせ、左上がご飯。右の上半分をいただいたら焚き合わせにいって、ご飯で仕上げる、と。

主人　そうですね。半月でお分かりになるように、取り肴、焚き合わせ、ご飯、これが菱岩の3原則となります。

田中　当然のことかも知れませんが、どれも一口でいただける寸法となっていますね。

主人　お弁当は女性が食べやすい大きさに、ということを心がけているものですから。

田中　小さくても味が深い……。ところで、菱岩の海老はいつもきちんと殻をむいてくださっていますが、一般的には、殻付きの海老が入っている場合が大半です。この場

焚き合わせゾーンに刺身を入れた半月弁当

合、手を使って殻をむいてもよろしいのでしょうか。

主人　ふーむ、それは……、食べにくいのでは困りますね。

田中　と言うことは手を使ってもいいという……。

主人　殻をがりがり嚙み砕くわけにはいきませんでしょうから。

田中　こうした点にも、菱岩の気遣いが表われていますね。先ほど大まかに食べる順を教えていただきましたが、細部にいたりますと、どの順に？　とお尋ねしながらすでに私、勝手にぱくぱくいただいておりますが。

主人　いいえ、もう、ここからは本当にお好きに。でも、田中さんはお上手です。

田中　えっ、何が上手でしょうか。

主人　召し上がり方がです。

田中　照れますね。

主人　きれいに召し上がっていらっしゃる。

田中　そうでしょうか。

主人　自分の作ったものをどう召し上がっていただけるかは、気になるものですから、つい目がいって。失礼しました。

田中　いいえ、ありがとうございます。そうそう、この松花堂は昔からあるお弁当と思っていたのですが、実は戦後生まれなんですね。

主人　そうなんです。先年お亡くなりになった「吉兆」初代のご主人、湯木貞一さんが考案なさったものです。私どもの半月のお弁当も広まったのは戦後なんです。

田中　えっ、半月もですか？　半月こそクラシカルに見えるのに。

主人　半月自体は、ひょっとすると昔からあったものかもしれないんですが、広めたのは

かわむらいわまつ：天保元年から続く祇園の老舗仕出し屋「菱岩」第５代目主人。18歳で料理の見識を広めるため修業に出、７年後に京都に戻り、以来「菱岩」の厨房に立つ

田中　うちの3代目なんです。私の祖父にあたります。
主人　ほほう、するとこうした仕出し弁当のスタイルは割合に新しいものなんですね。でも、菱岩自体はずいぶん昔からのお仕事でございましょ。
田中　天保元年の創業で、私で5代目でございます。
主人　恐れ入りました。京都の歴史を感じさせます。

◆帰りの新幹線で食べる、家族の土産にする、知り合いのお遣い物にする。京都の折り詰弁当は考え次第でいろいろな用途がある。

主人　折り詰もいただき方はお重と同じですか？
田中　折り詰について考えているのは、女性があれこれと迷いながら美味しく食べていただけるものを、ということです。
主人　なるほど。こちらも美味しそうですが、残念ながらもう満腹です。拝見するだけにしましょう。おっと、ずっしりとした手応え。嬉しいですねえ。
田中　あっ、折はご飯を向こうにして縦に持ってください。
主人　縦ですか？
田中　女性のお客様を考えてのことです。横長では女の方の手では左右が重くて落としそうでしょう？　で、うちの弁当は縦に持ってもらおうと、私の代からこうしました。
主人　なるほど。たしかに縦のほうが持ちやすい。この折は杉ですか？
田中　そうです。
主人　よく見かける折よりも、少々深いように見えますが。
田中　これは3代目の祖父の考えから出たことなんですが、蓋をしたときにおかずがつぶれるといかんと言いましてね。深さ6㎝くらいの特注なんです。

田中　どうりで。私がいつもいただく二段のお弁当は、ずいぶん量がありますね。

主人　こちらは量的にはお2人分くらいあるかもしれません。

田中　しかも豪華で華やかな料理としてもいただけます。

主人　お土産やお遣い物にしていただいて、おうちで召し上がるケースも考慮しております。

田中　あ、なるほど。お弁当とはいってもお洒落な使い方ですね。こちらの小さい折は1人分ですか。

主人　これがうちのいちばん新しいお弁当です。昔は分量が多いのがよしとされてきましたが、量を少なめにとおっしゃるお客様も増えました。おかずも最少の種類でご満足いただけますように揃えております。

田中　でも、その中にいろいろと入っていますよ。だし巻き、車海老、鶏の松風……。この焼き物はサーモン。

主人　そうです。鴨ロース、穴子の八幡巻、筍、白魚、そら豆、きぬさや。あ、これはつくしをあしらった和え物です。

田中　この笹で包んであるのは？

主人　鯛鮨です。そして、ご飯と奈良漬。

田中　しかも、二段の場合、おかずはそれぞれ2個ずつくらい入っています。充実です。

主人　先だってお客様がおっしゃいますには、「私は、二段のお弁当を列車の中でおかずを一通り1つずつ食べて、残りをまたあとでいただくんですよ」って。傷む前に食べていただきたいなあとは思いつつも、はあ、そんなふうにお楽しみいただくことがあるのかと、勉強にもなりました。

田中　一度に食べてしまうのはもったいないとお思いになったのでしょうね。お気持ち、分かります。折り詰ならではのきれいな食べ方はありますか。

主人　まず、穴をあけないことです。あれこれつまむのはまったく結構なのですが、ポコポコと穴があくとほかのおかずが倒れて見た目が汚ならしくなります。召し上がった分を少しずつ箸で寄せて詰めていけば、いつもきれいに見えます。

田中　うーむ、敬虔なる読者の方は、連れの女性にさり気なく教えてあげなくてはいけません（笑）。

◆京都の弁当は季節によって姿をガラリと変えていくのかと思いきや、案に相違して、「相も変わらず」が値打ち。だからこそ、どこの店の弁当かがよく分かる。菱岩の弁当の基本は、ご飯とだし巻きであるという。

田中　お料理の内容はどれくらいのクールで変わるのですか？

主人　とおっしゃいますと？

田中　季節感などもございますでしょうし。月ごとに変化をつけるのですか？

主人　基本のスタイルは変えません。

田中　えっ、そんなぁ。また、なんでですか？

主人　京都の弁当は「相も変わらず」。いつものものが並んでいるということです。

田中　そうおっしゃられますが、私が思うに、微妙に変わってません？

主人　もちろん細かな品は変わりますが、スタイルは変わりません。季節で品を変えたことを強調しすぎない。さり気なく、それが料理人の力の見せどころです。

田中　そうか、そうか。では、どういうところに変化を？

穴をあけないのがきれいな食べ方、少しずつ箸で寄せて詰めていく

主人　明らかに季節のものですね。野菜なら筍とか菜の花とか。焼き魚にも季節が出ます。春はサーモン、夏秋はすずきの塩焼きや鱧焼き、秋冬になったらまながつおや鰆の味噌漬けといったところです。
田中　しかし、一変したようには見せないと。
主人　そうですね。ひっそりと。
田中　あしらいも季節によって違いますしね。
主人　春は桜、夏は笹、秋なら紅葉というふうになります。
田中　我々からすると、ずいぶん変化があるようですが。
主人　田中さんは、仕出しも折りも、よう召し上がっていただいていますからお気づきと思いますが、いつも入っているおかずがありますでしょ。
田中　だし巻きも鴨ロースもファンです。
主人　そうそう、それがうちの弁当の顔なんです。「菱岩さんはいっつもあの大きなだし巻きやなあ」と思ってもらうことが大切。京都はほかのことでも、なんでもそうです。「相も変わらず」。それが値打ちですわ。
田中　そういえば味も変わりませんね。ちょっと濃いめの味。
主人　すべてが濃い味つけではないんですが、召し上がっていただくまでの時間がございますから、基本は美味しい味つけです。強弱ですね。で、口直しに、白いご飯とだし巻きをつけました。
田中　えっ、ご飯とだし巻きは口直しですか。
主人　はい、たくさんのおかずの味が口の中で混じらないように。
田中　深いですねぇ。

「相も変わらず」が値打ち。菱岩の基本はご飯とだし巻きにあり

主人　ですから、かえって、白いご飯とだし巻きの味がはっきりと皆さんに分かるんです。
田中　だからこそ、だし巻きを名物になさると。
主人　いまどきだし巻きなんてたいしたものではないんです。けど、昔は卵はたいそうな贅沢品で。その頃から愛されてきました。
田中　しっかりしているけれどふんわりしていて、だしがじゅわっと口の中に広がります。
主人　それに、菱岩の弁当では奈良漬もポイントです。
田中　奈良漬？
主人　奈良漬は、いろんなおかずの匂いを中和させる働きがありましてね。しかも、奈良漬自体の匂いは強くないので、おかずに影響が少なくて口直しにも最適。
田中　奈良漬もお作りになっているのですか？
主人　さすがに奈良漬は作っていません（笑）。
田中　菱岩のお弁当はご飯とだし巻きに基本あり、ということですね。

◆お弁当を美味しく見せるテクニックは？　注文するときにリクエストはできるか？　仕出しの器を戻すときの注意点は？

田中　ところで、本日のお弁当は本当に美しくて。味本位とはいえ、見た目も大切ですね。
主人　色合いよく。これは簡単なことなんです。赤、青、黄の信号色に、黒と白を足してやればよろしい。黒は醤油の色です。
田中　詰め方も重要でしょう。
主人　折り詰の場合、奥のご飯から手前まで波打った感じで、ちょうど山あり谷ありの間を川が流れているように詰めよ、と言われたものです。手前が高いのがいちばんいけません。

田中　それでは、食べるのも難しそうです。

主人　ぺったりでは美味しそうに見えません。それと、焚き合わせは1カ所にまとめることです。

田中　なるほど。このご飯が、また、替えがたい美味しさで。何か秘密がありますね？

主人　ははは（笑）。食べやすさを考えて、分からない程度に塩を加えているくらいのことです。

田中　俵形にしたにはいかなる意図がございましょう。

主人　ご飯形はモチーフをかたどった物相《もっそう》や俵形が2大型ですが、とくに女性の方には俵形が食べやすいと思います。炊きたてを型で抜きます。

田中　抜くコツはありますか？

主人　空気を入れて、形よく。お鮨のにぎりと同じでしてね、口に入れるとほわっとほぐれるような感じで。

田中　なるほど。

主人　米は同じ産地のものでも、炊き上がりが季節で微妙に変化します。おかずも難しいですけど、弁当のなかでは、実は白いご飯がいちばん難しいと思います。でも、ご飯は女房の仕事でして。

田中　奥様は大変です。

主人　これだけは女性の力がちょうどいいんです。それでも気温や湿度によってかなり仕上がりに差が出てしまうので、毎日やっていても一人前になるのに何年もかかります。

田中　女性ならではの仕事なんですね。

主人　私の母の代もそうでしたから。

田中　ところで、予約をする際、ある程度のリクエストはきいていただけますか？

主人　基本的におうかがいするのは、ご祝儀か不祝儀かといったことです。魚はこうしてくれとか、煮物にこれを入れてくれといった細かいご注文はお受けできないこともございます。

田中　仕出しのお重やお椀は、きれいに洗って返すものなのですか？

主人　いえ、ざっと水で流しておいてくだされればそれで結構です。

田中　それは失礼では。

主人　いえいえ、逆に金だわしやナイロンたわしでゴシゴシ洗われると傷がついてしまって、もう、使いものになりません。この漆の器は、仕入れてから店で3年寝かせて、枯らしてからやっと使い始めるものなんです。

田中　了解しました。読者の皆さんも、よおく覚えておきましょう。

主人　まあ、祝儀、不祝儀で仕出しする場合など、ご自身で洗われることも少ないとは思いますが（笑）。

田中　お弁当といえば、これまでは中に何が入っているかが関心事でしたが、よい意味で「相も変わらず」にその店のスタイルがある。これも京都ですね。加えて、仕出しにしても折り詰にしても、隠された決まりがあることを知って勉強になりました。どうもありがとうございました。

（2003年5月号）

◇仕出しのお重やお椀は ざっと水で流しておくだけでよい

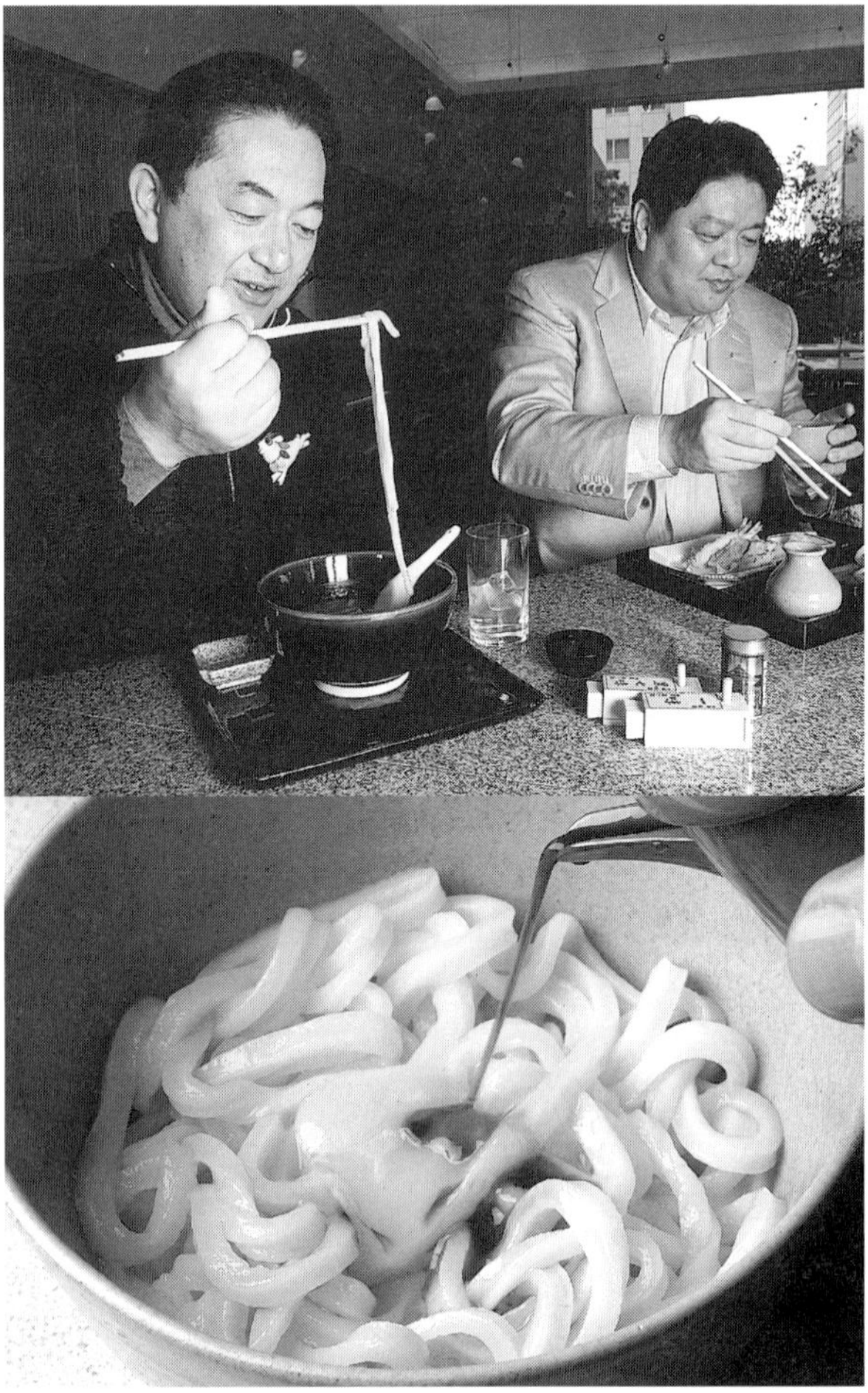

麺のコシは、具は何が合うのか讃岐うどんの正統を知りたい

田中康夫が訊く

小山裕久さん●虎ノ門・青柳 主人 協力／三田・小石川 ☎03・5442・3917

――気軽で安くて、なにより旨い。と、ここのところすっかり讃岐うどんがブームになっている。一郷土料理がここまで愛されるのはなぜか。日本料理の名人・小山裕久氏も注目していると聞いて、さっそく「小石川」へ出かけてみた。

田中　ここのところの経済情勢とも相まってか、うどんがブームです。そこに小山さんがうどん屋を始められたと聞き、さっそくうかがいました。

主人　いえ、当店では私は技術提供で、オーナーは石川隆治郎さんという昔からの知り合いなんです。企画段階で、「小山さん、うちの機械（石川式攪拌擂潰機）でうどんを作ってくれないか。箱は作るから」と頼まれまして。

田中　頭脳貸与ビジネス。美味しいですなぁ（笑）。でも、小山さんとうどんって違和感ないですね。

主人　蕎麦は奥のほうに精神修養の文字が見えるようで腰が引けません？　うどんはなんや楽しそうじゃないですか。蕎麦屋は暗いがうどん屋は明るい。こんなこと言ったら叱られますかね（笑）。

田中　僕だと非難されるでしょうが、貴方だと人徳で許される（笑）。とまれ、名人の蕎麦は緊張をはらみますからね。一日一客のうどん屋なんて噂も聞いたことがないですし。

◆蕎麦屋の作法は心得ていても、うどん屋ではと訊かれるとお手上げだ。最近は酒と料理から始めて落ち着ける店もある。まずは恥をかかないための入門編から。

主人　緊張が好きな人は蕎麦が向いてるんですよ（笑）。反対に、うどんって軟らかくて、ほかほかしてて、鼻歌歌っても叱られないというか。

田中　生真面目な長野県人の想像を超えている（笑）。よい意味でアバウト。で、ついつい、そこにつけ込まれてしまったとか……。

主人　うどん屋につい手を貸してしまいました。麺類でかしこまるのって苦手ですから、うどん向きなんです。

田中　ただでさえ縮み思考の世の中で息苦しいのに、食事の際まで緊張するは少し勘弁。そこらへんが、今のうどんブームのベースなんでしょうか。

主人　ははは（笑）。同じ麺なのにこの違い。

田中　ところで、蕎麦は「喉越しと香り」と言いますね。うどんはどう表現すればよいでしょう。

主人　そうねえ、「口の中の旨さ」でしょうか。

田中　言いえて妙、想像がつきます。では、いただきましょうか。だしのいい香りも漂ってきましたし。

主人　そうそう、食べ物はまずは口に入れてから。どういうふうに召し上がりたいですか？

田中　うどんって困りますね。蕎麦なら、まず燗酒で海苔や卵焼きをつまんで、盛りかせいろ、ときには種物もというところですが。うどんの作法ってあるのかしら。

主人　それがないところがいいんですよ。何してもOKですよ。とりあえずお酒は何にしましょう。

田中　メニューを拝見。日本酒、焼酎、ビールに、ワイン、ウィスキー。ありゃりゃ、シャンパーニュまでもありますよ。

主人　シャンパーニュで何かつまんでうどんって、いいと思いません？

田中　実に小山さんらしい。こちらがつまみですか。鴨ロース煮、鯨《くじら》のはりはり煮、牡蠣

主人　ふらい、穴子一本揚げ、茶碗蒸し……。
田中　そちらは料理です。からすみのようなつまみもありますが、当店の意図は、お酒と料理で腹を落ち着かせていただいて、仕上げにうどんを1杯。
主人　うーん、それは魅力的です。ちなみに料理はどれくらいの品数をとればよろしいでしょう？
田中　おなかの具合でいかようにも。当店は、料理3品、5品、7品とうどんの組合わせコースを作りました。
主人　奇数が格好いいですか？
田中　ははは（笑）、偶数でも美味しければ。
主人　料理のあとは、うどんの場合も冷たいのから熱いのに移るのが王道なのかしら。
田中　うどんは1杯で満腹になりますから、どちらかでしょう。
主人　なるほど、その点が蕎麦とは違いますね。さて、料理がどれも美味しそうです。どんどん食べてしまって、うどんに至れないケースもあるのでは？
田中　そうなんです。料理だけで、もう腹いっぱいですってお帰りになる方もいらっしゃいますね。それでもいいんです。うどん屋ですから気楽に気楽に。
主人　本日は肝心のうどんをいただきたいので、どういたしましょう？
田中　では、初めは軽く、「胡麻どうふ」と、「胡瓜ぬかづけ」。それと……、「飯山《はんざん》サラダ」でどうでしょう。お酒はお寒いところをお出かけいただきましたことですし、お燗にしましょうか。
主人　結構です。その「飯山サラダ」とはどのようなものでしょう。
田中　讃岐うどんの聖地なので敬意を表して。飯山――おむすびの形をした地元の山の名

蕎麦が「喉越しと香り」なら
うどんは「口の中の旨さ」

称なんです。ここは素うどんに各種のトッピングをチョイスして食べるのが名物。で、そのトッピングだけを集めてサラダにしました。つまり、どれを召し上がっていただいてもうどんに合います（笑）。大根、油揚げ、刻みちくわ、きくらげ、もやし、それにポン酢がかかっています。

田中　はずれがない。面白いですね。

主人　うどんは……、そうですねえ、何を召し上がっていただこう。「海老天ざる」「釜たま」「麻々」をお試しいただきましょうか。

田中　天ざる、釜たまはともかく、麻々はどのようなものがお出ましになるのやら。解説をお願いします。

主人　あ、これはですね、すぐには分からないようにネーミングしてあるんです（笑）。

田中　わざわざ？

主人　お客さんがメニューを見たときに、これ、なんだろうって考えるでしょ。素直な人は店の人間に、これ、何ですかって訊きますね。それって愉快なことだと思うんです。

田中　うどん屋ならではの掛け合いですか。

主人　そうそう。それが分かっていただけたら、うちの店は楽しいですよ。

田中　段取りを踏ませる（笑）。

主人　ええ（笑）。実は、麻々は四川省のあの辛い芝麻醤《チーマージャン》と胡麻の麻の意味です。辛めの胡麻だれをかけた温かいうどん。お勧めですよ。釜たまは讃岐ならではの定番です。釜揚げの卵かけ、卵かけご飯のうどん版です。あ、釜たまが先にきましたね。

田中　ほほう。美味しそうです。

主人　のせた卵の黄身をうどんにからませてください。

田中　こうですか？

主人　醤油をちょっと落とすといいですよ。

田中　おっしゃるとおりに。ああ、いいですね。口にふんわりといかにもうどんの旨さというか……。

主人　ね、口の中で美味しいでしょう？

田中　うどんらしさがよく分かります。さすがは天才・小山。なあんて思わずおべんちゃらしちゃいましたが、嘘偽りなき感想ですからご安心を。冗談はさておき（笑）、初めての店で腕を知ろうとすれば、これはいいですね。

主人　本心はどっちやら（笑）。釜たまは讃岐のスタイルなので、それ以外で店の味を知りたければ素うどんでしょうが。

田中　心得ました。

飯山サラダ

胡麻どうふ

花豆

鯨のはりはり煮

主人　この海老天もただの海老天ではないんです。
田中　今まさにいただこうとするところですが、どういうことでしょう。
主人　海老は一口で食べられるくらいのサイズです。
田中　あ、そうですね。
主人　通常の天ぷらうどんの海老のように衣に花を咲かせて厚着にしない。うどんのお供といえども海老は海老として食べてほしい。だから、5本くらいついています。
田中　小山流のプロフェッショナルなホスピタリティ精神です。
主人　あのね、もうひとついいことをお教えしましょう。
田中　ぜひとも。
主人　うどんもね、蕎麦のように嚙まないで飲み込む。いいおうどんだと、これがけっこう旨い。クセになりますよ。
田中　嚙まない？　それは……、無理でしょう。
主人　大丈夫です。一気に喉に滑り込ませれば。試してみませんか？
田中　怖さ半分ですが……。
主人　そうそう、初心者は長いと喉に詰まりますから短めに切って。
田中　2本くらいつまめばいいですか？
主人　最初は1本でいいですよ。はい、つるり。
田中　うどんが太いから難しいですが、でも、いけますね。
主人　練習次第ですね。
田中　でも、なぜ、飲み込むなんてことを発見したのですか？
主人　うちの総料理長の近石君が飯山の出身で、「大将、飲むと旨いですよ」と教えてく

こやまひろひさ：徳島市生まれ。「basara」を含め国内外に6つの店舗を経営。平成調理師専門学校の校長も務める日本料理を代表する料理人

田中　れて。で、真似したら、これが案外旨いんですよ。うどんも喉越しかも、と。

主人　でも、讃岐タイプの太いのは痛そうです。

田中　エッジが立って硬いのはやめておいたほうがいいですよ。だからうどんは表面が少し軟らかいほうがいい。

主人　なるほど、そうでしたか。漫談をしながら、気がついたら勉強になる。やはり、天才ですね。

田中　おなかの具合はどうですか？　もう少し料理をいけますね。「牡蠣ふらい」「鯨のはりはり煮」を追加しましょう。「卵焼き」も評判いいですよ。

主人　それほどにはいただけません。卵焼きは次回に譲ります。

田中　そうですね、うどん食べられないといけませんしね。

◆うどんの長さは何cm？　その理由は？　うどんはそうめんの兄貴分。なぜ稲荷寿司がついてくるのか？　訊くに訊けないうどん情報を。

田中　ところで、うどんっていつ頃から食べられていたのかしら。

主人　奈良時代らしいですよ。もともとは中国渡来のお菓子だったそうですが、そのうちに麺に変化した。

田中　お菓子が日本化して麺になったのですか。激変ですね。

主人　うどん、きしめん、ひやむぎ、そうめんは、ゲージの違いってご存じですか？

田中　ということは、先祖は同根ということ？

主人　そうなんです。きしめんはうどんを平打ちにしたもの。直径1.2㎜以上1.7㎜未満に切ったものはひやむぎ、そうめんはそれ以下。ＪＡＳ規格で決められています（笑）。

◇うどん、きしめん、ひやむぎ、そうめんは同じもの。直径の違いで分かれる

田中　あらあら、まったく別ものと思っていました。
主人　これ、雑学披露にいいでしょう？
田中　覚えておきましょう。うどんの長さは1本何cmくらいですか？
主人　うちのは約30cmです。
田中　それには何か基準があってのことなのですか？
主人　のばしやすく、たたみやすいサイズに落ち着いたのを切ると、だいたい30cmになるんです。
田中　なるほど、作業上の都合ですか。からませないで箸で取るコツはありますか？
主人　蕎麦の要領です。ぐるぐる混ぜないで上から順に箸で取ると、きれいに取れます。
田中　でも、ときおり糸がこんがらがったようになることがあります。
主人　それは盛り方が悪いのです。田中さんのせいではありません。
田中　ありゃ、そうなんですか。私が未熟なのかと心配でした。薬味は何が適当ですか？
主人　一般には一味、七味ですね。
田中　使い分けはありますか？
主人　お好みです。
田中　うどんと稲荷寿司は定番の組合わせですか？
主人　讃岐ではよく見かけますね。炊き込みご飯とかね。稲荷は、きつねうどんの残りの油揚げの使い道です。炊き込みも似たような理由じゃないですか？
田中　そうだったのですか。
主人　むろん、おなかを満たすためってこともあるでしょうけどね。

◇ うどんの旨さは麺の塩分含有量とつゆの濃さのバランスで決まる

◆蕎麦に押されて目立たないが、うどん自慢は全国各地にあるという。なかでも目下ブレイク中の讃岐のうどん。本物は、太くて硬いばかりでなく、コシがありながら軟らかい。小山氏もこの旨さに目をつけた。

田中　うどんの旨いまずいは、どこで決まるのでしょうか？

主人　うどんの旨さは、麵の塩分含有量とつゆの濃さのバランスなんです。

田中　ということは？

主人　うどんの塩味は茹でると溶け出すので、つゆにその塩分が加わったバランスで出来上がりの味が決まるということです。

田中　なるほど。

主人　あとはトッピングのレベルですね。

田中　ところで、こちらのうどんは小山オリジナルでございますか？

主人　もちろんです。モデルは讃岐うどんですが。

田中　小山さんは徳島のご出身ですよね。お隣のうどんに倣ったのは？

主人　日本全国のうどんを食べてみて、讃岐のがいちばんだったたから。

田中　全国って、そんなにうどんの名産地がありますか？

主人　自薦、他薦のメッカがあちこちにあるんです。

田中　そういえば、大阪、京都のうどんも美味しいですしね。

主人　有名どころでは、讃岐をはじめとして、大阪、京都、群馬、福島などがありますよね。けど、それぞれに特徴があって、大阪の「うろん」やないとあかんという人たちもいらっしゃる。

田中　各地の特徴はといいますと？

釜揚げと並んで讃岐の味の代表、ぶっかけうどん。油揚げや刻みちくわなどをトッピングして食べる

主人　大阪は軟らかい、京都のうどんは讃岐の半分くらいの細さではんなり。
田中　京はうどんもはんなり。
主人　逆に讃岐はご存じのように太めでコシがありますね。割箸の太さくらいあります。
田中　秋田の稲庭のような乾麺もありますね。
主人　そうです。乾麺も人気がありますから。ね、たったこの1分間で、あそこのここのと話が出ますでしょ。だから、実際に自分たちで食べて検証しなければならないと決心しまして。出かけたり、取り寄せたり。ほんとにうどんばっかり食べて、結局讃岐タイプに落ち着いたんです。
田中　讃岐のどこが小山さんのお眼鏡にかなったのかしら。讃岐うどんって、ものによると硬すぎるでしょう?
主人　硬いものは熟成時間が短いものです。それを包丁で切ると角がシャープになるんです。あれ、喉切るような気しません?　きちんと寝かして作ったものは、しっかりコシがありながら表面はトロッとしてますよ。今召し上がったのも、そういう口当たりだったでしょ。
田中　ええ、たいへん結構。
主人　あの口当たりを実現するのに1年かかってるんですもの。
田中　1年も!
主人　うどんを打つのってたいへんなんですよ。練って、寝かせて、踏んで、寝かせて、のばして、切る。そのそれぞれの工程にオリジナルの工夫があって、その店の口当たりと味になるんです。
田中　やはり踏むのですか?

小石川オリジナル、麻々うどん。温かいうどんに辛めの胡麻だれが絶妙なバランス

主人　足で、ぎゅっぎゅっと。するとコシが出て弾力のある口当たりになる。

田中　寝かせるというのは熟成させることですね？

主人　この時間が短いと硬いだけになってしまうんです。硬軟はそこらへんの機微ですね。うちは足で踏んだ後も10時間ワインセラーで寝かせておきます。温度と湿度がぴったりで、うまく熟成してくれます。

田中　現代のうどんはワインセラーから生まれる。

主人　それはさておきまして（笑）、ほかにもいろいろ考えどころはございます。

田中　ちなみに粉はどちらのものをお使いですか？

主人　讃岐の地粉、讃岐で採れる小麦粉です。やはりこれがいちばん。

田中　そうですか。根本的に讃岐という土地はうどんに向いているのですね。

主人　飯山出身の近石君は厳しいんですよ。試作段階で、うまいことできたね、もう完成やないかとみんなが言いましても、いえ、違いますってOKを出してくれない。で、またやり直す。彼を満足させるまでがたいへんでした。

田中　うどんの道も深いのですねえ。「関東は蕎麦、関西はうどん」と言われてきましたが、これだけ讃岐うどんの美味しい店が増えてきて、関東にもうどんの旨さが浸透してきたようです。本日はありがとうございました。

（2003年3月号）

◇「釜たま」の鉄則は卵の黄身をかき混ぜすぎない

野ブキの煮つけ

ふきのとうの煮びたし

藤の花の三杯酢

山菜、野草の美味しさはどこにあるか
摘み草料理の基本を知る

フランスの三つ星レストランでも「摘み草料理」をうたう名店が増えた。
以前は山菜や野草というと、精進料理のように思われていたかもしれないが、
本当の摘み草、山野草料理には別の魅力があるという。評判の一軒で訊いた。

松永モモ江さん●長野 飯田 天神坂 店主 ☎0265・24・8050

コゴミの梅酢和え

葱坊主のぬた

ワサビの花のほろほろ漬け

千代幻豚の温しゃぶノビル醤油漬けがけ

煮いかとセリのワサビポン酢和え

花々とアサツキ、ワラビ、コゴミの芥子和えサラダ

旬の天ぷら。ツツジ、椿の花など

ハーブ入りウインナの行者ニンニク巻き

筍と手作りコンニャク、馬肉バラの煮物

トトキの練り胡麻和え

塩いかとコシアブラのマヨネーズ和え

みょうがご飯

ウコギとシメジの岩のり和え

アケビの蔓の卵黄和え

◆まずは松永さんがこの朝摘んできた山野草を拝見する。どれだけの名前を知っているだろう。山野草料理では、春には芽を、初夏には葉と花を賞味するのだというが、その理由は、山羊《やぎ》と蝶であると……。

田中　こんにちは。またまた県の南端に位置する飯田へと伺いました。僕は南信の伊那谷を訪れるのが大好きなんです。自然が素晴らしいし、人柄は温和でありながら意欲的な方が多い。
松永　こちらも楽しみにお待ちしておりました。さあどうぞ。そろそろ初夏の食材が出てまいりました。この前お見えになったのは春ですから、だいぶ顔ぶれが違うと思いますよ。
田中　それは楽しみです。今朝も草摘みにお出かけになりましたか？
松永　はい。そこらへんをぶらっとひと回り。このざるの中が摘んできた山菜と野草です。
田中　どれどれ。あら、ずいぶんありますが……。どれも木の芽や草や茎のようなものばかりなので、名前の分からないものも多いです。
松永　似ていますからね。でも、よく見るとそれぞれ違うんですよ。
田中　フキとたらの芽と、うーん、コゴミくらいは分かりますが、後は……。これはセリかしら。
松永　これはイタドリです。噛むと酸っぱいんですよ。
田中　山野草の味って複雑ですね。大きく分けると、どういう味があるのですか？
松永　甘い、苦い、酸っぱいの3つですね。
田中　なるほど。このたくさんの山野草も3つの味のどれかに属するわけですね。その紫の花は藤ですよね。これも料理に？
松永　山藤です。酢の物にしたり天ぷらにしたり。好評ですよ。後でお作りいたします。
田中　ぜひお願いします。奥のかごの中に、ツツジやレンゲの花が見えますが、それも使いますか？
松永「春は山羊になろう、夏は蝶になろう」と申しまして。
田中　は？
松永　春先に山羊が食べる芽には毒がないから人間も食べましょう。夏は蝶が蜜を吸う花を食べましょう、と。
田中　ははあ。
松永　昔からこう言うんです。口に入れてよいもの悪いものは、昔も今も変わりませんから。
田中　その訓《おし》えを松永さんが実践なさってる。

松永 縄文時代料理などとも言われますが（笑）。春は、ツクシ、たらの芽のような芽もの、夏は葉と花が旬です。これはえんどう豆の花。ちょっと召し上がってご覧になりますか？ このままで大丈夫です。

田中 では蝶々になりまして。あっ、豆の味と香りがしますよ。

松永 では、こちらもひと口。

田中 ひりっとした風味。大根の花ですね、大根おろしのような味がします。

松永 大当たり。

田中 春が芽、夏が葉と花。いかにも自然の恵みを頂くというありがたさを感じますね。

松永 あ、田中さん、山野草は秋も冬もございます。

田中 秋はともかく冬も？ どのようなものでございましょう。

松永 秋は胡桃や栗、山帽子の実など実のものと茸です。茸は、このあたりにはどっさりありますから、その頃は野山が植物図鑑のようですよ。冬は根のもの。

田中 間違って毒茸を採ったりしません？

松永 もう12年やっていますから、そういうことは。

独学で研究を重ねた後、'91年、「天神坂」を長野・飯田に開業

田中 やっ、それは失礼しました。冬の根とは？

松永 山の芋の類いです。飯田では、正月にはすり初めと申しまして、山の芋をすりおろす習慣がございましてね。

田中 飯田の正月は、書初めの墨おろしだけでなく芋のすり初めが風物詩。

松永 あら、ご存じでしたか。

田中 ええ。ところで、こちらのお料理は山菜料理ではなくて、山野草料理と呼ぶのですね。似たようなものだと思うのですが、どう違うのですか？

松永 山菜というと、山の奥深く分け入って採ってくる菜ばかりでしょう？ うちはそうじゃなくて、天竜川の川縁や山のふもと、野原の草を摘んできたものを材料にしているんです。

田中 摘み草料理ってことですか。

松永 自分では遊び心料理と思っております。旬の遊び、作る遊び、器の遊び。

田中 そういえば器も凝っていらっしゃいますね。

松永 野草料理でも似合う衣装を合わせてやりたいですからね。

田中 なるほど、遊び心がいっぱいですね。

◆料理をいただく前に、山野草の基礎知識を。これから調理する材料はどこで採れるものなのか。実際に料理に使う際にはどういうことに注意しているのか。ディープな知識を身につけ、さりげなく披露すると、オフの日の余談として自慢できそうだ。

田中　草や花はどういう場所で見つけるのですか？

松永　飯田は山と川に恵まれた土地ですから、歩いていればあちこちに生えています。低い山の中や山のふもと、野原、田んぼの畦や土手あたりが多いですね。

田中　松茸のように、人には教えない極秘ポイントがあるのでは？

松永　ははは（笑）。そんな場所はありません。

田中　それぞれの場所で採れる初夏の野草の代表格を教えていただけますか？

松永　山ではたらの芽やコシアブラ、山藤、山ツツジ、椿の花。野原ではツクシ、ヨモギ、タンポポ、ワラビ、クコ、野ゼリ。土手や畦ではトトキ（ツリガネニンジンの新芽）、ノビル、イタドリ。水辺では、ミズゼリ、ワサビの葉などでしょうか。

田中　トトキって、初めて聞きます。どんな草ですか？

松永　これです。香りがよいので、野三ツ葉とも言います。

田中　後で食べられます？

松永　もちろん。あ、雑木林を忘れてましたね。でも針葉樹の下はだめ、まったく草が育ちません。広葉樹は偉いですね。アケビの芽や花イカダの芽がいっぱい育っています。

田中　だから広葉樹化を長野県は図っているんです。さてさて、無精者の発想ですが、道端の草のなかに食べられるものってないのかしら。

松永　イタドリやカラスノエンドウが生えてますよ。

田中　そうか、あっても気づかないんだな。飯伊《はんい》と呼ばれる飯田・下伊那地域は本当に山菜、山野草の宝庫ですね。

松永　はい。感謝です。

田中　調理が面倒というときに、生食しても大丈夫なものはありますか？　野草はあく抜きしないと食べられないと聞きますが。

松永　先ほどのイタドリと行者ニンニクは生で食べられます。後で行者ニンニクをお出ししましょう。

田中　最近は養殖の山菜も出回っているようですが、本家本元とはどこがどう違いますか？

松永　とにかく香りが違いますね。養殖には濃厚な香りがありません。それに長もちもしません。天然の野草は1日や2日では香りも味も抜けません。

田中 野生だけあって強いのですね。西洋のハーブと比べると、香りの強いのはどちらでしょう。

松永 それはハーブです。野草のよさはほんのりとした香りなんです。

田中 料理に複数使うときのポイントは何でしょう。

松永 なにより香りの相性でしょうね。香りが合わないと、これはもう……。

田中 出す順番を決めるには、どういう点に注意していますか？

松永 基本は淡い香りから強い香りへ。料理の種類で言えば、酢の物から煮物か和え物、揚げ物へ。普通の和食のコースと同じです。でも、山野草ばかりが続くと飽きますから、うちでは肉やいかを間にさし挟んでコースを組んでいます。

田中 いか？　飯田でですか？

松永 飯田は、塩いかと煮いかが名物なんです。

田中 それは知らなかった。肉はもちろん豚ですね。

松永 飯田の千代地区で肥育されている千代幻豚です。それと馬肉。ま、どうぞ。まずは召し上がってください。お飲み物は日本酒、ワイン、ビール、いかがいたしましょう。

田中 山野草との相性を考えるとベストは？

松永 どれでも大丈夫ですよ。

田中 では、ビールをいただきます。

◆山野草の料理がこんなにも美しく、味わい深いものだったことをご存じだろうか。前菜の数々で、すでにその魅力が存分に語られる。草を食べ、茎を食べ、花を食べ、大自然を満喫の序章。

田中 これは美しい。先ほどの藤の花ですね。

松永 三杯酢にした突き出しです。時間がたつほど紫が鮮やかになりますから、ゆっくり召し上がってくださいね。

田中 ほんのり甘くて。口当たりもふっくらしていて珍しい。スタートの一品にはぴったりですね。

松永 ありがとうございます。皆さん、山野草料理というと山菜の揚げ物づくしのように思われるらしくて、初めてお見えになる方は、あらーっとお驚きになるんです。

田中 でしょうね。都会で思い描く山菜料理とは、良い意味で複雑さが違いますもの。まずもって、これで先制パンチ（笑）。

松永　少々遊ばせていただきました。
田中　これは？
松永　ふきのとうとアケビの蔓でございます。ふきのとうは煮びたし、アケビの蔓は茹でて、卵黄、塩、こしょうで和えました。
田中　藤の花から一転して野の風情へ。あくが適度に残っていて、いかにもの味わいです。嬉しいですねえ。
松永　あくを必要以上に抜くと山野の味でなくなりますから、私は、できるだけ残すように心がけているんです。
田中　あまりすっきりしているとかえって味気ない。
松永　野草を野草らしく食べるには、ある程度のあくも大切ですね。このふきのとうは開田高原のものです。原型はそこのざるの中の、はい、それ。花が咲いてだいぶ大きくなっていますが、こうすればまだ食べられますから。
田中　アケビの蔓は癖になりそうですね。たいへん結構です。
松永　では、先ほどの花をたっぷり召し上がっていただきましょうか。花サラダでございます。
田中　おお、大きな鉢に本当に花がたくさん。これ、全部食べられるんですね。華やかですねえ。
松永　ツツジ、えんどう、レンゲ、藤、大根の花でございます。
田中　下に何か敷き詰めてありますが。
松永　アサツキ、コゴミ、ワラビの芥子和えです。一緒にお口に入れてください。
田中　芥子和えととてもいい調和でございます。これは松永さんのオリジナルでしょ？　どうすればこんな料理が思い浮かぶのかしら。
松永　自然にできてしまうんです。
田中　考えなくても？
松永　こうすればきっと美味しいと思って作ると、美味しいのができているんです。
田中　うーむ。
松永　次にいっていいですか？
田中　はい、お願いします。

◆メインディッシュの品々は、煮いか、塩いか、千代幻豚、馬肉。飯田の名物を、野草と巧みに絡ませた逸品が並ぶ。濃厚ないかや肉類も野草の癖とうまく取り合わされて、松永料理に昇華されている。

松永　さあ、メインディッシュは、煮いかとセリのワサビポン酢和えでございます。

田中　またまた驚かせてくださいますね。飯田の名物煮いかをこのように使うなんて。緑が爽やかな色合いですが、この草は何でございましょう。

松永　野ゼリです。香りが高くて、いかにも野の菜といった値打ちがありますね。

田中　ええ、とてもいい香り。次はどういう趣向でございましょう。

松永　小鉢に戻って、コゴミの梅酢和え、続けて、千代幻豚の温しゃぶノビル醤油漬けがけでボリュームをつけていただいた後、トトキの練り胡麻和えでお口直しをしていただきます。

田中　献立のリズム感が素晴らしいですね。それにプレゼンテーションも垢抜けています。

松永　ありがとうございます。せっかく召し上がっていただくのなら、楽しんでいただきたいので。千代幻豚をお試しください。

田中　さすがは千代幻豚。さっぱりしていても味わいが深い。ノビルの個性に負けていませんね。最高のメインディッシュです。

松永　メインディッシュはまだ2品ございます。塩いかとコシアブラのマヨネーズ和え、筍と馬肉の煮物です。塩いかも飯田の名物です。

田中　馬肉と筍はいかにも長野県らしい一品ですね。筍はやはり糠《ぬか》を入れた湯で茹でるのですか？

松永　これは掘りたてなので、そのまま煮ても大丈夫なんです。このあたりは3月くらいから頭を出すので、春から初夏まで食べますね。

田中　ところで、今茹でていらっしゃる、その緑の丸いものは何ですか？

松永　ふふふ（笑）、よくご存じのものですよ。

田中　何でしょう……。見たことないですよね、そういう植物は。

松永　ふふふ（笑）、ぬたにしました。

田中　いただきます。ううーん。なんでしょう。

松永　葱坊主です。

田中　あの畑の葱坊主！　初めていただきます。面白い食感ですねえ。ふっくらというか、しゃっきりというか。

松永　食べられるものはすべて食べてやるのが、山野草料理の奥義、なあんて。

田中　おっしゃる通り。しかも、ごちゃごちゃ調理していないから、葱坊主をそっくりそのままに味わえますもの。さすがですね。

◆終章は、とりどりの花と野草の天ぷらでまた盛り上がる。椿もツツジも藤も天ぷらの種。野草は都会にもあることを知る。

田中　美しい天ぷらがどんどん揚がってまいります。

松永　藤の花、ツツジ。これは山椿です。肉厚で甘いでしょ。

田中　クローバーの花。これ、なんだか、口の中がくしゃくしゃしますね。おや、これは？

松永　行者ニンニクです。近くのサンサファームで作っているハーブ入りウインナを巻きました。

田中　生の行者ニンニクは初体験です。

松永　葉はウインナを巻いて、茎は味噌をつけて召し上がっていただきます。野草は葉も茎も捨てるところがないんです。偉いですね。

田中　また天ぷらがきました。これは何でしょう。

松永　コシアブラとたらの芽です。これで一応お料理は終わりですが、お腹具合はいかがですか。もう1、2品、お作りしましょうか？

田中　いえいえ、もう満腹、ご飯をいただきます。

松永　ご飯はみょうがご飯とワラビご飯、どちらをお作りしましょう。

田中　みょうがご飯をお願いします。

松永　その後にお蕎麦を召し上がっていただきますので、そのおつもりで。十割蕎麦でございますから、ぜひ。

田中　はは－、ありがたいことでございますが、お蕎麦は、次の機会にさせていただきましょう。

松永　そうですか。残念ですが。山野草料理は旬そのものですから、前回の春とはがらりと違い、色合いも賑やかでございましたでしょう？

田中　そうですね。花も加わって華やかでした。それにずいぶん繊細でしたし。山野草もこうして食べるとかなりイメージが変わりますね。

松永　そうおっしゃっていただけると、とても嬉しいです。

田中　いろいろ教えていただきましたので、これから山や野原で草や花を見ると、これは食べられるだろうか……とついつい考えてしまいそうです。おかげで季節の巡りの楽しみが増えました。今日はお忙しいところを、ありがとうございました。

（２００３年７月号）

ヴェトナム料理

生春巻とお好み焼きだけではない ヴェトナム料理の注文の秘訣

田中康夫が訊く

トラン・ティ・ディエップさん●新宿 フォンベト 店主 ☎03・5337・8590

――野菜と魚が中心で脂は控えめ、しかもエスニックなのに辛くない。ヴェトナム料理は、どちらかといえば女性に受けている。超定番の生春巻くらいなら分かっているが、前菜からしっかり注文できるかどうか……。ヴェトナムは思っているより奥が深い。

田中　ヴェトナム料理は好物なので、ついつい僕は食べ過ぎてしまいます。なのにヴェトナムの皆さんは揃ってスマートですね。

店主　向こうでは食べて汗を出しますからみんな痩せています。私、日本に来てから太りました（笑）。

◆ヴェトナム料理の正しいコースの組み方、自分の好みの店を発見する方法、ヴェトナム料理でよく出る魚は？　あらためて問われると知らないことばかり。

田中　いえいえ、スマートそのものでいらっしゃいます。ヴェトナム料理の特徴をひと口で言うとなんでしょう。

店主　野菜が多くて、脂が少ないこと。

田中　そうですね。さすが的確です。メニューを拝見しますと、蒸し物も多いですね。

店主　そうね、脂を嫌いますから蒸して脂を落とします。肉も魚も、蒸し物が多いです。

田中　なるほど。このチャールアという豚のハムはテリーヌのようですね。チャーチュン「海老と豚肉と椎茸入りの蒸し物」はキッシュみたい。

店主　そう、キッシュみたい。

田中　フランスの影響ですかしら。

店主　ヴェトナム料理は、フランス料理と中国料理の真ん中。

田中　タイ料理やカンボジアとは違う。
店主　違います。
田中　雲南の料理とはどうですか？
店主　ヴェトナム料理はフレッシュな野菜が多いから、その点で違いますね。
田中　こちらのお料理は宮廷料理、それとも家庭料理ですか？
店主　料理自体や味つけはフエの宮廷料理をイメージしています。
田中　フエは、その昔に王朝があった都ですね。それは、なぜ。
店主　私、フエの出身なので。
田中　そうでしたか。どうりで、お美しいはずです。
店主　いえー、そんなことありません（笑）。本当の宮廷料理は量がほんの少しなので、分量は家庭料理のレベルに盛っています。
田中　フエの料理は、どういう味なんですか？
店主　少し辛いですね。
田中　地域によって味もお料理も違うんでしょうね。ハノイとホーチミンではどう違いますか？
店主　南は甘酸っぱいのね。中部の人は辛いもの好き。北はもともと四季がありますから中部と南部とで違います。
田中　北海道と長野と沖縄で味が違うようなものですね。
店主　そう。だから、ヴェトナム料理にもいろいろな味があります。皆さんは、自分の好きな味の店を探して行くといいですね。
田中　さて、その探し方ですが。私はこちらのお店の味が好きで10年以上通っていますが、

生春巻をニョクマムで。美味しい店はニョクマムが旨い

初めてのお店に入る場合もあるでしょ。そこで自分の好きな味の料理を出しているかどうか分からない。こうしたとき、何か1品食べて、好みの味かどうかを判断する方法はありますか？　ディエップさんならどうなさいます？

店主　生春巻をニョクマムで食べてみます。ニョクマムはヴェトナム料理のベースですから、それが田中さんの好きな味なら、他の料理も全部好き。

田中　ニョクマムって魚醤ですよね。

店主　そう。でも、お店ごとにニョクマムの味は違います。それが料理の腕前ね。美味しい店はニョクマムが美味しい。

田中　でも生春巻のたれは、普通味噌味でしょ。

店主　ニョクマムで食べたいからくださいと言えば大丈夫。

田中　了解です。これは簡単で覚えやすい方法ですね。

店主　ところで田中さん、今日はなにを召し上がりたいですか？

田中　ディエップさんがお勧めのものを。

店主　じゃあ、最初に生春巻を。

田中　生と揚げたのとがありますが。まず初めは、やはり生春巻ですか？

店主　そうですね。

田中　すると次はサラダでしょうか。

店主　タコのサラダか青いパパイアのサラダがいいでしょう。

田中　青いパパイアは辛いですか？

店主　基本的にヴェトナム料理は飛び上がるほどには辛くないです。

田中　ちなみにヴェトナム料理でいちばん辛いものはなんですか。

とらん　てぃ　でぃえっぷ：ヴェトナム社会主義共和国フエ出身。元小学校教師。'79年ボートピープルとして日本に入国。'87年東中野に「フォンベト」を開店。'02年末新宿支店開店

店主　メニューにはのせていませんが、ブンボーフエ「牛肉の辛いビーフン」です。料理名にフエとついていれば辛いです。

田中　フランス語でもボーは牛ですね。

店主　はい、牛ね。だけど、昔の牛は水牛でした。今は、日本で食べる牛と同じ。これでお腹いっぱいになりますから、あとは麺で仕上げましょう。

田中　ええ、そう思いますが、今日はメインにもう1品選びましょう。ヴェトナムでは、豚、鶏、牛、海老、魚のなかで、皆さんどれを選びますか?

店主　みんな魚が好きです。贅沢な人は、1匹丸ごと炒めたり、蒸したりします。

田中　どういう魚ですか?

店主　アラという魚がありますね、九州でも獲れる。あれがいちばん人気があります。その次が鯛ですね。

田中　このお店ではなにを使ってらっしゃるのかしら。

店主　鯛かマナガツオがほとんどです。

田中　はい。では、鯛でもマナガツオでも。よろしくお願いします。

店主　田中さん、食いしん坊だから。なにか考えて追加するかもしれません。

田中　それはありがたい。

◆生春巻は手で持って食べると知っていても、持ち方が違っていては台なしだ。正しい持ち方をご存じだろうか。たれを辛くしたいときにはヴェトナム独特の方法がある。ニョクマムにもいろいろな味がある。こうしたことを、食事の話題に少しばかり披露するのも面白い。

店主　はい、お待たせしました。ゴイクォン「生春巻、海老と豚肉入り」です。
田中　生春巻にも海老入りや豚肉入りがあるんですね。北部は豚の春巻、南部は海老といった地域性はありますか？
店主　変わりはありません。どこでも同じ。
田中　では、いただきます。レタス、パクチー、にら。野菜が爽やかです。
店主　ヴェトナムではパクチーではなくてミントなんですよ。手で持ってください。生春巻はお箸では挟めません。
田中　かしこまりました。それでは、先生、生春巻の正しい持ち方をお教えください。
店主　にらの軸が出ているほうを下側にして持ってください。それが目印です。はい、そうですね。頭の側に味噌だれをつけて、どうぞ。もしよければ、ニョクマムの味を試してみませんか？
田中　さっき教えていただいた味の見分け方の実践編ですね。はい。春巻でニョクマム、美味しいです。だから、私はディエップさんの料理が好きなんですね。なるほど、よく分かりました。
店主　ありがとう。もっと辛いほうがいいですか？
田中　いいえ、大丈夫。でも、もっと辛くするには、なにか？
店主　ニョクマムの中で唐辛子をつぶすと辛くなります。ヴェトナム料理は辛くありません。だから、辛いのが好きな人はテーブルに用意した生の唐辛子をかじります。かじってみますか？
田中　ははあ。とても辛そうですから、遠慮しておきます。
店主　そうね、とても辛い。日本の人はやめたほうがいいです。

田中　次のこれはなんですか?
店主　チャールア「豚のハム」です。さっきテリーヌみたいとおっしゃった、あれね。蒸し物ですから脂っぽくないですよ。
田中　豚っぽくない。魚肉ソーセージに似てますね。
店主　お客様も皆さんそうおっしゃいます。ちょっと変な感じ?
田中　いえ、そういう意味ではありません。なめらかで口当たりがいいです。
店主　飲み物をお出ししなくては。なににしましょう。
田中　ヴェトナムでは、食事時にはなにを飲みますか?
店主　ワイン、ビール、米焼酎です。
田中　ではビールをいただきます。あのう、先ほどから厨房のカウンターのあの瓶が気になって仕方がありません。これこれ、これはなんですか?　ちょっと、見に行っていいですか?（厨房の前へ移動）らっきょうのようだけど。
店主　ヴェトナムのらっきょうですね。
田中　ヴェトナムにもらっきょうがあるんですか。これは甘酢ですか?
店主　そうね。酢漬けです。
田中　ちょっと食べさせてくださいな。コリコリ歯ごたえがあっておいしいじゃないですか。隣の茶色の、これはいったいなんですか?
店主　カーコムと言って、米粒のようだと喩《たと》えられる、小さな魚の揚げ物です。
田中　香ばしい。これは野菜のピクルスですね。これ、3つとも突き出しになさればいいのに。
店主　突き出し?

野菜の多い皿は まず巻いて食べると心得よ

田中　いちばん初めに少しだけ出すつまみね。
店主　そう？　考えてみます。それ、いいですか？
田中　いいと思いますよ。ヴェトナムのらっきょうと言われれば珍しいし。こんなのあるの知らなかったなあ。
店主　田中さん、私の店によく来ているから、食べてると思いました（笑）。
田中　残念ながら、初体験です。
店主　これ、ゴイバクトゥオク「タコのサラダ」です。私の自慢の料理、ちょっと辛くしてありますね。
田中　飾りつけが華やかですね。このサラダを入れた器は冬瓜ですね。下の黄色い台は？
店主　かぼちゃですよ。こうして彫刻をしてお出しします。
田中　美しいです。では、いただきましょう。あ、それほど辛くないですよ。
店主　そうですか？
田中　とても美味しいです。
店主　嬉しいです。ゴイドゥードゥ「青いパパイアのサラダ」も召し上がってみてください。
田中　たれをつけますか？
店主　ニョクマムで味をつけていますから、そのままで。
田中　ふーむ。さっきの生春巻のニョクマムの味と違いますね。
店主　そうね、お料理によってニョクマムも味を変えます。ほら、あそこに並んでいるのがニョクマムですが、全部、味、違います。
田中　ニョクマムドレッシングと思えばいいのかしら。

店主　そうですね。砂糖、レモン汁、にんにくで味をつけるので、甘いの、酸っぱいの、いろいろね。

◆メインディッシュは、アジアとヨーロッパの複合の様相が濃くあらわれるが、食べ方はヴェトナムの流儀だ。野菜の多い皿は、まずは巻いて食べると心得よとの指南を賜った。そして、ご飯か、麺か、はたまたパンか……。

田中　これは、何でございましょう。お煎餅もついてきました。和食では見られないプレゼンテーションですね。

店主　チャードゥーム「豚肉のパテ」です。豚のひき肉を網脂で包んで蒸したものです。

田中　どのように食べればいいのですか？　パテとお煎餅を交互かしら。

店主　パテをひと口の大きさに切って、お煎餅の上にのせてください。

田中　柔らかなパテとぱりぱりのお煎餅の調和が、たいへんによろしいです。パテにもお煎餅にも、何か入っていますね。

店主　いろいろ入ってますよ。豚肉の他に、ふかひれ、帆立、かにですね。

田中　豚だけではこのような味にはなりませんもの。お煎餅には胡麻と、この赤いものは……。

店主　干し海老と唐辛子です。

田中　贅沢です。お煎餅は油で揚げるのですか？

店主　炭で焼きます。

田中　手焼きですか。なお贅沢です。あの、こういうとき、アルコールをさほど飲まないという女性のために、ご飯を注文してあげてもいいですか？

カーチェンスゥー（揚げ魚のライスペーパー巻き）

店主　いいですよ。でも、ご飯を食べるのは日本人だけですね。ヴェトナムでは、パンか麺です。
田中　パン。
店主　そう、料理につけるのはバゲットです。麺は料理と一緒には食べません。最後の仕上げです。
田中　家庭でもそうですか?
店主　うーん、家ではご飯を食べています。炒め物か煮物を食べた後、ご飯にスープをかけて食べます。ご飯が硬いのでスープでさらさら流し込む感じです。
田中　同じ米食圏なのに、ずいぶん食べ方が違うものですね。
店主　でも、日本のお米のほうが軟らかくて好きです。
田中　家庭では麺を食べますか?
店主　大方は屋台の朝食です。
田中　麺とご飯にも食べ分けがあるのですね。
店主　バインセオ「ヴェトナム風お好み焼き」は、田中さん、お好きでしたね。
田中　ええ、よく覚えていてくださいました。大きいですね。これも正式な食べ方を教えていただきたいな。
店主　まず、お皿いっぱいにレタスを敷きます。その上に、しその葉、きゅうり、ミント、貝割れをのせて、上にお好み焼きを食べる分量だけ切ってのせますね。はい、そうですね。で、レタスの葉でくるりと巻き込みます。
田中　くるり。あ、くずれそう。
店主　強く巻き込むとくずれません。そして、ニョクマムをつけて召し上がってください。

田中　これも巻くのですね。野菜の種類はヴェトナムでも同じですか？

店主　あちらではどくだみや百合根が入ります。ひとついいこと、教えますね。日本の人、野菜とお好み焼きを別々に食べる人が多いです。

田中　それはヴェトナムの食べ方と違いますから、巻いていただかないと……。

店主　ふふふ（笑）。そうです。そして、野菜がたくさん、こんなふうな盛り付けで出てきたら、巻くのだなと思ってください。野菜、見てください。全部巻きやすい形に切ってあります。

田中　なるほど。野菜がたっぷり並ぶ皿は、巻くと心得る。

店主　カーチェンスゥー「揚げ魚」ができました。これ、ちょっと時間かかります。すみません。

田中　いえいえ、丁寧に作ってくださって、ありがとうございます。これも野菜がいっぱいありますし、ええっと、この皮はなんと言いましたっけ。

店主　ライスペーパーですね。

田中　そうそう、ライスペーパーもついていますし。巻くのですね？

店主　はい。魚と野菜を一緒に巻いてください。でも、これは、最初はほぐした魚の身だけを食べます。次に巻いて食べます。

田中　まずシンプルに魚だけを、次に野菜とミックスして一皿で二度おいしい。意図は分かりますが、黙って置いていかれると判断がなかなか難しいですね。これも慣れで分かるようになるのでしょうか。

店主　そうね。なんとなく分かるようになります。そういうもの。

◆デザート、コーヒータイムも終わった。では、最後に、ヴェトナムの食卓でのタブーは……。なんと、そんなことがいけないのかと驚いたが、郷に入っては郷に従え。マナーは厳に守るべし。

店主　もう1、2品大丈夫ですか？

田中　もう、本当に満腹です。デザートをお願いします。

店主　チェーダウチャン「白豆ともち米のココナッツぜんざい」、バインフラン「プリン」、どちらがいいですか？

田中　ぜんざいにします。これは、いかにもヴェトナムらしい甘みですね。汁なし汁粉みたい。いや、ミルキーはママの味かな（笑）。お茶はなにがありますか？

店主　蓮、ジャスミンが代表です。店では冷やしてお出ししますが、ヴェトナムでは温かいのをよく飲みます。

田中　今いただいているのが蓮のお茶ですね。香ばしくて、さっぱりします。コーヒーが出るようになったのは最近のことですよね。

店主　そうですね。カフェヴェトナム「ヴェトナムコーヒー」は、日本のとはちょっと違います。熱いのをご用意しました。底にミルクを沈ませていますからかき混ぜて、お好みの甘さになったら、かき混ぜるのをやめてください。

田中　ミルクはコンデンスミルクなんですってね。

店主　そうです。だからお砂糖をくださいと言わなくても甘いです。

田中　ブラックで飲む習慣はないのですか？

店主　ないと思います。

田中　ああ、満足。脂っこくないし野菜がたくさんだから、ついつい、いつも食べ過ぎちゃいます。最後になってしまいましたが、ぜひ、教えていただきたいことが。

店主　はい？　なに？

田中　われわれ日本人にとっては普通のことでも、ヴェトナム流儀の食卓からすればタブーということがあると思います。ヴェトナム料理店でこれをしてはいけませんと気づかれたことがあれば、お教えくださいませ。

店主　いちばん気になるのは、フォーを音を立ててすすることです。あれは、ヴェトナムではまったくの無作法です。麺は麺で食べて、スープは静かに飲んでください。

田中　良い話を聞きました。蕎麦やうどん、ラーメンとも違って、フォーの場合は音を立ててはいけない。

店主　もうひとつ、これは日本でも言われることかもしれませんが、料理を取るときに、器の上で互いの腕が交差してはいけません。

田中　なるほど。うかがわないと分からないことばかりですね。ヴェトナム料理は好物なので、よくいただきますが、ディエップさんのお話で初めて知ったこともたくさんありました。今度ヴェトナム料理を食べるときの参考にさせていただきます。本日は、ありがとうございました。

（2003年8月号）

◇フォーは音を立ててすすらない。麺は麺で、スープは静かに飲む

お　好　み　焼　き

大阪風お好み焼きの正統は何か
美味しい食べ方のコツはあるか

田中康夫が訊く

高　姫順さん●大阪　鶴橋　オモニ　おかみさん　☎06・6717・0094

——目の前の鉄板にあつあつのお好み焼き、とくれば、とくに冬はたまらない。だが、シンプルなものだけに、ちょっとしたことで美味しさに違いが出る。焼き方の秘密と上手な食べ方とは？　本場・大阪は鶴橋の名店を訪ねた。

店主　田中先生は、お酒の〝あて〟に、まずトン平焼きと、げそ塩焼き。これにお好みを1枚、最後に焼きそばかうどん、でしたね。

田中　いやぁ、すでに僕の定番を覚えられてしまいました。

店主　ようお見えいただきますから（笑）。これ、美味しい組合わせだと思います。もうひとつお酒のあてに、キムチもお出ししましょう。

田中　これも僕の超～お勧め。オモニのキムチは格別ですから。こちらは何年になりますか？

店主　36年目に入りましたわ。はい、トン平焼けました。

田中　これこれ、好物です。読者のためにも、この美味しい焼き物の説明をしてください。

店主　下から、卵、豚肉、卵の順で焼き、ソースを塗って、上にマヨネーズです。まずこんな軽い焼き物を、突き出し、前菜代わりにどうぞ。

田中　はい、ありがとうございます。

店主　先生、砂肝ももうよろしいですよ。これも説明しましょか？

田中　お願いします。

◆お好み焼きもせっかく足を運んで食べに行くなら、きちんと前菜から始めて焼きそばで終えると気分も腹も充実する。さて、大阪風お好み焼きの正しい食べ方をご存じだろうか。

店主　砂肝とげそをミックスしましてね、塩・こしょう味で炒めたものです。
田中　これも前菜感覚ですね。
店主　先生は、いつもキャベツをいっぱい一緒に炒めてっておっしゃいますね。
田中　そう、ふんわりと。
店主　キャベツお好きですよね。
田中　レタスやアスパラガスと並んで、長野県の特産野菜ですから（笑）。それに、僕は野菜が大好きなんです。このへらのような道具は、なんと呼ぶのですか？
店主　テコって言います。
田中　テコテ、ですか？
店主　いえ、テが余計。テコ（笑）。こっちの人は、お好みをテコで切って、そのままテコにのせて食べますの。
田中　その手さばきが大阪らしい。
店主　ええ。お箸で食べてる人を見ると、大阪の人やないとすぐに分かります。いったんお皿にとりますと冷めてしまうでしょ？　テコでそのままあつあつを食べたほうが美味しいです。
田中　こうやって切るわけですね。
店主　あ、十字に4つ割りにしちゃダメダメ。こうやって食べる分だけを切って、こう、口に運んで食べる。
田中　ピッツァも同じですね。ナポリでもこのようにして食べる分だけを切っていました。そういえば菊水丸さんも、ざこばさんも、テコでうまく食べていますね。
店主　そうでしょう？

前菜に軽い焼き物を。トン平焼き（左）とげそ塩焼きに砂肝をプラス

田中　やってみよう。あっ、口に当たって熱い……。
店主　持ち方が悪いんですわ。切るのと食べるのとで、持ち方を違えるんです。
田中　流儀があるわけですね。
店主　切るときには握ってください。食べるときは、こう、すくい取るような格好に持ち替えて。
田中　こう？　ですね？
店主　そうそう。お上手ですわ。
田中　なあるほど。これですくう。
店主　ね、そうすると食べやすいでしょ？　これがお好みのほんまの食べ方です。
田中　ところで、このテコはたまに研《と》ぐんですか？
店主　研ぎませんよ。そんなんしたら口切ってしまいます。

豚キムチ炒め

キャベツとスジ、ねぎ、紅生姜炒め

◇いきなりお好み焼きではなく 前菜として軽い焼き物を食すのが通

田中　たしかに（笑）。おっ、豚キムチ炒め作ってくださった。これは箸でいいんでしょ？　これもお好み焼きの前に食べるものですね。どういう味つけなんですか？

店主　ほかにてっちゃんでもスジでも種類は好みがあるんですけどね、キムチと一緒にアルミホイルに入れて鉄板にのせるんです。で、グツグツしてきたら食べてみる。自宅では、ちょっと酸っぱくなってきたキムチに豚肉とお醤油と胡麻油と味醂《みりん》を落として出来上がり。

田中　お客様の評判も上々とか。

店主　田中先生が宣伝してくれはったおかげですわ。

田中　とんでもない。美味しいものは放っておいても評判を取るものですよ。

◆正しい焼き方を教わった。オモニではキャベツは粗め、溶いた小麦粉の生地はほんの少し、具をのせて両面を焼き、卵で仕上げる。

田中　大阪ではお店の方が焼いてくださるのが基本ですね。

店主　うちでは焼き場の厚い鉄板で焼いてから、テーブルの鉄板に持っていって召し上がっていただきます。

田中　でも、場所によっては自分で焼く店もありますね。ぜひ焼き方をお教えくださいませ。まず材料ですが、蕎麦ならばかけ蕎麦という具合に、一般的にいちばんシンプルなお好み焼きとはどういう具なんでしょう。

店主　豚玉でしょうね。刻んだキャベツに生地を混ぜて、これを焼いてから豚をのせて卵で仕上げます。

田中　なるほど、実にシンプル。豚のほかに好きな具があれば、どんどん加えていけばい

◇ 手早く底からすくい上げながらかき混ぜる。高さが美味しい厚みに

いわけですね？

店主　そうですね。ねぎを混ぜ入れたり、帆立やげそ天をのっけたりね。

田中　げそ天？

店主　いかげその天ぷら。これはうちの店にしかない特注の天ぷらです。とってもボリュームがあって美味しいんですよ。

田中　今度、ぜひいただきます。この具とこの具の組合わせはどうも具合良くないってものはありますか？　たとえばみかんを食べて牛乳を飲むとおなかの中で固まっちゃうからいけないっていうでしょ。そんなのあります？

店主　ないですね。

田中　なんでも入れて平気？

店主　お店にある材料ならなんでも焼きますから、何を入れても大丈夫。じゃがいもを入れたりしますよ。

田中　さつまいもは入れないでしょ？

店主　天ぷらにして入れますの。なんきんも天ぷらにして入れますよ。

田中　これも次回にぜひいただきましょう。では、いよいよ作り方をうかがいます。最初にボウルの中をこねるでしょ？　あれ、中身は何ですか？

店主　刻んだキャベツ、天かす、刻んだ紅生姜です。

田中　キャベツの刻み具合は、どうなんですか？

店主　粗めのほうがいいんです。あまり細かく切ってしまうと、焼き上がったときにぺっちゃりしてホットケーキみたいになってしまいます。それは美味しくない。これくらいですね。

田中　キャベツは幅３㎜から４㎜くらいですね。長さは……適当。こんなにボウルからこぼれるくらい入れるんですか？
店主　はい、そうですよ。山盛りね。
田中　で？
店主　これに、だしとメリケン粉を混ぜた生地を入れてかき混ぜます。
田中　粉とだしの配分は？
店主　それは企業秘密（笑）。でも、力を入れてよく練って水飴のようなゆるさがいいですよ。
田中　その生地は何回分か作りおきしておくのですか？
店主　朝１日分作っておきます。
田中　１日分って？
店主　バケツ約１杯分ですね。
田中　了解しました。で？　おや、生地はたったこれだけ。たらす程度ですね。そうか、だからこちらのお好み焼きは胃にもたれないんですね。私の好きなねぎは入らないんですか？
店主　あれは好みで……。入れてと言われたら入れますね。
田中　そうか。ねぎは基本外なんですね。入れるとするとどれくらいの寸法にしますか？
店主　うちではこれくらいですわ。
田中　２㎝くらい。
店主　それで、卵を加えて、キャベツと生地と混ぜ合わせます。
田中　コツはありますか？

こうきじゅん：'66年「オモニ」を開店し、36年目を迎える。古くからの常連が子や孫と一緒にやって来るほどの有名店に成長させた。多くの文化人、芸能人に愛されている

店主　手早く、底からすくい上げるようにしゃっしゃと。あまり時間をかけて混ぜているとキャベツが壊れて水が出るんです。そうしたら、焼き上がりがふっくらしないんですよ。
田中　なるほど。そのスピードですか。速いですね。
店主　混ぜるのは簡単そうで難しいんですよ。混ぜ方が上手なら焼き上げたお好みは美味しいんです。はい、では焼きますよ。鉄板に広げてのせます。
田中　火力は？
店主　強火です。ちょっと待っててくださいね。
田中　もう3分くらい経ちましたけど。このままでいいんですか？
店主　まだまだ。返すのは5分くらい焼いてからです。何かお好みの具をのせましょう。
田中　うーん。何にしましょうか。
店主　げそ天と豚と牡蠣なんかどうです？
田中　いいですねえ。今、この段階でキャベツの上にのせるのですか？
店主　そうです。上へ上へとのせていくんです。高さが厚みになるので大切なんです。これね、のせ方にもコツがあるんですよ。げそ天と牡蠣を先にのせて、さらに豚肉でぐるりと周りを囲むようにのせて引っ繰り返すと崩れないでしょ？
田中　なあるほど。動作のひとつひとつに意味があるのですね。そろそろ5分くらい経ちましたが。
店主　もうよろしいね。返しましょう。
田中　あとどれくらい焼くんですか？
店主　そうねえ、具合を見ながらね。

田中　先ほどから、テコであちこち押さえていらっしゃいますが、それは焼け具合を見てるんですか？
店主　押さえているように見えるでしょう？
田中　ええ。
店主　押さえてないんですよ。
田中　うん？　何をしている、遊んでるの(笑)？
店主　ふふふ（笑）。軽く当ててるだけ。
田中　当ててるだけで焼け具合が分かるんですか。長年の経験の賜物！
店主　下に差し込んだだけでも分かりますよ。
田中　本当は、見ただけでも分かるんでしょ？
店主　それは分からない（笑）。そろそろ焼けました。もう一度返します。仕上げに卵で……よいしょ。はい、どうぞ。
田中　ソースを塗るのは切る前？　それとも切ってからですか？
店主　切る前ですね。
田中　ソースは2種類でしたよね。
店主　基本の甘口と普通のぴりっと辛いのとです。それと秘伝のたれをご用意しております。
田中　せっかくの機会ですから、秘伝のたれの中身を明かしてください。
店主　秘伝と言うてるのに……（笑）。すりおろしたにんにくと粉唐辛子を、醤油ベースで煮込むんですが、あとの調味料は内緒ってことで……。
田中　はい、ありがとうございました。

店主　秘伝のほうはお皿に取って、つけて召し上がってください。
田中　あ、たれですものね。ソースの上はマヨネーズですね。どれくらいつけましょう。
店主　お好きなだけ、適当に。
田中　これくらいかしら。最近の人を見ていると、マヨネーズの量が多いような気がするんですけど。
店主　30代よりは20代、20代より10代と、量が増えてますわ。わたしらが店を始めた頃はマヨネーズは使わなかったんですよ。
田中　そうなんですか。本来、マヨネーズはつけなかったんだ。
店主　そして、青海苔とかつおぶし。先生、お好きにふってください。
田中　かつおぶしは粉のようなのと、ひらひらの花がつおとがあるでしょ？　あれはどう違うんですか？
店主　粉のほうが味が濃いですね。先生はどっちがお好みです？
田中　粉のほうが好きです。はい、ふりました。これでいいですか？
店主　合格です。どうぞ。召し上がってください。
田中　先ほどのご指導通りに、テコでいただきます。どうでしょう。
店主　はい、お上手になりました。
田中　あの、中が生焼けのようなんですが、これはいいんですね？
店主　いいんですよ。そう見えるだけですから。美味しいでしょ？
田中　ふむふむ。食べると生焼け感はありません。
店主　うちのは冷めても食べられますよ。
田中　オモニ（お母さん）の手にかかると、冷めたのも美味しいものになる。

店主　焼きそばをまだ召し上がってないですね。いろんな具が入っているのもあるんですよ。何を焼きましょか？
田中　ところで、お好み焼きにおそばを使うのは大阪風の特徴ですか？
店主　そうですよ。お店によって焼き方は違いますが、一般的にモダン焼きといいますね。うちはそばのせとモダン焼きの2種類です。
田中　おそばを使うのは、さっきのお好み焼きとどこが違うんですか？
店主　要領は同じですよ。
田中　好みというからにはうどんでもいいんですか？
店主　はい、できますよ。おうどんでやってっておっしゃる方も結構いらっしゃいます。
田中　このそばかうどんを炒めてから具をのせるのが、世に言うモダン焼きってことですね。もともとモダン焼きはこちらのお店の言葉なんですか？
店主　名前は一般的にありますが、ほかのお店に行ったら、そばを炒めずにそのまま具をのせてもモダン焼きと言うているみたいです。
田中　でも、昔からこちらのお店ではその焼き方だから、やはりお母さんのスタイルが正しい。
店主　ありがとうございます。さあ、そろそろ焼きそばを。何にしましょうか？
田中　おまかせします。
店主　それじゃあ、ヘルシー焼きそばをしましょか。豚、もやし、ねぎを入れて目玉焼きをのせるんですけど、これでよろしい？
田中　もちろんです。楽しみです。美味しそうですね。
店主　出来上がりました。目玉焼きは好みで潰《つぶ》すなり、焼くなりして、ソースと青海苔と、

締めはやはり焼きそば。これもテコで食べるべし

田中　かつおぶしをどうぞ……。
店主　マヨネーズは？
田中　若い人はかけますけど。でも、焼きそばには……。
店主　では、やめておきます。これもテコでいただきましょう。
田中　だんだん大阪人に近づいてきましたね（笑）。
店主　ご指南のおかげです（笑）。

◆田中氏が好んで注文するお好み焼きの定番に名前を頂戴した、田中康夫風洋食焼きというメニューがある。ニューバージョンのやっしースペシャルも登場とか。

店主　おかげさんで洋食焼きがよう出るんです。
田中　はい、「田中康夫風洋食焼き」と名前をつけてくださった例のお好み焼きですね。名誉な話です。
店主　キャベツのほかに、もやし、キムチ、いか、帆立、天かす、豚。いろんなものを入れはるなあと思いましたけど、これが凄い人気なんですよ。一度食べたら忘れられないとか……。
田中　でも、なぜ洋食焼きってサブタイトルがついているんですか？
店主　野菜が多いのと、焼き方がちょっと昔風なんです。
田中　昔風？
店主　メリケン粉の生地を先にひいて、キャベツを山盛りにのせて、その上に具を置いていくんです。普通のお好み焼きは、キャベツに生地を混ぜ込みますでしょ？
田中　ああ、そういった違いですか。

店主　定着してよう売れてるんです。あれっ、長野県の知事さんやないのとおっしゃって、みなさん、ようご注文くださいます。

田中　嬉しいですねえ。

店主　それでね、これほど人気がありますから、ニューバージョンはどうかしらと思ってるところなんですよ。

田中　どういうふうにしますか？

店主　今度のは生地を混ぜ込むタイプにしようかと思ってますが、どうでしょうね？

田中　いいですね。

店主　名前は？　先生、つけてください。

田中　やっしースペシャルなんてどうでしょう。

店主　あ、それ、よろしいね。やっしーシールを貼っておきますね。

田中　デビューはいつ頃ですか？

店主　この雑誌の発売日（24日）を目安に。

田中　ここに黒田征太郎画伯の虎の絵がありますが、並んで新メニュー名が貼り出されるんですね。楽しみです。今日はどうもありがとうございました。

（２００２年２月号）

日　本　茶

新茶とは、煎茶の美味しいいれ方は
知っておきたい日本茶の常識

田中康夫が訊く

竹村嘉平さん●京都　竹村玉翠園本舗　店主　☎075・771・1339

——煎茶と玉露はどう違うのか、渋いお茶と苦いお茶に差はあるのだろうか……。馴染みが深いはずの日本茶も、あらためてそう考えると分からないことばかり。カテキン、ビタミンCなど語らなくても日本茶は十分に魅力的な世界である。

◆新茶の季節。水も道具も特別に揃えない普段着のスタイルで、新茶を最上に味わう方法をまずは教えていただいた。ポイントは「茶葉を惜しまず、湯を惜しめ」。

田中　こんにちは。こちらはカウンターで飲ませていただけるんですね。

店主　お客さんも見ただけではお茶は選べませんから、お試しいただくんです。さ、どうぞ。ともかく飲んどくれやす。そやないと話できませんわ。

田中　はい、さっそく、いただきます。それは煎茶用の急須ですか。随分と小さいですね。

店主　これは「絞り出し」と言います。茶を最後の1滴まで絞り出すという意味です。茶碗も小さいでしょ？

田中　がぶがぶ飲まないのが流儀。

店主　そうです。味と香りをゆっくりと楽しむということですね。

田中　でもこの本の読者は、普通サイズの急須しかお持ちでないと思うんです。それでは美味しい煎茶は飲めませんか？

店主　そんなことはありません。大きくても小さくても、いれ方は同じです。

田中　安心しました。あらあら、お茶の葉を随分と入れるんですね。

店主　お茶の葉は惜しんではあきません。湯を多く入れて急須の中で茶葉を泳がせるのもよくありません。

田中　はい。覚えておきます。でもその小さな急須にその分量の茶葉だとすると、大きな

たけむらかへい：京都生まれ。宇治の茶問屋「丸久小山園」に丁稚として入り、１年間修業後、昭和32年に家業の「竹村玉翠園本舗」に。40年、先代からの店を譲り受け、現在に至る

店主　急須を使うときには、もっといっぱい入れないとあきませんね。

田中　いいえ、そんなら大きな急須でいれてみましょか？　ほら、これくらい。急須が大きくても小さくても大匙2杯くらいです。はい、茶碗に湯を入れて温めます。大事なのは湯の量をできる限り少なめにすることです。

店主　お湯はポットからお入れになりましたね？

田中　はい、そうです。水道の水を沸かしただけです。

店主　井戸から汲まねば旨い茶は期待できぬなどとおっしゃるかと、ひそかに心配していました。

田中　それは、いい水を鉄瓶で沸かしたら美味しくなります。しかし、それでは一般家庭の人は誰もお茶を飲めやしません。ですから私は、水はあえて水道の水で結構やと思うてます。

店主　沸かせばカルキも飛ぶわけで、一理ありますね。いいものが揃わないと何もできないでは困りますから。

田中　これで十分です。ポットの湯を湯冷まし器に入れて、冷ましてから急須に注ぎます。

店主　いれるときの湯は何度と覚えておけばよろしいですか？

田中　100度に沸騰したお湯をポットから注ぐと80度くらいになってますね。これを湯冷まし器に注いで70度くらいまでおく。これを急須に注いで40秒くらいで……。

店主　注ぐのにこつがありますか？

田中　こうして茶葉の脇から静かに。お茶の山をくずしたらあきません。さっき申しましたね、茶は泳がせてはいけません。見てください。

店主　はあ、山がくずれていません。それは腕の差でしょうか。

店主　いえいえ、誰にでもできます。
田中　湯の量はどれくらいですか？
店主　山の八分目の高さくらいですね。
田中　ざぶざぶに入れてはいけない。
店主　そうです。それは番茶か焙《ほう》じ茶の場合です。そろそろ美味しく出ていると思います。お茶を出す40秒間はお客様といろいろお話をして間をつなぐことにしています。実は、このほうがお茶をいれるより大変でして（笑）。茶碗を並べて1滴ずついれて、絞り切ります。
田中　本当に最後の1滴まで絞るんですね。茶碗の中のお茶もほんの少しです。きれいな色ですね。甘みがあって、いい香りです。これが新茶の味わいなんですね。
店主　新緑の森の匂いがしますでしょう？　これこそが新茶の美味しさです。もう1煎おいれしましょう。
田中　お願いします。何煎くらいまで美味しくいただけるものですか？
店主　何煎でも。でも、いちばん美味しいところは3煎くらいまででしょうか。
田中　いいお茶はいれてからも寿命が長いんですね。あの、ちょっと薄くなったからって新しくお茶の葉を足してはいけませんか？
店主　捨てるのはもったいないから新しい葉を足すってことですか？　それはあきません。新しいお茶の味と前のお茶の味が混じって、何の味やら分からなくなります。
田中　ははぁ、了解でございます（笑）。
店主　これくらい薄くなるまで飲みましたら堪能なさいますでしょ？　そうした後のお茶っ葉は冷蔵庫にでも入れておいて、後でお茶漬けにでも使うたらよろしいですよ。

◇ 茶葉は惜しまず、泳がせず 40秒後、最後の1滴まで注ぎ切る

田中　お酒の後なんかもってこいですわ。美味しいですよ。

店主　それなりの使い方があるんですね。さすがにお茶処です。茶碗は大きいのでもいいですか?

田中　どんなものでも結構です。大きいので召し上がってみますか? 同じお茶ですよ。

店主　はい。ああ、やはり口当たりが違うので感じも変わりますね。タニックなワインも縁が厚めなグラスで飲むと丸く感じるのと一緒ですね。

田中　飲み方によって器を替えますから、味も香りも違ってきます。そこが面白いんです。基本的には急須も茶碗も普通のものでもよいと。すると、われわれも家庭で美味しい茶が飲めますね。

店主　そうです。どうぞ格式ばらずに楽しんでください。そしてね、こうやって毎日飲んでいるとお茶がまずい日があるんです。そういうときは、どこか体の調子が悪いと

煎茶の正しいいれ方。茶葉をたっぷり入れ、湯は葉が隠れない程度に。葉を泳がせない。40秒後茶碗へ。最後の1滴まで注ぎ切る。茶をいれ終わった急須の中の茶葉はまったく崩れていないはず。3煎目までは十分に旨い

お茶が教えてくれているんですわ。そうそう、急須ですけど。

田中　なにか注意事項が……？

店主　いい急須は、こうやって柄を下にして立ちます。

田中　あらら。逆立ちしました。

店主　このバランスが注ぎやすいんです。みなさん気づいてないだけで、常滑《とこなめ》や万古の急須はみんなこうなります。

田中　今、ここまで読んだ読者は、家の急須を立てていますよ（笑）。

店主　さて、どうだったですかね（笑）。口を見てください。斜めに切ってありますでしょ。手首を返したときに注ぎやすい。

田中　なるほど。急須を見分けるときの2大ポイントですね。覚えておきましょう。

◆毎日飲むものなのに、実は種類さえもよく知らない。お茶ブームの昨今、これだけ覚えておけば蘊蓄が語れるかもしれない。

田中　お茶には、番茶、煎茶、焙じ茶といろいろありますが、それらの違いを教えていただけますか？

店主　まず分類すると、煎茶、玉露、抹茶、番茶、焙じ茶、玄米茶というふうになります。

田中　なるほど。

店主　まず、4月末から5月の初め頃に柔らかい新芽が出ますやろ？　これを摘んだのが一番茶、つまり新茶です。そのとき、よしずをはって日陰で柔らかく育てたお茶の葉を玉露や抹茶にします。

田中　なるほど。直射日光に当てて育てた木かそうでないかで、煎茶と玉露の違いができ

店主　るわけですね。で、玉露と抹茶になる葉は同じ、でしたね。
田中　そうですね。玉露は蒸して揉むんですが、碾茶《てんちゃ》（抹茶にする茶葉）は乾かしたままです。
店主　番茶グループはいかがでしょう。
田中　お茶の畑は、一番茶を摘んだ後にいったん木を丸く縁どって枝や葉を落とすんです。そのときに落とした葉で作ったのが京番茶になります。
店主　なるほど。でも、ここにわざわざ京番茶と名があるのは？　よその番茶とどこか違うのですか？
田中　京番茶は、京都近辺の手摘みの畑からとれたものだけを使います。さらに、普通の番茶は蒸した後、揉んでから乾燥させるんですが、京番茶は揉みません。
店主　なるほど、葉が開いていますものね。この強調はよその番茶とは違うぞという心意気ですね。値段表に柳という名前がありますが、これは、何でございますか？
田中　あ、柳ね。それは番茶です。
店主　え、また番茶ですか？
田中　忙しかったり雨が降ったりで、ときに一番茶を摘み残すことがあるんです。そうすると、もう葉が大きくなりすぎて煎茶には仕上げられません。それを摘んだのを柳と言うんですわ。これが関東でいう番茶です。
店主　やっと整理がついてきました。もともと1種類のお茶の木が、栽培方法と摘む時期で、種類の違いができてきたということですね。
田中　そうです。みんなどうにか美味しく飲もうと工夫しますからね。時が経つにつれて、いろいろな茶にしてきたということです。

お茶の種類の違いは1本の木の栽培方法と摘む時期の違い

田中　基本は煎茶。覆いをして直射日光を遮って作ったのが玉露と碾茶。番茶は一番と二番の間で摘む。もしくは、一番茶の残り葉を摘んだもの。焙じ茶は柳を煎ったものになりますね。時期的には玉露と碾茶は煎茶の後。これでよろしいですか？

店主　はい、その通りです。

田中　で、新茶は初摘みのお茶のこと。

店主　はい。今年はいつもより早くて、4月の末には市が立ちました。

田中　ところで、2つお盆がありますが。中は煎茶ですか？

店主　2つとも煎茶ですけど、高いのと、ちょっと安いのとです。

田中　どこが違うんですか？

店主　どこと言うても。見るからに艶が違いまっしゃろ？

田中　そうですね。

店主　香りも違います。手にとって匂うてみたら分かります。

田中　香りはこちらのほうがちょっと強いようですね。食べてみよう。うーん。気のせいかこちらが美味しいような（笑）。

店主　ははは（笑）。そうでしょう？

◆お茶づくりはワインづくりに似ているようだ。日当たり、土壌によって出来が違うのだという。

田中　日本はどこでお茶がとれるのですか？

店主　北限は秋田県です。狭山より南ならどこでもようけとれますわ。

田中　長野県でも飯田市よりも南の下伊那郡の天龍村と南信濃村、上村ではお茶ができます。愛知県や静岡県と県境を接していますが、冬は随分と雪が降るんですよ。お茶の木は寒くても平気なんですね。

店主　そうそう。

田中　春先には霧も出る地域です。露と一緒で、それが、よろしいんでっしゃろね。

店主　はあはあ。お茶はね、霜はあきませんけど寒さはどうもないですよ。先生、日本でいちばん早く新茶が出るのはどこかご存じですか？

田中　さあ、どこでしょう。

店主　種子島です。3月には、もう新芽が出てますわ。

田中　宇治ではいつ頃摘むのですか？

店主　4月末から6月にかけてです。

田中　こちらのお店で扱われるお茶は宇治茶だけですか。

店主　はい、うちは宇治のものしか置いておりません。

田中　日本全国お茶の木は同じ種類のはずですよね。それが宇治茶ですとか静岡茶ですとか、場所の違いでなぜ味まで違ってくるのでしょう。日の当たり具合や朝露の具合などによって違ってくるのですか？

店主　畑の向きとか土の関係とかね。そんな微妙なことで畑ごとに味が違うんです。

田中　まるでワインの世界のようです。

店主　あ、そのとおりです。なかでもいちばんは土の具合ですね。砂地のところとか、硬い粘土質のところとか、土で味も香りも違ってくるんです。

田中　宇治の土はどうなんですか？

店主　ここは、砂と硬い土とがうまいこと混じり合っているのです。宇治田原というところへ行っていただいたら分かるんですけど、あそこは昔は海やったらしく貝の層があるんです。ですから土の底は貝の層で、水はけもいいんです。

田中　砂地だと、どういいのですか？

店主　お茶の木の根というのは「ごんぼ根」といいまして、私の背よりももっと長く真っすぐに伸びるものなんです。砂地が中心だとするする根が伸びますでしょ。それがいいお茶になる。

田中　それはまた、なぜなのですか？

店主　いろんな地層のミネラルを含んでいい味になるんですわ。

田中　なるほど、それもぶどうと一緒。

店主　やぶきたなんかは平たく根が広がっていきますからね。

田中　やぶきたとは？

店主　栽培しやすいように品種改良したお茶ですわ。

◆買うときにはどこに注意を払えばよいのか。買ってきたらどうしておけばよいのか。美味しくお茶を飲むための基礎知識を。

田中　こちらのようなお店では安心してお茶を買うことができますが、町のお茶屋さんで買うときに、美味しい煎茶を見分ける方法はありますか？

店主　香り、味、水色《すいしょく》。この3つです。

田中　水色というのは、いれたときの色のことですね？　いれないで、茶の葉だけを見て鑑定する方法をご伝授いただけないでしょうか。

店主　お茶は飲むものでしょ？　飲んでみなければ良し悪しは絶対に分かりません。

美味しい煎茶を見分けるには
香り、味、水色の３つで

田中　お説、ごもっとも（笑）。では、行きつけでないお店で買うときに……。

店主　いいお茶屋さんなら、飲んでお試しくださいと言いますよ。

田中　はい、分かりました。では、いれたときに水色がどういう具合ならばよいのですか？

店主　さっきお飲みになったような、澄んだ水色です。

田中　そうでしたね。先ほどいただいたお茶を手本にすればよいのですもの。香りは新緑の山の香りでした。

店主　そうそう。新茶の場合、独特のあの匂いはアオバアルコールからくるものなんですけど、手摘みの上等なものほどよう香ります。でも6月半ばに入るとどんどん失《う》せてしまいます。だからこそ早う飲んでいただきたい。

田中　渋い、苦い。この2つはどう違うんでしょう。

店主　まったく違います。渋いお茶は甘みを伴いますが、苦いのはどうやっても苦いですね。これは大切なポイントですよ。

田中　お店の茶袋に「真如」とか「飛鳥」といった名前がついていますが、どういう銘柄を買えば間違いがありませんか？

店主　これは店主が独自につけたものなんです。お茶は畑の特徴をいかしてブレンドしますのでね、店それぞれの名前。太郎でも次郎でもいいんですわ（笑）。

田中　そうだったのですか。すると、よそのお店にはそれなりのブレンドで名前がついているわけですね。

店主　そういうことです。

田中　日本茶の場合、名前はあってなきが如しだとただ今知りました。では、ブレンドは

店主　どういう観点でなさるのですか？
　　この畑のお茶は匂いがいいとか、柔らかい味がするとか、味が深いとか、そういったいろいろなことを頭に入れて、取り合わせます。季節によっても飲みやすいようにブレンドを変えます。
田中　ブレンドしないお茶もあるのですか？
店主　ありません。今、ブレンドする前のお茶の葉がありますが、飲んでみますか？
田中　はい。
店主　ちょっと癖がありますでしょ。こういう癖を消すためにもブレンドするんです。
田中　なるほど。ブレンドの意味がよく分かりました。さてさてお茶を買ってきました。やはり缶に入れたほうがいいですか？
店主　缶がいいですね。買ってもすぐには飲まない場合は、封を切らずに真空パックのまま冷蔵庫に保存してください。そして、飲むときには必ず室温に戻るまでそのままおいて、その後に封を切ります。
田中　そうしないと？
店主　湿ります。そして、封を切ったら缶に入れて、二度と冷蔵庫には入れないことです。
田中　缶でどれくらいもちますか？
店主　ご家庭なら1カ月はゆうにもちます。が、早く飲んでください。とくに新茶は1日でも早く飲んでください。
田中　食事のときにはどんなお茶がいいのですか、煎茶は合わないですか？
店主　これはお好みですからねえ。
田中　番茶や焙じ茶はどうですか？

店主　喉が渇いたときにがぶがぶ飲むものです。
田中　番茶、焙じ茶に旬はありますか？
店主　ありません。
田中　玉露はどうですか？
店主　玉露と抹茶は秋からですね。煎茶も出初めの新茶を除けば、美味しくなるのはひと夏越えて熟成してからですわ。茶の味に旨みとコクが出てきます。11月の茶壺の口きりは、そういうことなんです。
田中　お茶のお菓子はどのようなものが合いますか？
店主　お茶は何でも合います。黒砂糖でも蜂蜜でも。ここにある味噌松風のようなお菓子ももちろん合います。
田中　緑茶ほど日本人に馴染んでいる飲み物はないはずなのに、初めてうかがうお話が多くて、あっという間に時間が過ぎてしまいました。この新茶の季節、楽しみが増えました。ありがとうございました。

（２００２年8月号）

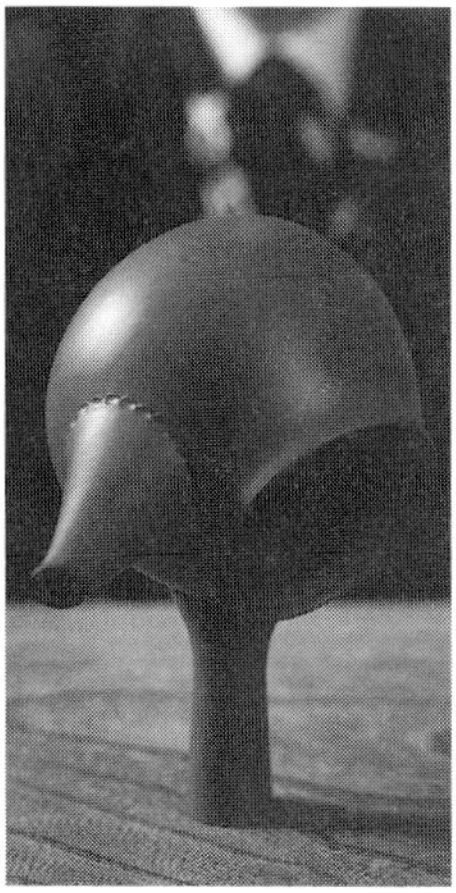

いい急須は柄を下にして立つ。口は斜めにカットしてある

流行りの中国茶を知るにはまず何をおさえておけばよいか

田中康夫が訊く

林　聖泰さん●日本華泰茶荘渋谷店 マネージャー ☎03・5728・2551

――烏龍茶の好みにはうるさくても、あらためて中国茶と言われると……。「茶道」を連想して難しく考えがちだが、実のところはどうだろう。第3次中国茶ブームといわれる今、まず基本をおさえておきたい。

◆中国茶を楽しみたいなら、第一歩は、文字通り「楽しむ」ことを覚えればいい。4パターンのいれ方で、香りと味の違いを指南していただく。まずは、2種類のリラックスティーから。

支配人　今日は、4種類を楽しんでいただくことにしましょう。

田中　それは中国茶の代表的な4種ということですか？

支配人　いいえ、中国茶は1000を超す種類がありますから、何を代表とは決められないです。

田中　お茶の葉っぱ自体は同じでも1000種類のバリエーションがあるのですか？　日本の緑茶も紅茶も、種類はいろいろあるけれど、元の葉は同じですよね。

支配人　そういう言い方もできますけれど、適した品種があれば、もっといい香りが作りやすいのです。小葉は緑茶、中葉は烏龍茶、大葉は紅茶というように。また、TPOにもよりますよ。

田中　なるほど。そういう道筋でいくと代表を決めるのは難しいですね。としても、今日選んでくださった4種にはなんらかの基準があるわけですね。

支配人　いれ方の違いで選びました。いれ方の違いは楽しみ方の違いなんです。

田中　うーむ、そうした考え方もあるのですね。では、お願いいたします。

支配人　まず緑牡丹茶を召し上がっていただきます。約100本の新芽を糸で縛って花のようにまとめたものです。

田中　茶葉はきれいな緑ですね。これは緑茶ですか?

支配人　そうです。湯の中で花のように開いて華やかですから、結婚式やお祝いごとに使います。大切なお客様へのウェルカムティーとしてお勧めです。

田中　おや、ガラスのコップでいれるのですね。中国でも昔からコップを使っていたのですか?

支配人　外から見えてきれいですからね。湯を注ぎます。このまま蓋をして。3分間待ってください。

田中　白牡丹というお茶もありますが同じですか、それとも違うんですか?

支配人　白牡丹をよくご存じですね。この2つは名前は似ていますが、まったく違うものなんです。白牡丹は白葉茶という種類の一芯二葉を摘んだもので、花のように形作っていません。茶葉のひとつひとつの形状が牡丹の花びらのように見えるのでこのような名前が付いているのです。7大茶の中では白茶類に属するものです。

田中　そうなんですか。同じ牡丹ですのにね。ところで、束ねていないリーフの緑茶も、コップにいれて直接飲んでもいいのですか?

支配人　結構です。時間がたつとだんだん沈みますが、初めは葉が浮いて口につきますから、ふーふーと吹いて向こうへ寄せながら飲んでください。

（3分間経過）

田中　水中花ですね。とても美しい。

支配人　まず、姿の美しさを愛《め》でてください。それから飲んでください。

田中　ああ、甘いです。

支配人　緑茶は釜で煎るので、渋みがとんで甘いのが特徴なんです。中国では朝から夜までこれを飲み続けます。あ、胃が強いからではないですよ。釜炒りは香りが香ばしく、まろやかなんです。

田中　一日中ですか。

支配人　緑茶の効能は何といっても疲労回復ですから。お疲れはとれましたか？

田中　なるほど。すっきりしました。

支配人　まだまだ湯を足せば香りも味も出ますが、今日はここまでで次のお茶にいきましょう。どうぞお茶うけを。カボチャの種とスイカの種です。

田中　この皮は剝くのですね？

支配人　そのままでも結構ですが、ちょっと硬いと思いますから、剝いたほうがよろしいですね。

田中　上手に剝くテクニックをお教えいただけませんか？

支配人　まず、歯でぱりっと皮を割って、それから剝くと簡単です。カボチャは細いほうを、スイカは太い部分を歯に当てると割りやすいですよ。中身はノンカロリーですから、女性にもお勧めです。中国では新年に、家族で一日ひとパック食べてしまうくらいです。

田中　ははぁ、なるほど。あ、うまく割れました。

支配人　梅干しもどうぞ。中国茶は、幾度も湯をつぎ足しても香りも味も楽しめますから、こうやって、さっぱりと甘くない植物の種を食べ、梅干しを食べ、本を読み、一杯のお茶でゆったりと過ごします。

田中　現代でもそうなんですか？

支配人　そうですね。次は、緑茶にジャスミンの花の香りをつけた最高級のジャスミン茶をお楽しみいただきます。

田中　北京はこのお茶が多いですね。

支配人　はい。食事中も食後もジャスミン茶です。安眠とリラックスの効果があります。

田中　花はいつ咲くのですか？

支配人　場所によって違いますが春から夏です。これは、6月から8月に咲いた花を4、5回燻製しまして今年の新茶の緑茶に香りをつけたものです。先々週に作ったばかりです。

田中　林さんの工場で作ったものなんですね。

支配人　はい。台湾で作りました。ジャスミン茶はこの蓋のついた茶碗、蓋碗《がいわん》でいれます。さあ、葉を入れます。

田中　おおー、そんなにも。

支配人　はい。たっぷりです。湯の温度は少し低め、85度から90度くらいですね。蓋をして1分間蒸らします。

田中　どうやっていただきますか？

支配人　中国では蓋碗のまま、蓋をずらして隙間から少しずつ飲みます。

田中　かたちは日本の茶碗蒸しの茶碗と似ていますね。

支配人　はい。見た目は変わりませんが、実は蓋と茶碗の接する面が斜めになっています。これは不良品ではありませんよ。蓋をずらしてお茶を飲みやすくするための仕掛けなのです。

田中　なるほど、そういった仕組みでしたか。

支配人　はい、お茶はいかがですか？

田中　口当たりがとても柔らかです。甘さもあって、とてもリラックスするお茶ですね。

◆クラスの高い烏龍茶とプーアル茶は、お茶仲間と囲んでお茶自体の味をじっくりと楽しむタイプだ。

支配人　人気の高い凍頂烏龍茶です。これは台湾の大禹嶺２５００ｍより上で採った本当に珍しいクラスです。

田中　それは楽しみです。この分類は？

支配人　烏龍茶です。烏龍茶というと、一般に茶色の葉が多いのですが、上質の烏龍茶は深い緑色をしています。

田中　色で見分ける方法ですね。いいことを教わりました。

支配人　ジャスミン茶は自分でリラックスしたいときのお茶でしたが、こちらはお客様やお友達と、お茶の味をじっくり楽しむときに使われます。頭がすっきりする効能がありますから、話も弾むというわけです。

田中　いよいよ、中国茶ならではの佳境に入ってきました。

支配人　これは香りも味も濃いので、急須を使います。

田中　急須は素焼きですか。

支配人　烏龍茶は、味の深みとまろやかさが表現しやすいので、素焼きの場合が多いですね。美味しくいれるために、まず茶葉は急須の底に敷き詰めるくらい、そして高い位置から勢いよく湯を入れます。

田中　ずいぶん上から注ぐのですね。何か意味があるのですか？

りんせんたい：台北一の老舗「林華泰茶行」3代目・林大村老師の孫として生まれる。幼少期より中国茶の指導を受け、'96年日本の大学院を修了後に台北、LAに次ぐ東京店を芝大門に、'00年に渋谷店を開店。

支配人　圧力で茶葉が早く開きます。
田中　なるほど。
支配人　蓋をします。そうしたら、蓋の上から急須にさらに湯をかけます。
田中　急須に湯をかける？
支配人　外側からも熱を加えて、急須全体の熱を均一にするわけです。そして40秒から1分間ほど待って、香りが強く味が濃厚になったところで召し上がってください。さあ、茶海へ移します。このときには、先ほどと反対に、できるだけ低い位置から注ぎます。
田中　これも意味があるのでしょうね。
支配人　香りを逃がさないためです。
田中　ははあ。感嘆です。手順にはすべてに意味があるんですね。さすが、お茶で財産をつぶすお国柄（笑）。
支配人　茶海から背の高いほうの杯にまず移します。聞香杯《もんこうはい》と言います。
田中　香りを楽しむ杯ですね。
支配人　はい、そうです。そして、またすぐにこの茶杯に移します。では、どうぞ。聞香杯で香りを嗅いでください。
田中　甘い香りがします。
支配人　さわやかな甘さですね。十分に楽しまれましたら、次に飲んでください。
田中　茶杯はどういうふうに持てばいいですか？　片手でいいですか？
支配人　男性は親指と人差し指ではさんで、中指を下にあてがうと飲みやすいでしょう。はい、そうですね。で、ぐっと飲んでください。
田中　香りも甘みも濃厚です。こうして聞香杯から茶杯に移すときの所作の美しさも、楽

しみのひとつでしょうね。(笑)

支配人　ははは（笑）。でもこれは型ではなくて、単に移し替えるだけですから、たいした点数にはなりませんよ。

田中　お茶が入った杯で香りを嗅ぐということはないのですか？

支配人　鼻を火傷しますから（笑）。

田中　そうですね（笑）。ああ、まだ香りが強く残っています。余韻が長く、とってもいい蜜のような甘い香りです。でも、初めより余韻が長いですよ。

支配人　ええ、初めに聞香杯をあけたときは90度のフレーバーでした。実はこれではまだ香りを十分に感じませんね。30秒くらいたつと60度のフレーバー。これは香りが高いです。人間の鼻はこれくらいの温度で強い余韻を感じます。

田中　そうでしたか。

支配人　2煎目をどうぞ。

田中　1煎目より柔らかくなったようです。甘みも強く感じます。

支配人　そのまま口にずっと含んでいてください。徐々に味が出てきますから。

田中　おお、じわっと出てきます。これが上等な烏龍茶の特徴なんですか？

支配人　高い山の上で摘んだ茶葉はパワーが強いんです。水色《すいしょく》はそれほどでもないけれど、味はしっかりとある。そういうことを覚えておくと、もっと楽しいでしょう。

田中　なんだ、色のついてないお茶だなんて落胆したら楽しくないですもの。

支配人　烏龍茶はこの急須のお湯だけでつぎ足し、つぎ足し、2時間や3時間は十分に美味しく飲めます。

田中　サービスは招いた側がするのですか？

◇ 高い位置からの湯で茶葉を開かせ香りが逃げないように低い位置からピッチャーへ

支配人　場合によります。親しい仲なら、セルフサービスです。しゃべっている間に誰かがいれてくれると、指でとんとんとテーブルを軽くたたいて「ありがとう」をする。

田中　ああ、あのとんとんはお茶会から始まったのですか。いい習慣ですね。

支配人　次は……。田中先生は赤ワインを嗜まれると聞きました。

田中　いえいえ、まさに嗜む程度（笑）。

支配人　古いプーアル茶をご用意しました。

田中　あれえ、赤ワインとプーアル茶となにか関係があるのですか？

支配人　お茶はほとんどが早く飲むものですが、プーアル茶だけはワインのように熟成させて美味しいタイプでして、これはよい保管状態で40年寝かせた、ヴィンテージのプーアル茶になります。

田中　それは素晴らしい。ありがとうございます。年を重ねると、どう味が変わってくるのですか？

支配人　ワインと同じ、どんどんまろやかになってきます。

田中　でもやはり限りはあるでしょう。何年くらいまで熟成可能なんですか？

支配人　やはり人間と同じで、ピークは60年ほどですね。

田中　60年を過ぎると？

支配人　もともとの質にもよりますが、一般的に腐敗の感じになってきます。飲みごろを逃さないことが大切ですね。

田中　そうか、林さんは中国茶のソムリエでもいらっしゃるのですね。プーアル茶以外に寝かせて飲むお茶はありますか？

支配人　いいえ、新鮮な香りが大切ですから、ほとんどは早く飲むほうがいいです。

田中　これは円盤形をしていますが、なぜですか？
支配人　運搬に便利、寝かせるのに便利。
田中　実に合理的ですねー。頑丈そうですが、木槌《きづち》のような道具を使って割るんですか？
支配人　いいえ、優れたお茶の年代ものは空気を含んでほどよく酸化しているので、手で簡単に、ほら、ぼろっとかたまりではずれます。
田中　葉の香りは穏やかですね。
支配人　ふんわりした香りです。これは、何度湯を足しても味も香りも落ちません。ひとりで考え事をするときのお茶に向いているところから、「哲学のお茶」とも呼ばれています。
田中　これも急須を使いますか？
支配人　蓋碗でも結構です。でも今日はまろやかな味を強調したいので、急須でいれましょう。
田中　では、40年もののお味を。
支配人　急須に茶葉を入れますね。いったん少しの湯を加えて、これは捨てます。なぜか分かりますか？
田中　埃《ほこり》を洗い流すのでは？
支配人　はい、そうです。もうひとつ。お茶もワインと同じに生き物ですから、眠りから目覚めさせてやるためです。
田中　……（深く頷く）。
支配人　どうぞ。色を見てください。熟成した赤ワインの色です。濃いけれど澄んでいますでしょ？
田中　本当だ、よく似ていますね。

支配人　現代の製法である強制的な発酵をさせると、お茶自体が死んでしまって黒く濁ってしまいます。これを「こげてる」といいます。いいものは最初の1杯は若干渋みがありますが、だんだんまろやかになってきます。

田中　プーアル茶というと、油を洗い流すためにがぶがぶ飲む印象がありましたが、ここまで年代を重ねると、柔らかさやうまみがまったく違いますね。

支配人　はい。違いは明らかです。

田中　このようにアドバイスをいただきながら飲むと、本来のうまさや変化の様子がとてもよく分かります。

◆ブームといわれながらも、正しい知識はほとんど持ち合わせていないに等しいのが現状だ。知りたかったこと、疑問であったことを、この際質問してご教授いただいた。

田中　本日いただいたのは、緑牡丹、ジャスミン茶、大禹嶺烏龍茶、珍藏プーアル茶でしたが、一般にティーパーティを開くときも、この順番で飲んでいけばよいのですか？

支配人　そのほうがお相手に分かりやすく、プロっぽいですね。

田中　今日のメニューにはなかったのですが、実は龍井茶《ロンジン》が好きなんです。

支配人　田中先生もお好きでしたか。日本でいえば玉露のような上等な緑茶です。しかし残念ながら季節が合いませんので、今日はご用意しませんでした。

田中　季節？　中国茶にも季節が？

支配人　龍井茶は春摘み茶なので、春にこそもっとも美味しいのです。

田中　そうでしたか。春にはぜひ。

支配人　龍井は人気が高くて、品評会受賞茶などは今すでに予約が入っていて、入荷すると1週間で売り切れてしまいます。春になると龍井茶目当てのお客様でいっぱいになるほどなんですよ。

田中　食中茶にしてはいけない？

支配人　安いものなら食事中にも飲みます。

田中　高価なものはとても高価ですね。

支配人　もともと皇帝への献上茶ですから、最上級品は1斤500gのために10万回葉を摘まなくちゃいけない。

田中　おー、そんなに。

支配人　はい、だからとても高価なのです。

聞香杯から茶杯に移す

2つ合わせて180度返す

聞香杯と茶杯を合わせ180度回せば香りが逃げない

田中　等級はあるんですか？

支配人　国が茶畑を管理所有していた頃は、特級、一級と順に等級がありました。しかし、自由市場になった現在は、メーカー名のほうが優先しています。

田中　お茶の世界にもそういう流れが。

支配人　ですから、優劣は、自分の舌に頼るしかありません。

田中　鉄観音と烏龍茶の関係を教えてください。

支配人　鉄観音は烏龍茶の一種です。烏龍茶は種類が多くて、400から500種類もあるんです。10年前の中国茶ブームのときには、鉄観音が最高級とされましたが、凍頂烏龍茶、東方美人、岩茶など、いろいろあるんですよ。ちなみに最初のブームは30年前、ピンク・レディーさんが火付け役でした（笑）。

田中　では、われわれが知っているのは、ほんの一部なんですね。

支配人　そうですね。

田中　日本で烏龍茶は冷やした缶茶が主流です。邪道ではないのですか？

支配人　最近は台湾でも若い人はアイスで飲むこともありますね。われわれも飲みきれなかったプーアル茶や烏龍茶を、冷蔵庫で冷やして翌日に飲みますよ。

田中　そうなんですか。安心しました。

支配人　飲み方は時代によって変化しますから、まったくOKなんです。

田中　そうそう、蓋碗で直接飲む場合と、聞香杯セットを使う場合と、何をもって違えるのですか？

支配人　蓋碗は、茶碗の中に香りを封じて、隙間から流れ出る香りを楽しむスタイルです。自分でがぶがぶ飲むときや、緑茶や花茶に適しますね。

プーアル茶、60年もののヴィンテージ。

田中　聞香杯セットを使う場合は？

支配人　香りと味の変化がはっきりある場合です。アロマセラピー効果もあります。このように味や香りの楽しみ方で違えることもありますが、人とのかかわり方でも道具は変わります。

田中　と言いますと？

支配人　各自勝手に飲む場合は蓋碗、みんなで一緒に飲むなら、ピッチャーでまわして飲みます。

田中　なるほど、ケース別ですか。お点前の作法は、目上の人と同席の場合と、仲間と一緒の場合は違いますか？

支配人　いいえ、同じです。中国茶は作法よりも、どうすれば美味しく飲んでいただけるかを大切にします。形式よりも気持ちです。

田中　楽しみ優先ですね。

支配人　だって、親しい人と一緒にお茶を飲むのはとても楽しいことでしょ？　お茶を飲んで喧嘩をする人はいません。

田中　確かに。お茶というと、日本の「茶道」を連想して堅苦しさを想像しますが、見当違いでした。私も今後は楽しむお茶を覚えていきたいと思います。ありがとうございました。

（２００１年11月号）

長野産の食材を使って最先端の冬の料理を味わってみた

高原が一足早い冬を迎えた'02年10月中旬、関東地方知事会議が軽井沢で開かれた。用意されたのは、地元の一級の食材を流行の手法と調味料で仕立てられた料理。その食材と料理について訊いた。

梶川俊一さん●軽井沢ホテルブレストンコート 調理ディレクター
☎0267・46・6200

③

①

④

②

＜1日目昼のメニュー＞

① 小布施産　栗のワイン煮のクロケット　その赤ワインの軽いカクテルとともに

② 信州のめぐみたちのアンティパスト
信州の器にのせて 秋山郷のなめこの冷たいフラン　ピスタチオオイル風味
市田柿とフォアグラのパヴェ　南相木産の花豆の小さなサラダ
穂高産　無農薬ワサビのクレームとキャビアのオーモニエール
諏訪湖産　ワカサギのエスカベーシュ　ペルノー風味

③ 飯田産　千代幻豚のロースト　ごぼうと朝鮮人参のポルト酒煮
軽いアンチョビのジュとアルガンオイル風味

④ 須坂産ピオーネと小布施のヴァンドパイユのサバイヨン
清水牧場のフレッシュチーズ風味

（フレッシュハーブティ）

◆10月16日、関東地方知事会議が軽井沢のホテルブレストンコートで開催された。今回の座長を務めた田中康夫知事の希望により、この日のランチ、ディナー、翌日の朝食の主要食材はすべて長野県の産物でまかなわれた。この采配をした田中氏が目指すところは何か。取り組んだ梶川俊一シェフの苦労はどこにあったのか。

田中　梶川さんには長野県産の食材だけで料理を作ってくださいとご無理を申し上げましたが、ご出席の知事の皆さんから大変に高い評価をいただきました。ありがとうございました。

梶川　そうおっしゃっていただけますと料理人冥利に尽きます。しかし、長野県下の食材だけでとおっしゃられたときには、なるほどとは思いましたが、内心不安でした。

田中　今年の秋の関東地方知事会議は長野県が担当でした。せっかくお出掛けいただくのならマグロや帆立の刺身でなく、地元の食材をぜひ召し上がっていただきたいと思いまして。と申し上げた私も、あのように洗練されたフランス料理に変化するとは想像を超えた驚嘆でした。

梶川　お受けした当時は不安と緊張でガチガチでしたが、実際に食材を調べ始めましたら、これはいけるぞ、と。

田中　とおっしゃいますと？

梶川　野菜、果物、肉は十分すぎるほど。ジビエまで手に入りますし、酒もワインも、チーズもありますでしょ。

田中　ええ、県歌「信濃の国」に「海こそ無けれ、物沢《ものさわ》に」という一節があるように、魚だってニジマスや岩魚があります。南の伊那谷ではお茶やミカンも栽培されていますから。実は私も料理をいただいて、長野県産の食材の実力にあらためて目を見張った次第です。とはいえ、梶川さんの手にかかったからこそ食材も目覚めたのでしょうが。食材を決めるのは大変でしたか？

梶川　許す限り生産者の方々の現場に伺いました。小規模な農家さんで野菜を作っていらっしゃる方や、畜産農家のご家族にお目にかかりました。丁寧に作った生産物は生産者の気持ちの味がするとでも言うのでしょうか、ひと口いただいてこれは宝だと思いました。

田中　長野県は農家戸数が日本一です。つまり零細な農家が多いということです。昔は生産効率が悪い証拠だとマイナスに見られましたが、逆に今は生産者の顔が見えないと不安な時代でしょ。より顔が見えるという意味では、理想を抱いてもの作りをしている小規模な農家にこそ、注目すべきだと思っているんです。

梶川　現場に目が行き届く個人の生産者ということですね。

田中　ええ、今、長野県が掲げているのは、「優しさ」「確かさ」「美しさ」なんです。「優しさ」「美しさ」は、環境や福祉ですね。「確かさ」とは、人として生きている実感を得られるかどうかです。昨今のコンビニエンスな時代では、すべてはコンピュータ上の数字でしか成果が表わされない。でも、それは精神的には不確かです。

梶川　食材の使い手としては、作り手個人の顔が見えることは嬉しいです。このリンゴはどこの誰が作ったのかが分かると安心ですから。それに、生産者には癖がありますから味にもその癖が表われますでしょ。

田中　甘いリンゴが好きならこの人の、酸っぱいのが好みならあの人のと買い分けられる。

梶川　知りたいですね。どういうシステムで作り手の顔が見えるのですか?

田中　例えばフランスやイタリアのワインには、どの畑のぶどうを使って誰が醸造したかを明記する原産地呼称管理の制度がありますでしょう。

梶川　はい。

田中　これを長野県の優良な生産物に取り入れたいのです。まずは来年からワインと日本酒に原産地呼称管理システムを導入したいと考えています。

梶川　どこの畑のぶどうか、醸造家は誰かが、明記されるわけですね。

田中　ええ、日本酒ならばどこの水か、どこの米か、どこの蔵で醸造したのか。

梶川　私は以前ソムリエをしておりましたので、非常に興味があります。造り手が責任を負う意味でも、それは必要なことだと思います。

田中　梶川さんは、「アピシウス」、「ハウステンボス」といった名店でソムリエを務めていらっしゃいましたから、その点では私より厳しいでしょう。

梶川　やはり、原産地呼称管理の下で取引されているワインのほうがクリアではありますね。

田中　一例を挙げれば「桔梗ヶ原」のワインです。桔梗ヶ原は塩尻市に位置する優良なぶどうの産地なのですが、ある大手企業はこのぶどうを山梨で醸造しているので「桔梗ヶ原メルロー」は山梨のワインかと思っている人も多いわけです。

梶川　それは十分にありえます。

田中　ですから地元で醸造した桔梗ヶ原メルローには、ぶどうの産地が長野県の桔梗ヶ原であることを明記する。この立ち上げを県がお手伝いしています。幸いにして地元の業者は皆、参加してくださって、この春へ向けて今は助走期間です。

梶川　それは当然のことと思います。

田中　続いての課題は信州蕎麦ではないかと思っています（笑）。

梶川　日本のどこに行っても信州蕎麦がありますね。

田中　都会の蕎麦屋では、職人の顔が見える蕎麦が出ているわけです。他方で、地元ではむしろ、十年一日の蕎麦屋が大半だったりします。しかも、蕎麦粉の作り手の顔は見えていない。全国で信州蕎麦という名前だけが一人歩きしているので、これも、蕎麦粉、蕎麦製品に原産地呼称管理を導入したいと思っています。

梶川　そうなるとまがいものが駆逐されますからね。

田中　いずれ、野菜、果物についても同様に行う計画を進めています。顔を見せるということは、ただ、名前と住所を公開するだけでなく、どれくらいの農薬を使っているか、使っていないかを明確にするという試みでもあります。

梶川　画期的ですね。

田中　日本社会は「公平」であることが信条でしたが、むしろ私は「公正」を重視したいと思っているんです。

梶川　知事のこのお考えは、長野県民だけでなく、全国の消費者にとっても嬉しいことですね。期待しています。

◆12時から始まったランチ4皿は、長野県、東西南北の産物が存分に駆使され、その味わいを披露した。なかでも長野県をかたどった器は話題をさらった。

田中　いずれの料理も実にスティミュラスでした。どんな工夫をされたか、ご説明いただけますでしょうか？

梶川　では流れに沿って、昼食から。

田中　食前のカクテルはヒットでした。

梶川　会議前の昼食でしたからアルコールは使えないなと思ったのです。そこで、他県からお越しくださった知事の方々を長野県として歓迎する気持ちを表わすために、ノンアルコールで仕上げました。

田中　何をソーダで割ったのですか？　すっきりと、かつ複雑な感じでした。
梶川　小布施の栗を赤ワインで煮た汁を、アルコールを飛ばしたメルロー種の赤ワインに加えました。これに、オレンジ、ワインヴィネガーを加え、ソーダで割ったものです。
田中　赤ワインも長野産ですか？
梶川　はい、小布施のメルローです。アミューズの3品は、すべて、赤ワインで煮た小布施の栗と赤ワインとのコンビです。コロッケの栗も赤ワイン煮を裏ごししたものです。
田中　なるほど。秋の食事の幕開けを、小布施の赤ワインと栗の出合いで驚かせようということでしたか。
梶川　スタートにこうした遊び心があると、食事の印象も強いかと。
田中　遊び心といえば、オードブルを盛った長野県の形の器も斬新でした。
梶川　私は長野の出身ではないので、今回のような役目をお受けしても、例えば秋山郷と聞きましても、地図をあたらないとよく分からないのです。
田中　そうでしょうね。
梶川　ですから他県の知事の方々も、地名とロケーションが一致するのは難しいのではないかと思いました。
田中　確かにその通りです。
梶川　ならば、県の形そのものを器にしまして、料理を産地の位置に盛ればリアルにご理解いただけるのではないか、より関心を持って召し上がっていただけるのではと思いまして。
田中　素晴らしいアイデアでした。しかも、食材が東西南北満遍なく選ばれていましたね。
梶川　心して東西南北から選ぼうとしましたら、うまい具合に東西南北に見事な素材がありました（笑）。
田中　器はどなたの作品ですか？
梶川　猪狩喜永さんとおっしゃる長野県の陶芸家さんです。今回このイベントの意図をお話しいたしましたら、ぜひやりましょうとご協力くださいました。
田中　フォアグラと下伊那産の市田柿の相性は抜群でした。
梶川　ご存じのように、フォアグラとフルーツの取り合わせはフランス料理の定番です。市田柿は干し柿独特の甘みが濃厚ですから、無理に味をつけずただ重ねただけでフィットすると思いました。今回は

①

②

③

④
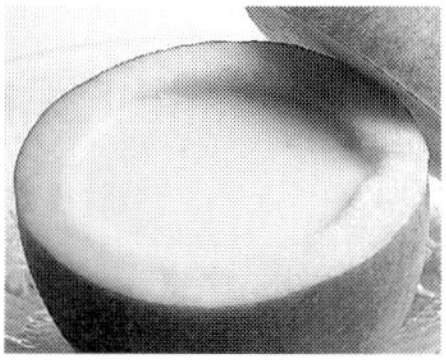

⑤

⑥
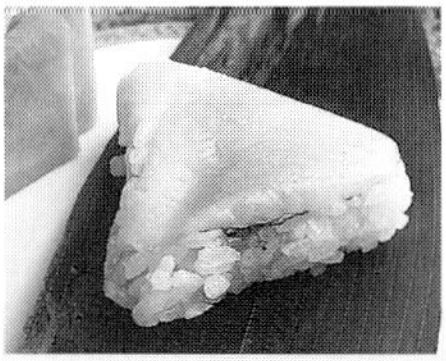

⑦

⑧

⑨

＜１日目夜のメニュー＞

① 北御牧産　遅まきコーンのジュレ
生うに、甘エビのアルモニー

② 御代田産　ブロッコリーのタルタル　木曽地鶏のロースト添え
グラナパダーノ風味

③ 中野産　エリンギとアワビのプロヴァンサル

④ 安曇野産　リンゴ「千秋」の冷たいポタージュ

⑤ 佐久の岩魚のムニエル　２種類の加熱
泡立てた生ハムとマッシュルームのブイヨン

⑥ 佐久産　信濃ユキマスの笹寿司

⑦ 下伊那産　鹿肉のロティ　黒こしょうのソースと川上産蕎麦のパスタ仕上げ

⑧ 清水牧場産　フレッシュチーズ　そばのハチミツ添え

⑨ 別所産　松茸のクリームブリュレとフィナンシェ　信州味噌のグラス添え

フレッシュハーブティー各種

ドリンクメニュー

柿が主役なので柿を上にしてフォアグラを挟んでいます。

田中　干し柿がフォアグラに負けていませんでしたね。

梶川　北は秋山郷のなめこ、南は下伊那の市田柿、東に南相木の花豆、西に穂高のワサビ、そして長野県のおへそのあたりに位置する諏訪湖にはワカサギ。うまくいきました（笑）。また機会をみて、南から北へじっくり回ってみたいですね。穂高のワサビと南相木の花豆はいかがでしたか？

田中　もちろん素晴らしかったですが、花豆は長野県以外にもあるんですか？

梶川　ありますが、ある程度の標高がないと育たないものです。土地の方は、甘く煮て召し上がっていますね。

田中　ええ、そうなんです。今回はサラダ仕立てでした。

梶川　甘煮も美味しいのですが、私は豆自体の甘さを食べていただきたかったので、あえてサラダにしました。単純に塩とオリーブオイルとビネグレットだけで甘みが引き出されました。やはり豆に力があったからだと思います。

田中　ワサビクリームの蕎麦粉クレープ包みは面白かったです。穂高のワサビがこんなにソフトになるとは。

梶川　ワサビは通常は刺身に添えられるくらいの引立て役でしかないですね。穂高のワサビのポテンシャルをアピールすることはできないかと考えました。キャビアとの相性はいいだろうし……。そうしましたら、以前ロブション氏がワサビのすり下ろしに泡立てたクリームを加えたことを思い出しまして。彼はじゃがいものワッフルにワサビクリームとキャビアをつけましたが、私はこのような組合わせにしました。蕎麦粉は川上村のものです。

田中　レタスで有名な村ですね。そうそう、以前から気になっているのですが、寿司屋では伊豆のワサビが多いのですが、何か理由があるのでしょうか？

梶川　今回、試作段階で穂高産と伊豆産を比べてみました。すり下ろすとどちらも同じくらい辛くなってしまうので、小さな角切りで試しましたら……。

田中　どうでしたか？

梶川　穂高のほうがマイルドでした。ツーンとくる刺激がやわらかい。

田中　ならば、実は寿司にも向いていますね。今度、売り込みましょう（笑）。さて、諏訪湖のワカサギはオーソドックスにエスカベーシュでしたが。

梶川　日本流に言えば南蛮漬け。さっぱりと召し上がっていただけたと思います。漬け汁がポイントで、長野の地酒とペルノー、ワインヴィネガーだけにいたしました。

田中　マリナードに地酒ですか。

梶川　油を使わず、酒類の甘みとヴィネガーの酸味だけのマリナードです。

田中　メインに千代幻豚をもってきましたね。僕も大好きですが、その意図は？

梶川　これは文字通り幻といわれるくらい貴重な豚、飯田市の千代という土地で苦労して育てられた出色の豚です。これまでは脂肪の層が厚くてからだに悪そうだと敬遠されていたらしいのですが、肉質は厚く、しかも繊細で風味が芳醇。とくに脂肪が素晴らしい。豚の天然記念物といわれているそうです。

田中　ソムリエの田崎真也さんもお気に入りで、お店でお使いと聞きました。

梶川　はい、そのようですね。長野県の産物のなかでも突出してポテンシャルの高いものだと思います。ですから、今回のメニューで一番苦労しました。

田中　素晴らしい素材でありながら？

梶川　この素晴らしさを、どう食べ手の方々に感じていただけるだろうかと。

田中　なるほど。

梶川　うまく伝われば、長野の畜産の評価につながるでしょうが、失敗すれば、何だ知事会に豚かとなりかねない。調理法とソースに苦労しました。

田中　シンプルにお出しになりました。

梶川　健康に育っているので嫌味がありません。そこを素直に生かすために、真空調理で3時間かけて柔らかく熱を通しました。そして仕上げに、脂肪の側だけを焼いて香ばしさを出しました。

田中　脂肪のアピールも忘れないところに情熱を感じますね。

梶川　揚げても美味しいのですが、それではこの豚の正しい姿を伝えきれないと思いました。

田中　こうなると哲学です。そして、さらにソースですね。

梶川　さすがお分かりですね。頑張ったのですが千代幻豚の澄んだ風味を引き立たせるソースが見つからない。それで、いっそのこと魚系のソースにしてはどうかとアンチョビのジュを使いましたら、うまくいきました。
田中　厨房のドラマですね（笑）。
梶川　しかし……。
田中　おや、まだ続きが？
梶川　ピシッとまとまらない。それで、アルガンオイルを最後に一振り。これで完成しました。
田中　アルガンオイルとは……？
梶川　モロッコの、アルガニエという木の実からとったオイルです。
田中　そうでした、料理の主材料は長野県産、アクセントに外国の調味料や酒を使ったのでしたね。
梶川　はい。主役は長野県の産物、調味料はフランス料理の最先端のものを。性格の違う外国の調味料で長野の産物を際立たせる手法をとりました。
田中　それでモロッコの調味料。それにしても、梶川シェフは千代幻豚が何であるかをよくお分かりです。
梶川　豚カツにすれば日本一です。
田中　ええ、そうなんです。さてデザートは須坂のピオーネ種のぶどうにサバイヨンソースをかけて焼いたわけですね。この甘いソースにはワインが入っているのですか？
梶川　小布施のヴァンドパイユという糖度の高いワインです。ピオーネも糖度が高くてデザートには最適でした。
田中　添えていただいた清水牧場のチーズには皆さん驚いておいででした。
梶川　長野にはフレッシュチーズの作り手が多くいらっしゃるんですね。
田中　北御牧村の清水牧場さんをはじめ、大鹿村の小林俊夫さんの牧場では山羊のチーズを作っていらっしゃいますよ。
梶川　シェーブルですか。それに、あちこちでいいワインも造っているし。まるでヨーロッパの田舎です。
田中　ヨーロッパならどこでしょうね。
梶川　フランスの山岳地帯を思い出します。酒もチーズも野菜も肉も旨い、オーヴェルニュといったところですか。

◆ディナーに至って、梶川シェフは、リンゴ、きのこ、岩魚、鹿など、長野県ならではの産物を多用。遊び心もしのばせて9皿が供された。翌朝はうって変わって炊きたての白い米の和食に。
田中　ディナーは9皿仕立てで、皆様存分に満喫なさったご様子でした。

①

②

③

④

⑤

⑥

⑦

⑧

＜2日目朝のメニュー＞

① 信州産　フルーツジュース（カリン、桃、リンゴ、トマト）
② 明科産のニジマス幽庵焼き
③ 北澤卵の炒り卵と黒姫高原のベーコン　菓子仕立て
④ 伊奈産　赤そばと米ときのこ入りのお味噌汁
⑤ 軽井沢産　ロメインレタスとスモークサラダ
⑥ 坂北産「もえぎとうふ」かけだし添え
⑦ 信州産フルーツとりあわせ
⑧ 飯山産「皇室献上米」白ごはん

梶川　ランチで長野の産物を存分にアピールしましたから、ディナーでは、おやっと驚いていただいて記憶に残るような仕立てを心がけました。

田中　オードブルの3品はそれぞれ野菜が中心でした。生うにと甘エビにからめた北御牧村のコーンジュレは、コーンがこんなに美味しかったのかと内心自慢でした。きのこは遊びましたね。

梶川　ええ（笑）。とくにきのこ類は長野県の得意種目ですから、アワビに歯ごたえがそっくりのエリンギを本物のアワビと組合わせました。

田中　しかし、エリンギもアワビと一緒に皿にのせられて仰天したのでは。2皿目の地鶏とブロッコリーの組合わせも評判でしたが。

梶川　ブロッコリーは御代田産です。寒暖の差が大きい土地なので、ずっしりと甘みがあります。これを木曽地鶏のような味の濃い食材に取り合わせてみたかったのです。うまくいきました。

田中　次にリンゴのポタージュをお出しになったのには、シェフの深い配慮が感じられました。

梶川　皆様オードブルで一応落ち着かれて、次はメインディッシュへと気持ちが向いたところへ、リンゴの器でスープが出てくる。はぐらかしというわけではないのですが、その分、印象に残るのではないかと思いました。それにデザートでリンゴは当たり前。どこかで料理としてのリンゴをお出ししたい自分の希望もありました。

田中　ブイヨンとクリームをリンゴジュースに加えたと伺いましたが、リンゴの味も香りも濃かったです。

梶川　そういうリンゴを選びました。安曇野の降旗さんの「千秋」です。

田中　降旗さんはリンゴに袋がけをしないので糖度も高くて一級品といわれています。それにしても、長野県ディナーの4皿目にリンゴスープを登場させたのは、一発パンチをお見舞いするぞって感じですか（笑）。

梶川　積極的アピールのつもりです。

田中　メインの岩魚と鹿は、いかにも山岳県の長野を表わすものでした。リンゴのあとに川魚とジビエが続くなどという土地はなかなかないでしょう。

梶川　メインディッシュですから、ここで長野の産物をいかにアピールできるか。勝負でした。

田中　シェフが燃えたわけですね。

梶川　岩魚は佐久の養殖なのですが、ランチの千代幻豚と同様、刺身でも食べられるくらいたいへん質が高いものでした。ですから単純にムニエルと超薄切りバゲットをのせたパン粉焼きの2種類で召し上がっていただきました。

田中　鹿は出色でした。

梶川　はい。素材が出色でした。

田中　南信濃の山中で片町さんが捕獲した鹿です。

梶川　野性味があって、フランスの鹿の味がしました。ナイフを入れても焼いても手ごたえがあって嬉しかったですね。これだけの鹿は、シンプルにオーブンで焼くだけで十分。ソースは黒こしょうをたっぷり使ったものです。

田中　つけあわせもたくさんでした。

梶川　主役がシンプルですから、多少つけあわせの種類が多くても邪魔になりません。川上村の蕎麦粉を練ったパスタを手始めに、大根、クレソン、蒸かしただけのさつまいも。

田中　ここぞとばかりに、続々と。

梶川　一応考えてはいるんです（笑）。

田中　もちろんです（笑）。この2つのメインディッシュの間に笹寿司が入りました。寿司飯に、佐久の信濃ユキマスの酢締めをのせて笹の葉で包んだもの。米は、僕も取り寄せて食べている飯山市の「金崎さんちのお米」です。新嘗祭にも声がかかっています。

有楽町「アピシウス」、長崎「ハウステンボス」でソムリエを務める

梶川　笹寿司をここでお出ししたのは知事のアイデアで、結果的におしのぎ的に最高でした。洋食のコースに和食の米を入れるのは難しいのですが、この場合はフィットしましたね。

田中　長野ではとてもいい米が穫れるのに、あまり知られていません。

梶川　宣伝不足ですね。

田中　せっせとPRしましょう。デザートの清水牧場のチーズと蕎麦ハチミツのグレードはいかがでしたでしょう。

梶川　正直、日本でこれだけ繊細なチーズが作られていることに驚きました。蕎麦のハチミツは浅間山麓の産です。この甘みはチーズにからめても負けません。ところで、松茸のクレームブリュレと信州味噌のグラスはいかがでしたか？

田中　ご存じでしょうか？　長野県は松茸の採取量全国第2位なんです。

梶川　それは知りませんでした。

田中　ですからデザートに松茸を使ったのは大正解。
梶川　実は旬ということで、ただ驚かせたかっただけなのですが。
田中　その点は大丈夫。松茸ご飯でなくてクレームブリュレから松茸がのぞいたときには、皆様、驚かれました。
梶川　大トリは信州味噌です。酢屋亀さんの味噌をアイスクリームにして締めくくりました。キャラメルのほんのりとした風味がございましたでしょう。
田中　アイスの発想は面白いですね。
梶川　感心してくださって嬉しいのですが、もともとは善光寺近くの味噌屋の酢屋亀さんがお出しになっていた味噌ソフトクリームがヒントなんです。初めて食べたときにとても感激しまして、で、今回アイスクリームにさせていただいたという次第です。
田中　伝統を軽々と新味に変貌させるとは、さすがです。翌日の朝食についても軽く教えてください。
梶川　前日が洋食系でしたから朝は和をお望みだろうと思いました。ポイントは、金崎さんのお米をいかに美味しく食べていただけるか。その一点です。
田中　すると、ニジマスも卵とベーコンも、味噌汁も、豆腐も、すべては炊きたての白いご飯のためだったのですね。
梶川　はい。どれもご飯と一緒に召し上がっていただいて美味しいもの、しかし、実はご飯が美味しく食べられるおかずを選んでおります。
田中　これこそがテクニックですね。素晴らしい素材も、勘性に溢れる料理人とのマリアージュが大切だと実感した次第です。本当にありがとうございました。

（2003年1月号）

＊　＊　＊

その後、ホテルブレストンコートでは2003年7月16日に「あぐり侃諤プラザ」、8月29日には「森世紀《しん》イベント」が開催され、長野県産の食材を使った料理が出されました。

「あぐり侃諤プラザ」

この「あぐり侃諤プラザ」は、'03年4月に初の認定品を送り出した長野県原産地呼称管理制度を軸に、長野県の農業から日本の食生活・食文化に至るまで、その将来像を「侃侃諤諤」語ろうというもので、エッセイストで画家・農園主の玉村豊男氏、ソムリエの田崎真也氏、料亭「青柳」主人の小山裕久氏と田中知事の4人での座談会のほかに、飲食、宿泊、流通関係者らを中心に多数の参加者による試食・試飲会が行われた。

当日のメニューは――

「北沢卵のポーチドエッグと原村産セルリーのブルーテ」「3種（白菜・キャベツ・ブロッコリー）の野菜の『芯』のテリーヌ」「北御牧村産 じゃがいものソルベとキャビア」「木島平産のズッキーニのタリアテッレ見立て」「塩尻産カリフラワーとライム・バナナのサラダ」「飯田産トマトと赤の素材たち 善光寺のエピス風味」

「飯山産のグリーンアスパラと川上村のレタスのお浸し わさび風味」「佐久産 シナノユキマスの笹寿司」「伊那産 スイートコーンのコンソメ コーンと黄ピーマンのスフォルマート添え」「富士見町産 ほうれん草のパナドン」「信州新町産 サフォークラムのケフタ クスクス添え」「南木曽町のイワナのミルクポシェ アンズと信州味噌のサバイヨンソース」「安曇野放牧豚のロースト 若い桃のムニエル添え」「御代田産のブロッコリーとカリフラワーのふろふき仕立て」「泰阜村のアマゴのから揚げ 未熟ぶどうの酸味と塩で」

「望月産 人参のオレンジ風味煮込み バジルのアイスクリーム」「南相木産 花豆の汁粉と蕎麦蜂蜜のゼリー」「中野産 巨峰のマリネと〝プティ・ニュアージェ〟チーズのとりあわせ 巨峰の皮のソース」「小布施産 ネクタリンのパルフェ・グラッセ」

「森世紀イベント」――森の恵みを五感で感じる

森林の大切さを広く全国にアピールする「森世紀イベント」は'03年8月29日、ソニー株式会社名誉会長大賀典雄氏、軽井沢町長佐藤雅義氏を迎えての田中知事とのトークショー、コシノジュンコさんプロデュースによる森をテーマにした森の中での「森世紀ファッションショー」、そして安心、安全な長野県の食材を使った美味しい料理とお酒、ワイン（いずれも原産地呼称管理制度で認定された逸品）のパーティーの3部構成で行われた。

パーティーのメニューは、監修を料亭「青柳」主人の小山裕久氏が、製作をホテルブレストンコートの料理長、梶川俊一氏が担当した。

当日のメニューは——

Cold

「木曽地鶏のレバーのコンフィ　メープルシロップとショウガ風味」「飯田市産 ナスとピーマンのカポナータ　スミイカのブーダンノワール添え」「原村産 セロリのブルーテとキャビア　北沢卵のポーチ入り」「佐久市産 鯉のテリーヌ　オレンジとローズマリー風味」「明科町産 マスのスモークとカシューナッツのカクテル」「坂北村の〝もえぎとうふ〟のムース　信州味噌のサバイヨンのせ」「塩尻市産 カリフラワーとライム・バナナのサラダ」「中野市産えのきだけとなめこのブラン　三つ葉の香り」「木島平村産 ズッキーニのタリアテッレ見立て」「飯山市産グリーンアスパラと、川上村産レタスのお浸しわさび風味」「佐久市産 シナノユキマスの笹寿司」「長野市松代産 長芋の素麺仕立て　生うに添え」

Hot

「森の葉と粘土で包んで焼いた木曽地鶏、小布施町産のナッツのジュとともに」「南木曽町のイワナのフリット　エジプトの極細パスタ巻き」「千代幻豚のロースト　中野市産の巨峰添え、赤ワインの澱のソース」「生坂村産 うさぎのフリカッセ　エストラゴンとシードル風味」「小布施町のブドウの枝でグリルした信州新町のラム」「佐久市産 シナノユキマスのミルクポシェ　様々なハーブの風味で」「川上村産 レタスとエスカルゴのピラフ」「信州牛バラ肉のラウラウ」「上田市産 アユのショーソネット　キュウリとワサビのクリーム添え」

Dessert

「森のリキュールのアイスクリーム」「ローズマリーのバヴァロワ　アンズのコンフィ入り」「南相木村産 花豆の冷たい汁粉と、蕎麦蜜のゼリー」「飯田市産 トマトのソルベ　甘いパセリのソース」「長野市産 フレッシュプルーンのタルト」「伊那市産 スイートコーンのクレームブリュレ」「須坂市産 桃のラビオリ　ミント風味のネクタリン入り」「大北産ブルーベリーとショコラのタルトレット」

食材の産地

'02年10月、関東地方知事会議でのメニューで使われたもの

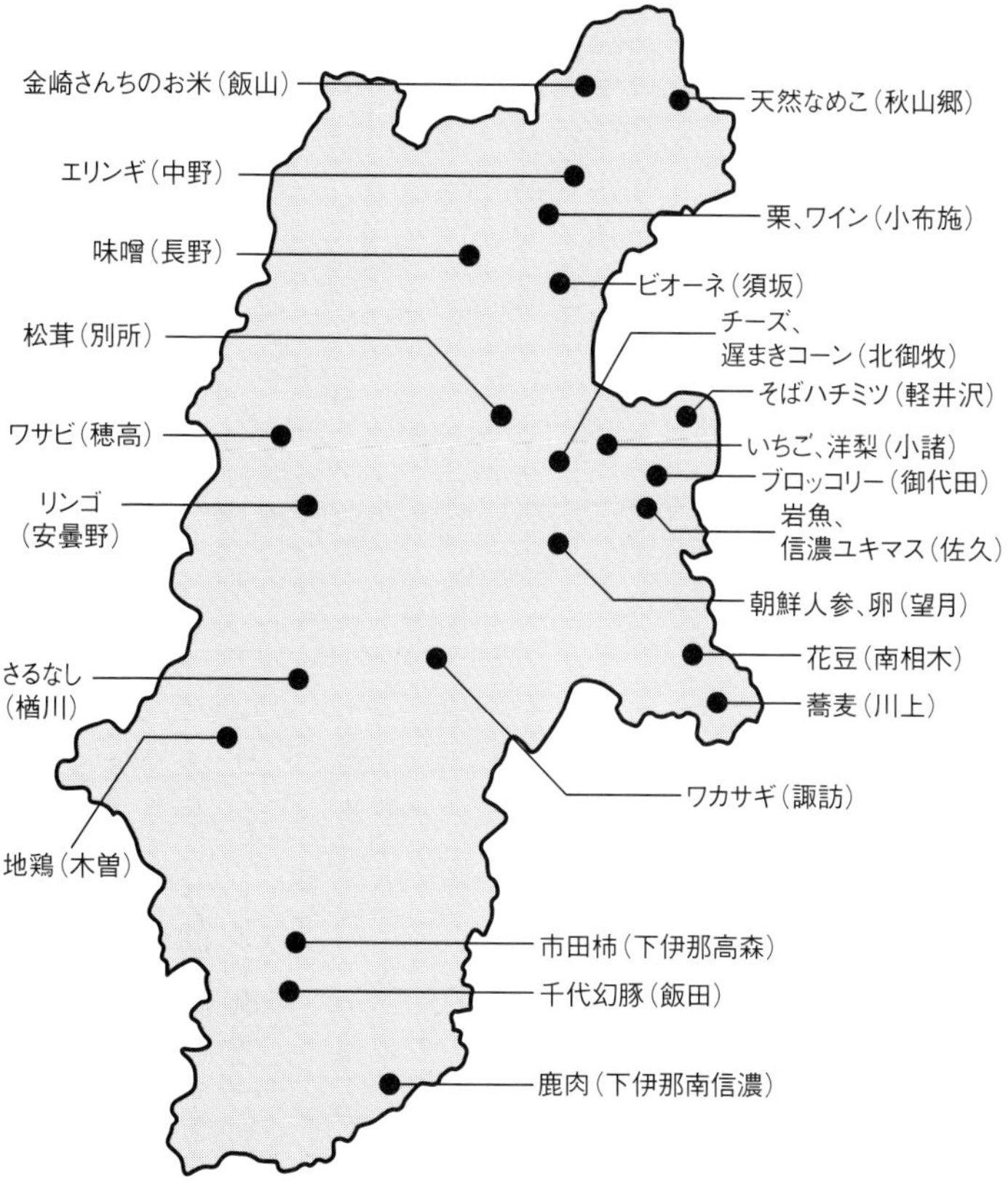

あとがき

フランスには22の地域圏、96の県、3万6千もの市町村が存在し、その9割は人口2千人以下の自治体です。

料理店指南書として知られる「ギド・ミシュラン」に於ける三つ星も、25軒中15軒がパリ以外の市町村に位置しています。著名なミシェル・ブラスは、人口より「牛口」のほうが多い中西部オーベルニュ地方の寒村ラギヨールに。一昨年に三つ星へと昇格したアルザス地方のラルンスブルグも、人口700人のバーレンタール村に存在します。何れも、テロワール（terroir）と呼ばれる各地域独自の料理を基調としているのです。

パリの東35kmに位置するプレシー・シュル・マルヌ村も、人口500人。過日、ガラス張りの知事室へと来訪した村長のイヴ・デュテイユ氏は、日本公演も行う著名な歌手でもあります。小学校は、近隣2村と共同で給食センターを設けています。

それは、同じ行政の効率化でありながら、日本とは正反対の発想に基づく給食センターです。毎日、子供達が共同バスに乗って3つの小学校から給食センターへと通い、昼食を摂るのです。移動の過程で会話や景色を楽しみ、作った人との交流も生まれます。他方、誰が作ったのか、その相貌が見えない日本の給食センターから運ばれた料理は、苦手な素材だからと残してしまい勝ちなのです。

　長野県では県下の小中学校に於ける給食で、全ての食材を地場産で賄う地産《ちさん》地消《ちしょう》の日を年3回、今年から開始しました。来年は、総合的学習などと称する時間を午前中一杯用いて、自校給食ではない学校でも家庭科の教室を利用し、生徒自らが全ての料理を作る日も設けるべきだと考えています。

　デュティユ氏は述べています。幼い時分に料理の味わいだけでなく、その素材の触感や匂いを数多く経験として蓄積していれば、その分、子供達は豊かな感覚を持ち合わせた大人になれるのだ、と。

　フランスのワインを飲み、ドイツの車を運転し、イタリアのファッションに身を包みながら、一番大切な欧州の弁証法的哲学を、日本社会は学んでいないのかも知れません。願わくば、本書を紐解く方々が、斯くなる想いを共有し得る食べ手でありますように。

二〇〇三年十一月

田中康夫

「田中康夫が訊く」 店舗リスト

■エノテカ・キオラ●東京都港区麻布十番１－４－３　１Ｆ　03－3560－6797
18時30分～翌２時30分 LO　日休
■レストラン・カメレオン●東京都東麻布１－17－９アネックス東麻布Ｂ１　03－5545－3680
月～金18時～24時（土日祝23時）LO　不定休
■パルテノペ広尾店●東京都港区南麻布５－15－25広尾六幸館１Ｆ　03－5798－3355
月～金11時30分～14時 LO　土・日・祝12時～14時30分 LO　18時～22時 LO　無休
■エルミタージュ・ドゥ・タムラ●長野県北佐久郡軽井沢町大字長倉字北原820－98
0267－44－1611　12時～13時 LO、18時～20時 LO　１月16日～２月末日まで休
■レ・クリスタリーヌ●東京都港区南青山５－４－30カサセレナ１Ｆ　03－5467－3322
11時30分～14時 LO、18時～21時30分 LO　無休
■タイユバン・ロブション●東京都目黒区三田１－13－１恵比寿ガーデンプレイス内　03－5424－1338
12時～14時 LO　18時～21時30分 LO　夏休み、年末年始休みあり
■ピンチョス・ベポ●東京都千代田区内幸町２－２－２富国生命ビルＢ２Ｆ　03－3597－0312
17時～21時30分（土21時）LO　日・祝休
■ BAR FAL ●東京都中央区銀座８－10－16進藤ビル２Ｆ　03－3575－0503
月～金18時～25時 LO　土19時～23時30分 LO　日休み、連休以外の祝日は営業
■ヘルムズデール●東京都港区南青山７－13－12　２Ｆ　03－3486－4220
月～土18時～明朝６時　日・祝は午前３時まで　年中無休
■クラブ・グレ●東京都中央区銀座８－６－18ポルシェ奥村プラッツ５Ｆ　03－3573－0777
19時～24時　土・日・祝休
■麻布　幸村●東京都港区麻布十番１－５－５高柳ビル３Ｆ　03－5772－1610　17時30分～20時 LO　不定休
■ basara ●東京都港区赤坂１－12－32アーク森ビル２Ｆ　03－5549－7518
11時30分～14時、14時～16時、17時30分～22時　月１回休（アーク森ビルの休館日）
■前川●東京都台東区駒形２－１－29　03－3814－6314　11時30分～21時（食事20時30分 LO）　第２・３・４・５月休
■青柳●東京都港区虎ノ門１－22－１徳島県虎ノ門ビル１Ｆ　03－3580－3456
11時30分～14時　18時～22時　日・祝休
■菱岩●京都市東山区新門前大和大路東入西之町　075－561－0413　11時～21時　要予約　日曜・最終月曜日休
■小石川●東京都港区芝３－34－２　芝パークタワー２Ｆ　03－5442－3917
月～金11時30分～14時 LO　18時～22時 LO　土・祝18時～22時 LO　日休
■天神坂●長野県飯田市松尾町３－５　0265－24－8050　昼は予約　17時～23時　不定休
■オモニ●大阪府大阪市生野区桃谷３－３－２　06－6717－0094　12時～24時　月休
■フォンベト新宿店●東京都新宿区西新宿７－10－10西村ビル２Ｆ　03－5337－8590
11時～14時30分（土・日・祝は15時）　17時～23時　無休
■日本華泰茶荘渋谷店●東京都渋谷区道玄坂１－18－６　03－5728－2551　10時30分～20時　年末年始休み
■竹村玉翠園本舗●京都市左京区聖護院山王町13　075－771－1339　９時～17時　日休
■レストラン　ノーワンズレシピ●長野県北佐久郡軽井沢町星野　0267－46－6201
11時30分～14時 LO　18時～20時30分 LO　無休

◎本書は『BRIO』連載の「田中康夫が訊く」（2001年８月号～2003年８月号）を加筆・修正し、再構成したものです。

お願い――

この本をお読みになって、どんな感想をもたれたでしょうか。「読後の感想」を左記あてにお送りいただけましたら、ありがたく存じます。

なお、このほかに、「光文社の本」では、どんな本を読まれたでしょうか。また、今後、どんな本をお読みになりたいでしょうか。

どの本にも誤植がないようにつとめておりますが、もしお気づきの点がありましたら、お教えください。

ご職業、ご年齢などもお書きそえくだされば幸せに存じます。

東京都文京区音羽一-一六-六(〒112-8011)
光文社　学芸図書編集部

田中康夫《たなかやすお》が訊《き》く　食《しょく》の極《きわ》み

2003年11月25日　初版1刷発行

著者　田《た》中《なか》康《やす》夫《お》
発行者　加藤寛一
印刷所　萩原印刷
製本所　ナショナル製本

発行所　東京都文京区音羽1　振替　00160-3-115347　株式会社　光文社
電話　編集部　03(5395)8172
販売部　03(5395)8114
業務部　03(5395)8125
メール　g-tosho@kobunsha.com

ISBN4-334-97423-6
Printed in Japan